Critical Multicultural Education

비판적 다문화교육론

Critical Multicultural Education

비판적 다문화교육론

박휴용 지음

이주 노동자
결혼 이민자
그들의 자녀
그리고 ... 한국인

이 저서는 2012년도 전북대학교 저술장려연구비 지원에 의하여 연구되었음.

This Research was supported by Chonbuk National University Research Fund, 2012.

머리말(Abstract)

본 저서는 최근 급속하게 다문화사회로 전환되어 가고 있는 현실을 맞이하여, 다문화사회를 준비하기 위해 꼭 필요한 다문화교육론을 정립함에 있어서 무엇보다도 비판이론을 바탕으로 한 비판적 다문화교육론에 관한 이론적·실천적 논의를 시도하고 있다. 그동안 다문화사회에 대한 학계의 논의와 다문화교육을 실천하기 위한 교육계의 논의 등 많은 논의가 있었지만, 다문화사회를 바라보는 중요한 시각 중 하나인 후기식민주의 및 비판이론을 바탕으로 다문화교육을 논의한 시각은 매우 드물었다고 할 수 있다. 본 저서의 논의를 통해 다문화사회를 바라보는 또 하나의 시각에 대한 이해를 정립하고, 앞으로 한국사회가 다문화사회로서 자리 잡기 위한 올바른 방안을 모색할 수 있을 것이다.

본 저서에서 논의하고자 하는 핵심적인 논점들은 다음과 같다. 첫째, 비판이론이란 무엇이고, 비판이론을 바탕으로 한 비판적 다문화주의란 어떤 것인가? 둘째, 다문화교육의 다양한 가치들과 이념들을 어떻게 이해할 것인가? 셋째, 다문화교육을 위한 교육과정은 어떠해야 하는가? 넷째, 바람직한 다문화교육을 위해서는 어떤 내용과 방법론을 모색해야 할 것인가? 다섯째, 다문화사회에서의 언어문제와 정체성의 문제를 어떻게 이해할 것인가? 여섯째, 다문화교육의 형평성과 수월성의 문제를 어떻게 다룰 것인가?

본 저서는 위와 같이 다문화교육의 이념, 가치, 교육과정, 방법론, 언어 및 가치관, 그리고 형평성 및 수월성의 문제들에 대한 논의를 바탕으로 다음과 같은 다문화교육을 바라보는 비판이론적 이해를 강조하고자 한다.

첫째, 비판이론은 현대사회 속에서 맹목화되어 있는 산업주의, 자본주의, 전체주의 혹은 권위주의적 이념에 대한 저항과 거부, 그리고 도전을 통해 인간성을 회복하고 보다 민주적인 사회로의 변혁을 위한 학문적 저항을 일컫는다. 이러한 비판이론을 바탕으로 현대사회의 학교교육 문제를 분석하고자 하는 시도가 바로 비판적 교육학이다. 이 비판적 교육학의 시각에서 현대 산업 자본주의의 구조적 모순에 대한 비판적 지적과 그 속에서의 인간성 상실이나 집단 및 계급 간의 사회적 불평등 문제에 주목하고, 이러한 사회적 문제가 교육현상에 미치는 영향을 이해하는 것이 올바른 다문화교육을 전개하는 데 필수적일 것이다.

둘째, 다문화사회의 형성과정은 제국주의의 역사와 밀접하게 관련되어 있으며, 다문화사회의 본질적인 성격을 '다중' 사회의 개념을 통해 이해할 필요가 있다. 즉, '다중' 사회로서 다문화사회를 이해하는 것은 다문화사회의 특징들을 있는 그대로 받아들이는 데 용이하고, 더 나아가 다중사회를 기반으로 한 민주주의의 실현가능성을 모색해 볼 수 있다.

셋째, 다문화교육의 실천방안으로서 다문화교실 교수방법론을 소개하고, 아울러 다양한 학생들의 필요와 수준에 합당한 평가방법론은 무엇인지 논의하게 된다. 이를 바탕으로 교사의 입장에서 다문화교실을 지도하기 위한 실제적 방법론을 제시할 것이다.

넷째, 다문화사회는 그 구성원들의 인권문제와 정체성의 형성에 있어서 많은 변화를 가져올 수 있다. 이러한 문제를 바라보는 비판적 다문화주의의 입장을 이해하는 것은 다문화학생들을 대상으로 한 다문화교육의 매우 중요한 과제이다.

마지막으로, 일반교육에서와 마찬가지로 형평성과 수월성의 문제는 다문화교육에 있어서도 매우 중요한 문제이다. 따라서 본 저서를 통해 비판적 다문화교육의 입장에서 형평성과 수월성 문제를 이해하고, 그에 합당한 다문화교육의 방향을 제시해 줄 수 있을 것이다.

참고로 본 저서는 다문화교육과 관련하여 다음과 같은 저자의 논문들을 중심으로 재구성하였다.

1장 '비판이론과 비판적 다문화주의'와 2장 '다문화교육의 목표와 이념'은 「다문화주의에 대한 비판적 이해와 비판적 다문화교육론」(교육철학연구, 2012b)과 「교육과정 이념으로서의 세계시민주의에 대한 비판적 고찰」(교육과정평가연구, 2010)의 논의를 재구성한 것이다. 그리고 3장 '비판적 다문화교육과정'과 4장 '다문화교육의 내용 및 방법론'은 「생태주의 이론과 CEMP 모형에 바탕을 둔 다문화교실의 교수방법론」(교육방법연구, 2012a)과 「다문화주의에 대한 비판적 이해와 비판적 다문화교육론」(교육철학연구, 2012), 그리고 「Applying dynamic assessment to language learning」(*Foreign Languages Education*, 2009)의 내용을 중심으로 재구성하였다.

그리고 5장 '다문화사회의 인권과 언어정체성'은 「Linguistic human rights and asian migrant workers in South Korea」(*International Journal of Human Rights*, 2007)와 「Family support and maintenance of ethno-linguistic identity」(*The International Journal of Language, identity, and Culture*, 2008)의 내용을 중심으로 재구성한 것이다. 마지막으로, 6장 '다문화교육의 형평성과 수월성'은 「비판적 다문화교육의 관점에서 본 다문화교육의 형평성과 수월성」(다문화교육연구, 2012c)에 게재될 예정인 논문을 바탕으로 하여 보완된 내용이다.

박휴용 씀

CONTENTS

02 다문화교육의 목표와 이념

03 비판적 다문화교육과정

04 다문화교육의 내용 및 방법론

05 다문화사회의 인권과 언어정체성

06 다문화교육의 형평성과 수월성

01

비판이론과 비판적 다문화주의

1. 비판이론

1) 프랑크푸르트학파(The Frankfurt School)와 비판이론

비판이론(Critical Theories)은 1920년대 독일 프랑크푸르트학파를 중심으로 후기 산업사회라고 할 수 있는 현대의 자본주의 사회가 가진 구조적 모순과 그 속에서의 인간소외 문제를 다루면서, 자본주의 체제로부터의 인간해방을 꾀하는 학자들의 이론체계를 가리킨다. 비판이론은 현대사회를 비판하되 그 책임을 현대사회의 구성원으로서 개인이 아니라 근본적인 사회시스템에서 찾는다. 하지만 사회체제가 변화해도 개인이 변화하지 않으면 사회는 근본적으로 달라질 수 없다는 명제에 도달하면서, 근본적인 사회의 변화를 위한 개인의 역할도 중시하여 바람직한 사회를 위한 새로운 인간형을 모색하기도 한다. 즉, 민주주의를 내세우고 있는 현대의 산업 자본주의 사회 속에 감추어진 전체주의적 요소를 드러내어 고발함으로써 인간성과 민주사회의 본질을 회복하고자 하는 것이다. 비판이론은 그러한 사회의 문제와 위기 상황을 근본적으로 개혁할 수 있는 비판적 의식을 가진 인간을 기르는 것을 교육의 가장 중요한 역할로 본다(Wulf, 1999).

비판이론의 궁극적인 목표는 개인 외부적인 정치적 지배와 개인 내면적인 의식의 지배라는 복합적 형태의 지배로부터 개인의 해방을 촉진하는 것이다. 자본주의 경제체제가 기술적 진보와 물질적 풍요를 가져오기는 하였지만, 비판이론은 이 진보가 과연 모든 인류의 자유와 해방, 그리고 인간성의 실현에 궁극적으로 기여하고 있는지를 묻는다. 이를 위해 비판이론의 기본원리는 모든 사상체계들을 비판적으로 해석하고, 사회 내의 존재하는 다양한 형태의 억압을 뒷받침하고 정당화하는 사상적 요소들이 무엇인가를 드러내며, 그러한 사상체계들이 궁극적으로 어떤 인간관과 세계관으로부터 출발하였으며, 어떠한 미래적 대안을 제시하고 있는지를 살펴보아야 함을 강조한다.

현대사회에서 인간형성의 문제를 어떻게 이해하느냐는 인간의 내면성에 대한 해석에 달려 있는데, 전통적으로 인간 형성을 위한 교육적 방법론으로 인식되었던 도야(bildung)는 토착성, 문화성, 역사성의 문제뿐만 아니라, 사회개혁의 주체로서 의식형성의 문제와도 관련지어 이해할 필요가 있다. 즉, 사회의 문제와 위기 상황을 근본적으로 개혁할 수 있는 비판적 의식을 가진 인간을 기르는 것이 교육의 주요 역할 중 하나인 것이다. 그런 의미에서 비판이론가들은 "비판이 사라진 사회, 반대가 없는 사회의 모습은 파쇼적 권위주의의 정치지배가 파놓은 현대문명의 함정"이라고 주장하고, 현대사회 속에서 맹목화되어 있는 산업주의, 자본주의, 전체주의 혹은 권위주의적 이념에 대한 저항과 거부, 그리고 도전을 통해 인간성을 회복하고 보다 민주적인 사회로의 변혁을 위한 학문적 저항이라고 믿고 있는 것이다.

프랑크푸르트학파(Frankfurt School)는 독일의 지성인들이 모여 프랑크푸르트 대학 내에 설립된 사회연구소(The Institute for Social Research: 1923년 설립)를 중심으로 자본주의, 후기 산업사회, 대중문화, 현대문명 등에 대한 비판을 통해 새로운 인간상과 사회상을 제시하고자 했던 학파이다. 호르크하이머(M. Horkheimer), 아도르노(T. W. Adorno), 마르쿠제(H. Marcuse) 등이 중심이 되었던 프랑크푸르트학파의 학자들은 나치당의 탄압을 피해 미국으로 망명한 후, 제2차 세계대전이 끝난 후 프랑크푸르트로 돌아와 1953년에 연구소를 다시 설립하기에 이르렀다. 이들의 철학 사조는 칸트의 비판적 철학, 맑스의 이데올로기 비판의 논리와 프로이트 심리학의 인간이해를 발전적으로 수용하였으므로 프랑크푸르트학파(Frankfurt School), 네오마르크시즘(Neo－Marxism), 프로이디안 마르크시즘(Freudian Marxism), 뉴레프트(New Left), 비판이론 등의 이름으로 불리고 있다. 이 학파에 참여한 학자들은 위에 언급한 학자들 이외에도 프롬(E. Fromm), 노이만(F. Neumann), 슈미트(A. Schmitt), 뢰벤탈(L. Lowenthal), 하버마스(J. Habermas) 등이 있는데, 이들은 서로 다른 관심과 입장에도 불구하고 현대의 사회현상에 대한 비판이라는 하나의 기조에는 동조하였던 것이다.

프랑크푸르트대학의 사회연구소는 유럽 최초의 맑스주의 관련 연구소로서 맑스의 자본주의에 대한 논의를 바탕으로 자본주의의 사회적 및 정치적 구조의 변화를 위한 혁명적인 방법론을 모색하고자 하였는데, 그중에서도 가장 큰 관심사는 후기 맑스주의에서 관심을 끌게 되었던 상부구조로서의 문화의 역할이었다. 이 연구소의 초대 소장이었던 Carl Gründberg(1861-1940)은 과학적이고 합리적인 접근을 통해 맑스주의를 이해하려고 하였으나, 그를 뒤이어 2대 소장을 맡은 Horkheimer는 철학적·지적 접근을 시도하였다. 프랑크푸르트학파의 비판이론은 기본적으로 헤겔(G. Hegel, 1770~1831)의 역사철학, 맑스(C. Marx, 1818~1888)의 역사경제관, 니체(F. Nietzsche, 1844~1900)의 철학, 베버(Max Weber, 1864~1920)의 사회이론, 그리고 프로이트(Sigmund Freud, 1856~1939)의 인간관 및 심리학에 그 이론적 토대를 두고 있다. 독일 사회학자이자 정치경제학자인 Max Weber(1864~1920)는 자본주의 및 근대성의 흐름 속에서 이성과 세속화의 문제를 어떻게 바라볼 것인가에 관심을 갖고 The Protestant Ethic and the Spirit of Capitalism(1905)을 저술하게 된다. 이 저서에서 그는 이성적 판단에 기반을 둔 사고와 목표 달성을 위한 가장 효과적인 방법론을 모색하기 위한 도구적 합리성(instrumental rationality)의 개념과 이성적인 대중의 통제 수단으로서의 관료주의(bureaucracy) 체제의 필요성을 강조한 바 있다. 한마디로 프랑크푸르트학파 첫 세대의 고민은 베버(Max Weber, 1824~1920)가 개념화한 현대사회의 이미지를 맑스(C. Marx)가 제시했던 인간해방적 이상과 어떻게 조화시킬 것인가의 문제였던 것이다.

Frankfurt 학파의 베버의 근대적 합리성에 대한 비판 관점은 다음과 같다. 베버가 상정한 합리성의 개념을 바탕으로 한 관료주의 사회는 하나의 전체주의 행정(total administration) 체제의 일종에 불과하고, 그가 지향하는 근대성에 기반을 둔 사회도 결국은 도구적 합리성이 지배하는 사회를 가리킨다고 보았다. 또한, 베버가 이상적인 경제시스템이라고 여겼던 자본주의 사회도 하나의 관료주의적 통제를 완성시키려는 의도에 불과하다고 지적하였다. 프랑크푸르트학파가 보기에 이러한 관료주의적 시스템의 대표적 사례가 바로 '국가(The State)'라고 하는 통치제도, '자본주의(capitalist economy)'라는 경제제도, 그리고 레저산업과 대중매체에 의해 좌우되는 대중문화 사회였던 것이다. 따라서 프랑크푸르트학파가 문화를 바라보는 시각은 문화를 순응하는 육체를 양산해 내는 훈육적 과정, 아비투스(habitus)를 통해 사회 속의 권력관계를 자연스럽고 보편적인 관계로 인식하게 만드는 과정, 사람들을 사교적이고 순응적이며 길들여진 동물로 바꾸는 훈련과정 등으로 보았다(Bourdieu, 1977; Deleuze, 1999; Foucault, 1991, 2003). 즉, 프랑크푸르트학파의 비판이론에 따르면, 문화적 다양성이라는 결과의 차원을 이해하기 전에, 그 원인이 되는 사회적 권력관계와 재생산의 과정을 이해할 필요가 있다는 것이다(Foucault, 2003).

아도르노와 호크하이머(2002)는 '문화산업(culture industry)'이란 용어를 통해서 대중문화란 대중에게 표준화된 여러 가지 문화적 양상을 통해서 지배적 이데올로기를 선전하고, 피상적인 만족감과 실업이나 경제적 곤란으로부터 대중을 달래 주는 기능을 함으로써 자본주의 시스템의 재생산 역할을 한다고 주장하였다. 이러한 문화산업은 결국 대중으로 하여금 현실의 굴레(현대사회의 병적 특성)를 인식하거나 극복하지 못하게 하고, 자본주의 사회시스템에 길들여진 순응적이고 현실안주적 대중을 양산하는 데 기여한다고 보았다. 문화산업은 자본주의적 원리에 의해 생성・전파・소비되는 문화적 양상으로, 이윤 추구의 목적과 문화적 동질화로 인해 창의성, 비판적 사고, 다양성이라는 진정한 독특한(authentic) 문화의 성장을 저해한다는 것이다. 따라서 문화의 상품화(commodification)가 결과적으로 건전한 문화적 성장을 방해하면서, 끊임없이 상업화된 문화의 소비만을 부추기게 되는 것이다. 한편, 이러한 프랑크푸르트학파의 입장에 대해 비판이론은 하나의 이상주의적(유토피아적) 입장이며 지나치게 철학적・이론적・부정적 입장에 사로잡힌 학문적・추상적 배경에 의존함으로 인해 실제적 노동계층의 정치적 문제와 괴리되며, 하나의 정치적 자기표현의 수단에 불과하다고 지적하기도 하였다.

이처럼 프랑크푸르트학파는 Marx의 자본주의 비판과 19세기 후반, Nietzsche의 현대문명에 대한 비판적 관점을 바탕으로, 전체주의적 근대국가의 권위, 대중문화의 획일성과 동일화(homogenization) 양상, 서양문화 중심의 근대성의 지나친 낙관주의, 이성에 대한 강조를 통해 인간의 본능, 신체적 욕구에 대한 억압의 양상을 비판하고 있다. 현대문명의 쇠락은 자본주의, 산업사회, 소비사회의 등장에 원인이 있다고 보고, 관료주의적 국가권력의 등장과 군수, 철강, 철도, 자동차 등 산업분야에서 정부지원과 언론통제에 힘입은 독점자본주의적 경제 성장의 이념을 비판한다. 프랑크푸르트학파의 시각에서는 바로 독일의 파시즘이 바로 그 대표적인 사례였던 것이다. 이러한 국가 주도적 자본주의 경제체제와 대중을 기만하는 문화산업으로 인해 현대의 대중사회는 '개인'의 개념이 희박해지고, 과학주의, 기술합리주의, 관료주의로 대변되는 사회시스템을 바탕으로 사회를 구조화하고, 대중매체에 대한 통제와 할리우드로 대변되는 쇼 비즈니스를 통해 대중의 비판의식을 마비시키고 있다고 지적하는 것이다.

요컨대, 프랑크푸르트학파의 비판이론은 초기 맑시즘이 노동과 계급의 용어를 통해 자본주의적 사회구조를 설명하였다면, 후기 맑시즘에서는 소비와 문화를 통해 대중을 지배하는 시장자본주의의 원리에 의해 후기 자본주의 사회가 유지되고 있다고 지적한다. 결과적으로, 현대문명이 겉으로는 문화, 인간성, 문명화, 교육의 중요성을 강조하지만, 결과적으로는 비판의식이 결여된 무감각한 대중만을 양산하고 있으며, 그로 인해 진정한 이성, 자유, 합리성, 민주주의 사회의 도래가 요원해지면서 전체주의적 사회에서 벗어나지 못하고 있다고 지적하는 것이다.

2) 비판적 교육학의 이해

비판이론(critical theory)이 기본적으로 사회적 관계에 영향을 미치는 권력(power)의 역할에 관심을 갖는 것처럼, 비판적 교육학(critical pedagogy)은 학생들이 자신의 삶과 사회에 대한 의식적·비판적 시각을 통해서 사회에 존재하는 각종 억압과 불평등, 부정의의 근원을 깨닫게 하고, 이를 근본적으로 개혁할 수 있는 실천가로 성장하게 하는 것을 목표로 하는 교육철학 및 이론이다. 예컨대, 비판적 교육학에서는 현 사회의 문제점들에 주목하면서 그 문제점들을 은폐하거나 정당화하는 기득권 계층 중심의 사회구조, 제도적 기관, 이념 및 가치 등을 지적하고자 하는데, 이를 위해서 교육과 관련된 현상들의 역사적·사회문화적·정치경제적 맥락과 그 성격에 대한 통찰을 통해서 비판을 시도한다(황원영, 2003).

현대사회의 문제점들을 현대문명의 역사적·사회계급적·정치경제적 맥락을 통해 고찰하고자 하는 비판이론은 필연적으로 고도로 자본주의화된 현대 문명국가들의 형성과정에 대한 역사적 통찰을 하게 되는데, 그 대표적인 예가 바로 후기식민주의적 관점이다. 후기식민주의적 관점은 정치적·군사적 식민통치가 종식된 이후에도 피식민국가의 사회상에 식민주의적 잔재가 남아 있고, 그 식민주의적 사회상이 당면한 교육의 문제에도 근본적으로 영향을 미치고 있다고 본다. 따라서 비판적 교육학에서는 교육이 정치중립적인 현상이 아니라 본질적으로 정치적인 현상이라고 주장한다(Kincheloe, 2004, 2008).

비판적 교육학은 학교교육, 특히 학생들에 대한 의식화(conscientization)를 통해 사회나 학생 자신들을 둘러싼 각종 사회적 불평등요소, 억압, 선입견 등을 깨닫게 하고, 그러한 사회구조에 대한 저항과 비판, 그리고 개혁의 의지를 갖게 하는 것이 교육의 가장 중요한 책무라고 본다. 결국 비판적 교육학은 학생들의 해방(emancipation)과 지적인 성장을 지향하여, 학생들이 자신의 삶을 개척해 나갈 수 있도록 하고, 자신이 속한 공동체에 사회적 불평등을 극복하고 정의를 세울 수 있는 혁신가가 되도록 돕고자 하는 것이다(Freire, 1970). 아울러 비판적 교육학은 교사와 학생의 관계에 대해서 상호 간의 깊은 존중의식을 바탕으로, 교사 및 학생들이 서로 가르치고 배울 수 있는 상호적인 관계를 지향한다. 또한 교사는 실천연구자(action researcher)이자, 학생들의 배경과 관심사에 대해 잘 알고 이해할 수 있어야 하며, 궁극적으로 학생들을 대변하여 헌신적으로 '억압과 부정의에 대항하여 싸워 줄 수 있는 지식인(warrior intellectuals)'을 지향한다.

그렇다면 왜 하필 비판적 교육학인가? 이 질문은 결국 "왜 교육학의 논의를 '비판(criticism)'으로부터 시작해야 하는가?"라는 '비판'의 의미에 대한 오해에서 출발한다. 그러한 오해는 '비판하는 것'은 어떤 현상의 부정적인 측면에 주목하는 것이고, 이는 긍정적이고 발전적이지 못한 사고라는 생각 때문이다. 오늘날 우리가 '비판'이라는 용어에 대해 '부정적(negative)'인 이해를 갖고 있는 것은 우리의 사고가 근대주의적(modernistic)이고 진보적 사고에 오랫동안 길들여진 나머지, 성취, 효율성, 생산성, 미래지향성 등은 긍정적이고, 현상유지, 비효율, 침체, 과거지향성은 부정적이라는 이분법적 사고를 갖고 있기 때문이다. 따라서 무엇인가를 비판하는 것은 발전과 성취를 저해할 수 있는 부정적인 행위로 인식하는 것이다.

비판이론의 철학적 배경은 헤겔(1874)의 변증법적 유물론에서 찾을 수 있다. 헤겔은 변증법적 철학이란 사물들 그 자체의 모습과 변화의 양상을 궁구하는 것으로서, 부분적 이해의 범주들의 말단(finitude)을 드러내 보여주는 것으로 보았다. 이러한 헤겔의 변증법적 철학의 원리 중 하나가 바로 그가 *Aufhebung*(sublation)라고 불렀던 '부정의 부정(negation of the negation)' 개념이다(Hegel, 1874, 81). 이 개념은 어떤 사물의 존재는 바로 다른 사물과의 관계성 속에서 규명되며, 부정의 부정원리에 의거하여 그 사물은 다른 사물을 그 자신 속으로 포섭(incorporates)하는 과정을 거친다고 본다. 이러한 변증법적 움직임(movement)은 (어떤 사물과 다른 사물들이) 서로를 부정하는 두 단계의 순간을 포함하는데, 그러한 부정의 부정의 결과로 "어떤 사물이 타자가 되고, 그 타자가 다시 어떤 것이 되는" 끊임없는 전화의 과정을 거치게 된다(Hegel, 1874, 93). 이렇게 어떤 것이 다른 것으로 되어 가는 경로는 "그 스스로의 전화의 과정이므로 자연(self-related)적인 현상"인 셈이다(Hegel, 1874, 95). 이것이 바로 헤겔이 말한 됨(becoming)인데, 여기에는 '되어 가는 것(coming-to-be)'과 '그치어 가는 것(ceasing-to-be)', 두 가지 순간이 포함된다(Hegel, 1812). Sublation, 즉 부정의 부정에 의해 존재는 그치어 가는 과정과 그 결과로 새로운 것이 등장하는 '되어 가는 과정(coming to be)'을 겪는다. sublated(*aufgehoben*)된 것은 한편으로는 그치어 가고 끝나가지만, 다른 한편으로는 보존되고 유지되는 것이다(Hegel, 1812, 185). 이것이 헤겔의 변증법적 유물론에서 스스로 변형되는 전체성(totality)이고, 그러므로 그것은 자연(self-related)적인 것이다.

앞에서 설명한 헤겔의 변증법적 철학은 서로 대립하면서도 순환하는 흐름으로서 정(thesis)과 반(anti-thesis)의 갈등에 의해 역사가 발전한다고 보았고, 어느 한쪽이 긍정이나 부정의 가치판단(value judgment)으로 이해될 문제라고 보지 않았다(Fox, 2005, 43). 즉, 어떤 기존의 현상('정')에 대해 저항하고 대립하고 비판하는 것('반')을 부정적인 작용으로 볼 필요가 없다는 것이다. 비판은 오히려 기존 현상의 잘못을 고치고 새로운 것을 만들어 낼 수 있는 긍정적이고 창조적인 행위인 셈이다. 예를 들어, 동양철학에서의 만물의 근원을 음양의 조화로 이해하는 방식처럼, 음이 없이는 양도 존재할 수 없는 것이다. 이와 마찬가지로 비판은 하나의 멈춤(pause), 침묵(silence) 혹은 더 높은 도약을 위한 움츠리기의 작용이다. 이것이 바로 부정의 변증법(dialectics of negative)의 핵심 아이디어로, 정반합의 변증법은 옳고 그름, 즉 선과 악의 가치론(axiology)적 문제가 아니라 세상을 바라보는 인식론(epistemology)의 역동성 차원에서 이해해야 하는 문제인 것이다.

2. 다문화주의와 비판이론: 제국과 다중

본 장에서는 비판이론의 관점에서 다문화주의를 이해하기 위한 두 가지 주제어로서 '제국'과 '다중'의 개념을 제시하고자 한다. 즉, 다문화사회의 형성은 제국주의의 역사와 밀접하게 관련되어 있으며, 다문화사회의 본질적인 성격을 다중사회의 개념을 통해 이해할 수 있다고 본다. 따라서 본고는 첫째, 다문화사회를 다중사회로 바라보는 관점과 다중사회의 특징을 소개하고, 더 나아가 이러한 다중사회를 기반으로 한 민주주의의 실현가능성을 모색해 보기로 한다. 둘째, 본고는 비판이론의 관점에서 다문화주의를 이해하기 위해 비판적 다문화주의의 시각을 소개하고, 이를 통해 다문화사회를 바라보는 여러 시각들에 대해 비판적으로 검토하고자 한다. 마지막으로, 본고는 다중사회를 기반으로 한 비판적 다문화교육의 실천방안을 모색하기 위해, 다문화교육에서 다루는 몇 가지 핵심적 논점들(예: 차이 및 편견의 극복, 자유와 평등의 문제, 정체성 및 소속감의 문제)에 대한 비판적 인식과 다문화교육의 내용 및 방법론에 대해 비판적으로 재검토의 필요성을 논하고자 한다.

1) 제국주의와 다문화사회

인류 역사는 국가, 민족, 지역 혹은 종교 간의 세력관계에 의해서 생긴 갈등을 해소하기 위한 투쟁과 협력의 역사라고 볼 수 있다. 군사력을 앞세운 국경침탈에 의한 지리적 합병이나 정치적 측면에서의 직접 통치, 경제적 영향력을 바탕으로 한 경제적 종속구조, 보다 세련된 형태의 외교적 간섭 등과 같은 다양한 형태의 불평등한 지배－피지배관계가 강대국들과 약소국들 사이에서 이루어졌던 것이 바로 제국(주의)의 역사적 변천과정이었다는 것을 많은 학자들은 지적한 바 있다(Ferguson, 2004; Hobswaum, 2008; Hudson, 2003; Said, 1998). Said(1998: 8)가 제국을 "거대 도심의 지배적인 세력이 원거리 지역에까지 영향을 미치는 모든 이론적·태도적·실천적 작동"이라고 정의한 것과 같이, 제국이란 권력을 가진 민족국가 혹은 민족 집단이 주변국들을 통제 및 회유 등을 통해 권력을 집중화시켜 형성되는 것으로, 한마디로 '정복을 통한 권력의 확장'의 결과가 제국주의이다(Pagden, 2001). 인류 역사상 거대한 문명을 이루었던 바빌로니아, 마케도니아, 몽고, 로마, 잉카문명, 오토만, 러시아, 그리고 대영제국 등이 바로 제국주의 역사의 대표적인 예에 해당한다(Feuer, 1989).

과거의 제국들과는 조금 다른 형태지만, 오늘날의 제국들도 다양한 방법, 제도, 수단을 통해서 제국주의적 권력을 행사하고 있다. 20세기 초반의 소련연방이 중앙아시아 및 동유럽의 국가들에 군사적·경제적 영향력을 끼쳤던 것이나, 2차 세계대전 이후 미합중국을 중심으로 한 북반구의 국가들이 아시아, 아프리카 및 남미의 국가들에 대해 IMF나 World

Bank, 유엔, 북대서양조약기구(NATO) 등과 같은 국제기구들을 앞세워 경제적·군사적·외교적 영향력을 행사하고 있는 것은 제국주의적 세계질서가 여전히 영향력을 미치고 있는 현실을 잘 보여준다(Willinsky, 1998). 예컨대, 현대의 제국주의는 비즈니스(경제적 측면), 대중문화(문화적 측면), 에너지 및 자원(환경적 측면), 안보 및 테러(군사적 측면) 등 문제를 중심으로 제국 중심부 권력의 영향력이 주변 국가 및 제3세계 국가들을 상대로 펼쳐지고 있는 것이다(Chomsky, 1991, 2000, 2011).

전 세계적으로 다문화사회가 형성되는 과정은 제국주의 역사와 밀접하게 관련되어 있다. 16세기 이후 서유럽의 열강들은 자국 내의 수많은 사회문제들－귀족 중심의 계급사회의 문제, 질병, 가난, 자영농들의 토지 약탈로 도시빈민화, 기근과 질병, 가난과 범죄의 문제 등－에 대한 돌파구를 모색하고, 해외 자원의 확보 및 자국 내 대체노동력의 보급을 위한 식민노예 확보를 위해 해외식민지로 진출하게 된다(Hardt & Negri, 2000; Linebaugh & Rediker, 2000). 19세기 중엽 노예무역이 폐지됨에 따라 계약노동이라는 새로운 형태의 노동 이민이 생겨났지만, 그 실질적 계약 및 노동 조건은 노예무역과 별반 다르지 않았다(엄한진, 2011). 즉, 전 세계적 이주노동자의 발생은 20세기에 들어서 나타난 현상이 아니라 16세기 이후 서구 열강의 식민지 진출에서 시작하여, 18세기 영국에서 시작된 산업 자본주의의 시작에 따른 산업 노동력의 필요성, 그리고 20세기 이후의 세계화 흐름에 따라 국경을 넘어서는 수많은 이주노동자들의 급증과 역사적 궤를 같이하고 있는 것이다.

16세기 후반에서 17세기 초반에 유럽의 사회적·경제적 변화들은 임금노동자의 증가, 도시인구의 증가, 가내수공업 및 하청노동의 확대, 세계무역의 확대, 시장의 제도화, 식민체제의 수립인데, 이 과정에서 인구의 대다수를 차지했던 자영농과 소상공인 등이 도시의 산업노동자로 내몰렸고, 그곳에서도 마땅한 일자리를 찾지 못한 사람들이 식민이주민이 되었던 것이다. 식민이주민들의 발생은 한마디로 유럽의 자본가들이 대다수 민중을 선조들부터 살아온 자신의 땅에서 강제로 떼어 내어 그들의 노동력을 새로운 지리적 환경에 수용시킨 결과였던 것이다(Linebaugh & Rediker, 2000). 이처럼 식민지시대의 식민이주민들과 현대의 이주노동자들은 본질적으로 같은 존재들이며, 민중을 자신의 삶의 토대에서 전혀 새로운 지역으로 이동시키는 현상은 최근 500년 동안 전 세계를 배경으로 일어난 전 인류사적 사건인 것이다.

제국주의적 영토 확장으로 인해 식민종주국 및 피식민지 국민들은 다양한 목적으로 국경을 초월한 이동 및 이주를 하게 되었고, 이는 자연스럽게 동질적 성격의 집단으로 구성된 국민국가가 아닌 다양한 문화, 언어, 풍습, 종교, 가치관 등을 가진 구성원들로 이루어진 다문화사회가 탄생하게 된 배경이 되었다(Diamond, 1997). Hardt & Negri(2000)가 제국을 국민국가의 주권을 계승한 주권의 새로운 형태, 보다 유연하고 유동적인 형태로 존재하면서도 보다 광범위하고 본질적인 영향력을 미치는 주권의 무제한적인 형태로 정의한 것에 따르면, 제국주의는 오늘날까지 완전히 사라지지 않았다고 볼 수 있다. 다문화사회를 올바로 이해하기 위해서는 바로 이러한 다문화사회의 형성과 변천이 제국주의 역사와 밀접하게 관련되어 있다는 것과, 그 제국 내에서 일어나는 문화적 다양성, 인권, 노동, 사회계층 등 문제가 제국주의적 권력문제와 복잡하고도 미묘하게 얽혀 있다는 사실을 알아야 할 것이다(Banks, Banks, Cortes, Hahn, Merryfield et. al., 2005). 아울러 다문화교육에서는 과거 노예제도의 근본구조였던 집단 간의 지배와 종속관계, 식민주의 및 제국주의 역사, 그리고 소수집단에 대한 주류집단의 타자화 등과 같은 집단들 간의 불평등한 권력관계의 문제를 다룰 수 있어야 한다. 그러므로 다문화교육의 핵심은 다문화사회를 만들어 내게 된 국제사회의 현실 속에서 어떻게 국가 간, 민족 간 혹은 집단 간의 관계를 민주적이고 공정하게 유지할 수 있을까에 대한 비판적 인식을 학생들이 가질 수 있도록 돕는 것일 것이다.

2) 다중사회로서의 다문화사회

(1) 다중사회

최근의 다문화사회로의 한국사회의 전환은 그동안 한국사회의 구성체에 대한 논쟁(이진경, 2008; 그린비편집부, 2008)이 다루었던 계급적·역사적 성격을 띤 '민중(people)'의 개념을 바탕으로 국민을 이해하려 했던 것과는 전혀 다른 맥락으로 한국사회가 바뀌어 가고 있음을 뜻한다. 다시 말해서, 과거에는 '반만년 역사와 문화, 그리고 언어와 사상을 별 차이 없이 공유하는 국민들'을 놓고 그 대다수를 차지했던 고난과 핍박, 그리고 착취의 대상으로서의 '민중'들의 역사적·계급적 성격에 대해 논의하거나, 근대화되고 도시화된 사회 속에서 개별적 차이와 독특성이 사라져 버린 무구별적인 동형의 집합체인 '대중(the Mass)' 개념을 중심으로 한국사회의 구성체에 대한 논의가 주를 이루었다. 하지만 앞으로는 그러한 한국사회의 다수 구성원들을 공통된 역사적·문화적 배경으로 간주하기 어려운 '다문화'적 사회 환경이 조성되고 있으므로, 이러한 다문화적 사회 환경과 그 구성원들의 성격을 이해하는 데 있어서 과거의 '민중'이나 '대중'의 개념이 아닌 한국사회의 구성원의 성격을 대표할 수 있는 대안적인 개념이 필요한 것이다.

이탈리아의 사상가이자 정치철학자인 안토니오 네그리(Antonio Negri)

는 그의 저서 『제국(Empire)』(Hardt & Negri, 2000)에서 무소부재하면서도 겉으로는 드러나지 않는 초국가적 기업들의 자본 및 경제력과 이들에 의해 좌지우지되는 국제기구들의 정치·외교적 권력, 그리고 이들을 앞세워 자신의 이익을 추구하는 세계열강들을 가리켜 맑스적 의미에서 부르주아 계급의 성격을 띤다고 지적한 바 있다. 뒤이은 저서 『다중(Multitude)』(Hardt & Negri, 2008)에서 Hardt & Negri는 제국주의 세계에 잠재되어 있는 모든 다양한 사회적 생산활동의 주체들이자 제국의 내부에서 자라는 살아 있는 대안들로서, 노동자, 이민자, 시민운동 조직 및 비영리 조직들의 이질적인 관계망을 프롤레타리아 계급으로 형상화하면서 그들을 '다중(multitude)'이라고 명명한 바 있다. 결국 Hardt & Negri가 『제국』을 통해 오늘날 지구화를 통해 제국주의가 연장되고 있는 인류사회의 문제점을 부각시켰다면, 『다중』을 통해서는 이러한 문제점을 해결할 만한 진정한 의미의 다원적 민주주의 사회의 건설을 위한 대안적 주체를 찾고자 한 것이다.

이처럼 Hardt & Negri는 현대의 다문화사회구성원의 성격을 '다중'의 개념으로 설명하고 있다. 기존의 '민중' 개념이 무수히 다양한 개인과 계층으로 이루어진 사회구성원들을 하나의 통일된 정체성으로 종합하여 이해한 것이라면, 다중은 그러한 사회구성원 간의 차이를 다양하고 통일되지 않은 복수적 형태로 이해하고자 하는 개념이다. 즉, 다중은 독특한 개인이나 집단들의 차이를 그대로 인정한 채 이를 하나의 정체성으로 동화시키려고 하지 않으며, 자신들의 특이성을 유지한 채 사회 속에서 목소리를 내고 행동하는 능동적인 사회적 주체로서의 개인이나 집단을 가리킨다. 그러므로 다중은 내적인 차이를 가진 다양한 사회적 주체들의 집합으로서, 네트워크적 사회 속에서 어울려 살아가는 다양한 시민들이다.

바야흐로 우리나라가 다문화사회로 진입하였다고 했을 때, 다문화사회로서 우리나라의 정치적·사회적 성격을 어떻게 규정할 것이며, 보다 민주적 사회를 건설하기 위해 어떤 준비와 노력이 필요할 것인가에 대한 대안을 필자는 이 다중사회로서의 한국사회에 대한 이해를 통해 찾고자 한다. 다중사회는 '수많은 내적인 차이(innumerable internal differences)'를 가진 집단들의 조화로운 공동체라는 다원성으로 인해, 진정한 민주주의 실현의 가능성을 갖고 있다(Negri, 2004). 더불어 서로 의사소통하고 협력하는 구성원으로서의 다중의 성격은, 이러한 다중이 노력을 무력화하는 자본주의적 제국의 체제 속에서도, 진정한 민주주의의 실현과 그것을 위한 저항의 근원적 동력이 될 만한 충분한 잠재력을 가지고 있다고 보는 것이다(Negri, 2011).

(2) 다중사회의 성격

Linebaugh & Rediker(2008)는 제국주의의 역사적 배경을 다룬 『히드라』에서 다중사회의 성격을 다음과 같이 비유적으로 묘사하고 있다.

그리스로마 신화에 나오는 헤라클레스는 그리스인들에게는 영토 위에 건립된 중앙화된 국가의 통합자였으며 로마인들에게는 원대한 제국적 야망을 상징하는 존재였다. 신화의 내용 속에서 헤라클레스가 수행한 12개의 과제는 경제적 발전과 진보를 상징하였고, 지배자들은 자신들을 헤라클레스에 투사하면서 헤라클레스의 모습을 화폐와 옥쇄, 그림, 조각 궁전들에 재현하곤 했다. 반면 유럽의 왕족들은 여러 머리를 가진 히드라를 무질서와 저항의 상징, 즉 국가, 제국 및 자본주의의 건설에 방해되는 존재로 여겼다. 그래서 헤라클레스의 두 번째 과제가 히드라를 죽이는 것이었고, 죽은 히드라에게서 나온 독을 화살에 발라서 치명적인 무기로 활용하여 그 이후 자신의 과업을 완수할 수 있었다.

17세기 초 영국의 식민지 확장의 시기에서부터 19세기 초 도시 중심의 산업화에 이르기까지, 유럽의 지배자들은 점점 전 세계의 영역으로 확대되는 노동체계의 질서를 확립해 나가는 데 이러한 헤라클레스-히드라의 신화를 참조하였고, 실제로 땅을 박탈당한 농민들, 추방된 범죄자들, 하인들, 해적들, 도시노동자들, 이주노동자들, 직업군인들, 아프리카 노예들을 히드라와 같은 존재, 즉 다양하고 유동적인 머리들로 묘사하곤 하였다(p.12). 이 머리들은 원래는 지배자들에 의해 노동생산을 위해 모인 존재들이지만 점차 지배자에 대항하여 집단적 저항의 태도를 보이기 시작했고, 헤라클레스는 이 히드라를 완전히 제거하기 위해서 그 우두머리 격인 가운데 머리를 찾아 제거하게 된 것이다. 이 헤라클레스-히드라 신화의 비유는 현대의 다문화사회 혹은 다중사회를 바라보는 지배계층의 계급적 입장이 어떠한지를 잘 보여준다.

Negri(2004)가 언급한 다중사회의 성격들 중에서 필자는 다음과 같은 네 가지 성격이 다중사회로서 다문화사회를 이해하는 데 중요한 시사점을 갖는다고 본다. 그 첫째는 본질적으로 능동적인 사회적 주체로서의 다중의 존재에 대한 인식이다. 민중의 개념은 처음에는 착취나 억압의 대상이었으나 자기 인식, 저항, 변혁 및 해방이라는 과정을 통해 주체성을 회복하는 존재이고, 대중도 칸트가 역설한 계몽의 대상이자 교육의 대상이었고, 그들을 가르치는 지식인의 역할이 강조되었지만, 다중은 이처럼 자기 인식이나 교육을 통해 깨달음을 얻는 대상이 아니라 각 개인이 본래적인 사회적 주체 및 구성원으로서 집단 속에서 역할을 다하는 존재로 인식된다는 것이다. 둘째, 다중사회는 그 구성원들의 독특성과 차이가 점차 누그러뜨려지는 사회를 지향하는 것이 아니라 그러한 차이들이 자연스럽게 드러나고 조화롭게 공존되는 사회를 지향한다. 대중사회에 대해서는 엘리트집단(지배집단)과 대중집단(피지배집단)의 계급적 분화에 대해 비판한다면, 다중사회에서는 다양한 집단들 사이의 차별화와 서열화에 대한 비판이 있을 것이다. 셋째, 다양한 특성들의 집합체로서의 다중사회는 그 특성들 간의 상호 교접, 전환, 그리고 특성 자체의 변이를 허용하는 융통성을 지닌다. 예를 들어, 다중사회에서는 혈통, 피부색, 출신지, 문화적 차이 등에 의해 국적이 결정되거나 사회적 규제의 대상이 되지 않는다. 따라서 다중사회는 국가 간, 직업 간, 거주지 간 이동성이 높고, 노동의 형대에 따른 사회적 유연성이 뛰어난 한편, 그로 인해 불안정적인 성격을 띤다. 마지막으로 넷째, 다중사회의 가장 중요한 특징 중의 하나는 네트워크적 사회조직을 지향한다는 사실이다. 네트워크적 조직이란 하나의 중추적인 지점을 중심으로 한 중앙집권적 조직이 아니라 소규모의 여러 중심들 사이의 관계망으로 이루어진 분권적 조직을 가리킨다. 주류 계층 및 집단의 사상, 가치, 문화 등에 의해 사회가 통제되는 중앙집권적 사회와는 달리 네트워크적 사회조직은 다양한 집단들이 자신의 특이성들을 일부러 감추려 하지 않은 채 자율적으로 자신의 사회적 역할을 수행하면서 공존한다. 다양한 집단들의 차이가 허용되는 사회가 다중사회이자 다문화사회인 것이다.

요컨대, 다문화사회에서 소수 집단들은 주류집단에 의한 교육 및 계몽의 대상이 아니라, 능동적이고 주체적인 전체 사회의 구성원으로 이해할 필요가 있다. 그리고 다중사회를 구성하는 여러 독특한 집단들 간의 차이는 그대로 존중되면서도 그 집단들 간의 서열화가 있어서는 안 될 것이다. 또한 다중사회는 어떤 소집단에 대한 배타적이고 근본적인 귀속이 아니라 중첩적이고 융통적인 참여가 허용되는 사회인 것이다. 마지막으로 다중사회는 특이성을 갖는 다양한 집단들이 위계적인 관계를 통해서가 아니라, 네트워크적 관계를 통해 사회를 구성한다는 특성을 갖는다. 그렇다면 이러한 다양한 집단의 특이성들의 집합체로서 다중사회가 어떻게 안정적으로 유지될 수 있을까? 이 질문은 바로 다중사회를 기반으로 어떻게 민주주의 사회를 만들어 갈 수 있을 것인가 하는 질문과 같은 의미를 갖는다.

(3) 다중사회에 기반을 둔 민주주의

다문화사회의 형성은 식민주의의 역사와 무관하지 않다. 16세기 이후 서유럽의 열강들은 자국 내 수많은 사회문제들-귀족 중심의 계급사회의 문제, 질병, 가난, 자영농들의 토지 약탈로 도시빈민화, 기근과 질병, 가난과 범죄의 문제 등-에 대한 돌파구를 모색하고, 해외 자원의 확보 및 자국 내 대체노동력의 보급을 위한 식민노예 확보를 위해 해외식민지로 진출하게 된다. 즉, 전 세계적 이주노동자의 발생은 20세기에 들어서 나타난 현상이 아니라 16세기 이후의 서구 열강의 식민지 진출에서 시작하여, 18세기 영국에서 시작된 산업 자본주의의 시작에 따른 산업 노동력의 필요성, 그리고 20세기 이후의 세계화 흐름에 따른 국경을 넘어서는 수많은 이주노동자들의 급증과 역사적 궤를 같이하고 있는 것이다(Linebaugh & Rediker, 2008).

이러한 16세기 유럽발 식민주의가 시작되었던 때의 영국 내 식민지 진출에 대한 지배계층의 사회적 인식은 식민화의 주된 선전자였던 하클류이트(Richard Hakluyt)가 언급한 "'할 일 없는 떼거지들'을 영국 내에서 제거하고, 그들을 (신대륙의) 버지니아에서 일하도록 하기 위해 식민지 건설이 필요하다"는 그의 끈질긴 주장을 통해 잘 드러난다. 영국에서 식민지 건설 프로젝트를 위해 당시의 귀족들과 자본가들이 합자하여 세운 1609년 버지니아 회사는 "사망과 기근의 계속적인 원인이며 영국에서 일어난 모든 역병들의 초래 원인인 불필요한 주민들을 도시와 교외로부터 제거해 달라고" 당시의 런던시장, 시의회 의원들에게 청원하기도 하였다. 버지니아 회사는 그들을 값싼 노동력을 활용하여 먼 미지의 땅으로 차출하기 위해 시의회를 선동하였던 것이고, 영국의 귀족들은 '영국에서는 살 방도가 달리 없어서 배에 탄 저 사악한 악당들'을 기꺼이 신대륙의 식민지를 향한 배에 태우게 된 것이다. 결국 당시 영국의 지배계층이 보기에 '종교가 없는 방종한 젊은이들'이나 '비싼 지대로 인해 땅에서 쫓겨난 사람들', '극심한 가난에 찌든 사람들'을 위한 새로운 기회의 땅이 바로 신세계였던 것이다(Linebaugh & Rediker, 2008, 32-33).

16세기 후반에서 17세기 초반에 유럽의 사회적 · 경제적 변화들은 임금노동의 증가, 도시인구의 증가, 가내수공업 및 하청노동의 확대, 세계무역의 확대, 시장의 제도화, 식민체제의 수립이다. 이 과정에서 인구의 대다수를 차지했던 자영농과 소상공인 등이 도시의 산업노동자로 내몰렸고, 그곳에서도 마땅한 일자리를 찾지 못한 사람들이 식민이주민이 되었던 것이다. 식민이주민들의 발생은 한마디로 유럽의 자본가들이 대다수 민중을 선조들부터 살아온 자신의 땅에서 강제로 떼어 내어 그들의 노동력을 새로운 지리적 환경에 수용시킨 결과였던 것이다. 이처럼 식민지시대의 식민이주민들과 현대의 이주노동자들은 본질적으로 같은 존재들이며, 민중을 자신의 삶의 토대에서 전혀 새로운 지역으로 이동시키는 현상은 최근 500년간의 전 세계를 배경으로 일어난 전 인류사적인 사건인 것이다(Linebaugh & Rediker, 2008, 33-34). 요컨대, 다문화사회의 형성은 단순히 개인적 · 문화적 · 사회적 현상이 아니라, 정치적 · 계급적 · 역사적 사건인 셈이다.

Negri(2004; 2011)는 다중에 의해 포용되는 정치적 조직의 양식을 제안하였는데, 이는 중앙집중화된 통치방식이나 위계화된 권위를 대신하는

'협동적 관계성(collaborative relationships)'을 바탕으로 권력의 집중화에 저항하는 시민적 민주주의 사회를 지향하는 것으로 설명한다. 즉, 다중사회의 특징은 중앙집중적이거나 규범화된 동질성의 사회가 아니고, 정형화되거나 경직된 사회가 아니라, 그 이질성과 변화의 역동성에 있는데, 바로 여기서 민주주의적 가능성을 찾을 수 있다는 것이다. 예를 들어, 이와 같이 이질성이 자연스럽게 받아들여지고 허용되면서 조화를 이루는 사회가 바로 똘레랑스(tolerance)의 사회인 것이다(Grant & Sleeter, 2007; Sassier, 2000). UNESCO(1994: 21)에서는 똘레랑스를 "차별이나 간섭 없이 (종교적 · 문화적 · 의견의) 차이를 허용하고, 감내하는 태도"라고 정의하면서, 그것이 인간의 존엄성과 사회적 통합을 위한 교육의 목적이라고 강조하고 있다. 아울러, 불관용(intolerance)적인 태도의 예로서 왜곡된 언어, 정형화(stereotyping), 놀리기(teasing), 편견, 희생물 삼기, 차별, 무시하기(ostracism), 위협(harassment), 집단따돌림(bullying), 훼손(desecration), 축출(expulsion), 배제, 분리(segregation), 억압, 물리적 손상(destruction) 등을 소개하고 있다(UNESCO, 1994, 16). 우리가 다문화집단이나 그들의 문화 및 행동 등에 대해 위와 같은 태도를 보인다면, 우리는 다문화사회에 대한 관용을 갖지 못한 셈인 것이다.

그렇다면 다중사회로서 다문화집단에 대한 관용을 유지한 채 어떻게 민주주의 사회를 실현해 나갈 수 있을 것인가? 이는 서로 다른 집단들의 모임을 바탕으로 민주주의를 구현해야 한다는, 민주주의에 대한 새로운 이해를 필요로 한다. 예를 들어, 오늘날 민주주의의 보편적인 형식은 대의 민주주의인데, 이는 대중의 입장을 대변하는 소수에 의해 통치되는 형태인 것이다. 대의(representation)는 근대주권을 위해 시민적 권력을 양도하는 과정인데, 이 대의 민주주의의 가장 큰 맹점 중 하나가 주권을 가진 국민(nation)의 민의가 대의되는 과정 속에서 국민 개개인의 입장이 충분이 반영되지 못한다는 점이다. 즉, 대중 속에서 민의는 집단화된 형태로 나타나고, 이 과정에서 소수의 개별적 입장은 소외되는 것이다. 하지만 다중사회를 기반으로 한 민주주의는 이러한 집단화된 대중으로서 주체(국민)들의 집합이 아니라, 국민 혹은 집단 개개의 특이성들의 다양체를 바탕으로 한 민주주의를 지향한다. 즉, 근대 국민국가에서는 '하나 된' 혹은 통일된 국민성을 강조하였다면, 오늘날의 탈근대적 다중사회에서는 그러한 하나 됨을 지향하지 않고, 서로 다른 다중의 집합체 그대로를 인식하고자 한다(Negri, 2011).

민주주의의 궁극적인 실현을 '만인에 의한 만인의 통치'라는 개념으로 이해하고자 한다면, 앞으로의 민주주의 사회의 실현을 위해서는 다중사회를 바탕으로 한 네트워크적 사회조직망에 의한 사회조직 모델을 간과할 수 없을 것이다. 따라서 한국사회가 진정한 다문화사회로 변하기를 원한다면 다중사회로서의 네트워크적 사회조직으로의 변화가능성을 열어 놓아야 할 것이다. 다중사회의 성격을 통해 다문화사회를 바라본다면, 결국 오늘날 한국사회가 얼마만큼 다문화사회로 전화하였느냐의 판단은 다문화가정의 비율에 의해서가 아니라 우리 사회가 다중사회로 전환될 준비가 되었느냐의 문제로 판단될 것이다.

3) 다문화주의와 근본주의

다문화주의와 다문화사회에 대한 관용적 태도를 갖고, 다문화사회의 소수민에 대한 온갖 편견을 극복하기 위해서는 근본주의에 대한 이해와 대처방안이 필요하다. 본 절에서는 근본주의에 대한 이해와 이를 어떻게 바라볼 것인지에 대해 논하기로 한다.

(1) 근본주의의 이해

근본주의란 전통적 프로테스탄트적 신념을 강하게 유지하거나 이슬람과 같은 특정 종교에 기반을 둔 전통적 교리에 집착하는 것이고, 세속화된 현대사회의 모습들 속에서 끊임없이 궁극적인 의미와 가치를 재구성해 내려는 시도이다(Shupe & Hadden, 1989, 110-111). 근본주의는 또한 급격히 변화되어 가는 현대의 사회, 문화, 경제, 정치체제에 대한 반동으로, 기술문명, 정보통신의 발달, 전 지구적 자본주의와, 초국가적 외교, 경제, 문화기구들, 그리고 소비적 대중문화산업에 의해 촉발되는 세계화의 흐름 속에서 재등장하게 된 하나의 현상이다(Green, 2004, 2).

본질적으로 근본주의는 항상 가장 최초의, 원초적이고 순수한 어떤 가치를 지향하면서 과거의 신화적 시대의 선과 질서를 갈명하면서 옳은 것과 그렇지 않은 것을 구분하고자 하는 경계 짓기 작업에 몰두한다(Hobsbawm, 1996, 167). 또한, 근본주의는 어떤 하나의 사상, 가치, 문화만을 강조하면서, 복수성(plurality), 허용(tolerance), 차이를 용인하지 않는다. 또한 근본주의 교리는 그 기반이 되는 현자(the knower)의 권위적 가르침이나 신적 계시 등과 같은 교조적 이념에 의존하기 때문에, 그에 대한 합리적 혹은 지적 비판을 견디지 못하고, 그러한 가르침에 위배되는 모든 가치들은 배제된다. 따라서 보편적인 인권이나 민주주의적 가치 혹은 개인의 자기결정성(self-determination) 등은 근본주의에 의해 받아들여지지 않는 것이다. 아울러 근본주의가 발현되는 형태는 다분히 정치적 성격을 띠는데, 이는 종교적 근본주의에서 가장 잘 드러나고 있다. 오늘날 헤게모니를 장악한 현실적 정치세력에 대항하는 테러주의자들의 행태가 그렇고, 그러한 테러주의자들에 대처하는 제국주의적 정치체제도 마찬가지이다.

(2) 근본주의와 민족주의

민족주의는 맥락에 따라서 다양한 형태로 발현된다. 민족주의는 한 공동체를 이념과 문화, 그리고 때로는 인종을 통해 융합하기 때문에 긍정적인 정체성이나 공통요소를 창조하기도 하지만, 민족주의가 추구하는 가상적이고 신화적인 요소를 통해서 특정한 가상적 존재를 강조하거나 소외시키기도 한다(Green, 2004, 5). 이처럼 민족주의는 공통적 식별에 의한 집단적 자존감과 같은 긍정적인 측면도 있지만 동시에 외국인 혐오나 불관용의 근거로 작용할 위험을 지닌 야누스적 이중성을 갖는다. 그러한 이중성의 원인은 민족주의가 표방하는 집단적 정체성이 본질적인 것이 아니라 편협하고 반동적인 성격을 띠며, 민족주의가 기반을 두고 있는 인종이나 언어와 같은 요소는 통합이나 관용과 같은 미래지향적 가치를 지니기 어렵기 때문이다(Hobsbawm, 1996).

이와 동시에 민족주의는 지역적 기반을 통해 생성되거나, '국가'라는 정치적 공동체에 대한 충성심의 집단적 열망이 표현된 것이기도 하다(Guibern, 1996, 62). 문제는 그러한 '국가'의 개념이 '상상의 공동체'(imagined community: Benedict Anderson), 설화(narration: Edward Said), 실제적 인간공동체를 결여한 채 존재하는 감정적 공허(emotional void: Hobsbawm)와 같은 궁극적 실체가 모호한 집단이라는 것이다. 요컨대, 이와 같이 민족주의는 다양한 공동체들 사이의 균열(차이)에 보다 초점을 맞추어 생성, 전파, 강화된다는 점에서 근본주의와 맥락을 같이한다.

그렇다면 민족주의적 근본주의는 과연 어떻게 개인이나 집단의 정체성과 소속감 등의 요소를 이념화하게 되는가? 민족주의자 근본주의(nationalist fundamentalism)는 현 사회체제에 반발하여 '민족'을 기반으로 한 포함 및 배제의 신념과 행동들과, 그에 따라 '민족'의 순수성을 지키려는 온갖 이념화, 본질화, 정책 선포와 집행의 과정을 포괄한다(Green, 2004, 4). 그 과정에서 가장 효과적으로 개인이나 집단을 통합시키는 것이 바로 집단적 정체성(collective identity)과 소속감(belonging)의 요소이다. 집단정체성과 소속감은 사회적 존재로서의 인간의 가장 기본적인 욕구 중 하나이므로, 어떤 분명한 근거(boundaries)를 기반으로 한 공동체 속에서의 존재감은 인간을 정서적으로 안정시키게 된다. 즉, 우리가 말하는 민족은 바로 그러한 혈연적 근거를 바탕으로 한 하나의 경계인 셈이다.

이러한 집단적 정체성이 국가를 기반으로 하여 나타나는 형태가 바로 시민의식(citizenship)이다. 시민의식은 정치권력이 제도화된 사회 속에서 개인과 그 정치권력을 관계 맺어 주는 하나의 방식이다. 흔히 말하는 민족공동체 의식이나 시민정신의 근거가 되는 요소는 민족공동체 의식의 경우 '민족'의 구분을 통해 '우리(insiders)'와 '남(outsiders)'을 가르는 기준인 민족적 순수성(ethnic purity)이고, 시민의식의 경우 개인과 정치체제 사이 권리와 의무 이행의 여부인 것이다. 우리는 이러한 포함과 배제에 기반을 둔 관념들을 통해 집단과 사회를 통제하고, 그러한 통제를 그 구성원들은 자연스럽게 내재화시킨다. 문제는 그러한 '민족' 혹은 '민족주의'의 관념이 여러 가지 정치적 가정에 기반을 두어 짜인 것이지, 본질적이거나 본래적인 실체가 아니라는 것이다. 인류의 모든 역사적 기록들이 선택된 기억과 상상력을 기반으로 만들어진 것(imagined history)이라는 주장(Levinger & Lytle, 2001, 118)은 바로 혈연적 · 역사적 · 지역적 동일성(homogeneity)에 기반을 둔 '민족'의 개념이 허상이라는 것을 강조하는 것이다.

(3) 문화, 정체성, 근본주의

문화는 개인적·집단적 정체성의 측면에서 가장 본질적인 요소이자 맥락이고, 거의 모든 사회에서 정치적인 측면에서 다루어진다. 예를 들어, 문화가 억압될 수밖에 없는 식민사회에서 그러한 식민성 탈피의 원동력은 바로 문화의 회복에 의해서 이루어질 수 있다. 전 세계의 토착민들은 자신들의 식민주의적 상태를 극복하기 위해 민족주의를 내세우며 자기결정성을 정당화시키는 전략을 취하였던 것이다. 그러한 자기결정성(예, 민족자결주의)의 형태로서 정치적 해방을 추구하고, 궁극적으로 자신들만의 의미 있는 공동체를 모색하려는 힘, 즉 공동체를 위한 집단적 정체성 형성의 원동력이 바로 문화에 있는 것이다(Green, 2004, 8).

이와 같이 문화가 집단적 정체성 형성에 매우 중요한 영향요인이라는 사실로 인해, 식민성을 극복하려는 민족들은 문화로부터 그 기원(예: 민족적 주체성)을 찾는다. 그로 인해 자연스럽게 문화가 정치적 투쟁의 대상이 되기도 하고, 필요에 따라서 문화가 민족이나 국가의 이념과 결합하여 외국인 혐오주의의 방식을 채택하기도 한다. 그 과정에서 문화는 정체성의 강력한 근원을 찾기 위해 과거의 권위적이고 전통적인 가치, 사상, 문화적 독특성들과의 연결을 시도하고, 이를 절대시화한다는 점에서 자문화 중심주의는 근본주의의 성격을 띠게 되는 것이다(Bhabha, 1994, 172).

3. 비판적 다문화주의

1) 다문화주의의 유형

이주민들은 편견과 차별, 언어문제, 경제적 문제, 문화적 차이 등으로 인해 주류사회에 통합되는 데 어려움을 겪을 수밖에 없다. 이러한 이주민들의 어려움과는 상관없이 국가가 시행하는 정책은 이주민들의 정착이나 사회적 통합에 지장을 줄 수도 있고 도움을 줄 수도 있다. 예를 들어, 일시적인 이주노동 허용정책을 펴느냐 영구적인 이민정책을 펴느냐, 국적 취득에 있어서 혈통주의(속인주의) 원칙이냐 출생지주의(속지주의) 원칙을 고수하느냐, 그리고 소수민족 유지정책이냐 아니면 소수민족 동화정책이냐에 따라 이주민들의 정착과 통합의 속도와 질이 달라질 수 있다(엄한진, 2011). 그동안의 유럽 여러 나라 이주민 통합 정책에 대해 홀리필드(Hollifield, 1997)는 일시적인 이민모델(독일), 동화모델(프랑스), 소수민족모델(영국) 세 가지로 구분한 바 있고, 캐슬(Castles, 1995)은 이주민들과 자국민들의 차이에 입각하여 차별적 배제모델(differential exclusionary: 독일, 남유럽), 동화주의모델(영국, 프랑스, 네덜란드), 그리고 다원주의모델(미국, 캐나다, 호주 등의 비유럽국가)로 구분한 바 있다(엄한진, 2011, 59에서 재인용).

한마디로, 전 세계적으로 다문화사회가 형성되는 양상은 수용국의 역사적·지리적·국제정치적·경제적 여건과 필요에 따라 매우 다양한 방식으로 이민정책을 펼치고 있으며, 이는 시대의 흐름과 국제정세의 변화에 따라 끊임없이 변하고 있는 것이 현실임을 알 수 있다. 예를 들어, 최근 세계 여러 나라의 이민정책은 겉으로 드러나는 신자유주의적 세계화와 자본시장의 개방 현실과는 상반되게 폐쇄적 경향과 선별주의적 개방이 공존하는 양상을 띠면서, 봉쇄정책(containment policy)이나 난민이나 불법체류자 등에 대한 불관용(zero－tolerance)정책을 펴면서, 자국의 이익을 위해 이주민정책을 저울질하는 뚜렷한 경향이 나타나고 있는 것이 그 현실이다(엄한진, 2011, 67). 이러한 국가적 이주민정책의 변화 양상은 이주민의 발생이나 다문화사회의 형성이 단순히 문화적 측면을 통해서 이해할 수 있는 문제가 아니라는 것이다.

그러한 의미에서 정치적인 측면에서 다문화주의를 바라보는 시각은 크게 보수주의적(conservative), 자유주의적(liberal), 그리고 진보적(left－liberal) 다문화주의 세 가지로 나누어진다(Hamilton, 1996). 간단히 말해서 보수주의적 다문화주의는 1960년대 이후 미국에서 활발히 논의되었던 소위 '용광로' 모형이라는 동화주의가 그 대표적인 예이고, 자유주의적 다문화주의는 다문화사회의 복잡한 사회구조 속에서 개인 차원의 이상 실현이나 사회 차원의 생산성 및 효율성 극대화 방안에 주로 관심을 갖는 입장이다(Goodin, 2006). 보수주의나 자유주의적 다문화주의는 다문화사회가 갖는 다양한 차원의 불평등에 대한 구조적 원인에 대한 설명이나 그 대안에 대한 해결책을 제시하지 못하고 있다는 지적을 받는다(Lovett, 2009). 한편, '비판적 다문화주의(critical multiculturalism)'라고도 불리는 진보적 다문화주의는 공정성, 경제적 재분배, 사회적 재구조화 등 문제를 핵심논점으로 삼아 문화적 배경의 차이로 인해 발생하는 사회적 형평성 문제나 불평등에 대한 비판적 인식을 기초로 다문화사회 속 여러 집단들 간의 사회적 재분배 및 재구조화에까지 논의를 확장한다(Hartmann & Gerteis, 2005).

비판적 다문화주의는 여러 문화가 갈등 없이 조화롭게 존재할 수 있다고 보지 않고, 항상 문화들 혹은 집단들 간의 세력 차이에 의한 역동성과 주류문화의 이데올로기적 영향에 의해서 이해해야 한다고 주장한다. 이는 문화적 차이나 다양성의 담론이 집단들 사이의 권력관계에서 발생하기 때문에 그러한 차이를 드러내는 사회의 특정한 구조나 요인들을 통해 설명해야 한다고 주장하는 것이다(McLaren, 1994). 즉, 다문화주의를 단순히 정체성, 차이(difference), 문화적 특이성의 문제를 통해서만 다루는 것은 불완전하며, 다문화사회가 갖고 있는 여러 가지 사회적 불평등을 비판적 관점을 통해 바라볼 때 다문화사회의 성격을 올바로 이해할 수 있다고 본다(Walzer, 1997).

또한 비판적 다문화주의를 강조하는 사람들은 사회가 피상적으로 다문화사회를 표방하거나 형식적인 다문화교육 정책을 추진할 것이 아니라, 다문화사회가 지향하는 궁극적인 가치의 실현을 위해 보다 근본적으로 인권, 평등, 공정성의 문제를 다루는 다문화교육을 추진해야 한다고 주장한다(Tomasky, 1996; Rorty, 1989; Hobsbawm, 1996). 예를 들어, 어떤 사회가 단순히 다양성을 인정하고 보장한다고 해서 그것이 그 사회의 사회적 정의나 사회적 분배의 문제를 해결해 줄 수 있는 것은 아닐 것이다. 실제로 다문화주의를 표방하는 사회가 이러한 사회적 문제들에 대해 제대로 관심을 갖지 않는다면, 실질적인 다문화사회의 이상과 가치를 실현할 수 없을 것이다. 요컨대, 정치적 급진주의자들이나 진보주의자들은 선부른 다문화사회와 관련한 논쟁이 미국사회의 보다 본질적 문제인 변혁과 사회개혁의 문제를 가리고 있다는 것이다. 즉, 다양성을 인정하고 보장하는 것이 사회적 정의나 사회적 분배의 문제를 해결하는 핵심 사안이 아니라는 것인데, 실제로 다문화주의에 동의하는 사람들 중에 이러한 사회적 문제들에 대해 거의 관심을 갖지 않는 사람들이 많은 것이 현실이다. 그러므로 우리가 진정으로 다문화사회에 대비하기 위해서는 다문화사회의 본질인 사회적 정의와 형평성의 문제에 더욱 관심을 가져야 할 것이다.

2) 다문화주의의 네 가지 관점

Hartmann & Gerteis(2005)는 다문화사회의 성격을 구분하는 기준을 응집력과 연합성 두 가지 차원에서 바라보며, 이에 따라 다음 [표 1]에서와 같이 네 가지 다문화주의의 독특한 관점을 제시하고 있다.

[표 1] 차이에 대한 2차원적인 구분 틀

구 분	차원 1: 응집력을 위한 기반	
차원 2: 연합을 위한 기반	근본적인 도덕적 유대 (Substantive Moral Bonds)	절차적 규범 (Procedural Norms)
사회 속의 개인 (Individual in Society)	A: 동화주의 (Assimilationism: Schlesinger)	B: 세계시민주의 (Cosmopolitanism: Hollinger)
매개적 집단들 (Mediating Groups)	C: 상호작용적 다원주의 (Interactive Pluralism: Alexander, Taylor)	D: 파편화된 다원주의 (Fragmented Pluralism: Portes & Rumbaut)

위의 범주화 중에서 세계시민주의, 상호작용적 다원주의, 파편화된 다원주의는 다문화주의의 일종으로 여겨지지만, 동화주의는 진정한 의미의 다문화주의라고 볼 수 없다. 위의 네 가지는 사회적 질서에 대한 각각의 독특한 관점을 가지고 있다. 이러한 구분의 기준이 되는 중요한 요소는 내적 혹은 국가내적 집단 경계의 강도(ⅰ), 사회 전반을 둘러싼 외적 경계의 원천(ⅱ), 그리고 집단의 통합이나 구분을 확정짓는 압력의 소재(ⅲ)가 그것이다. 이 세 가지 요소를 바탕으로 앞서 제시한 범주들을 사회적 질서의 구조 차원에서 도해로 나타내면 다음 [그림 1]과 같다.

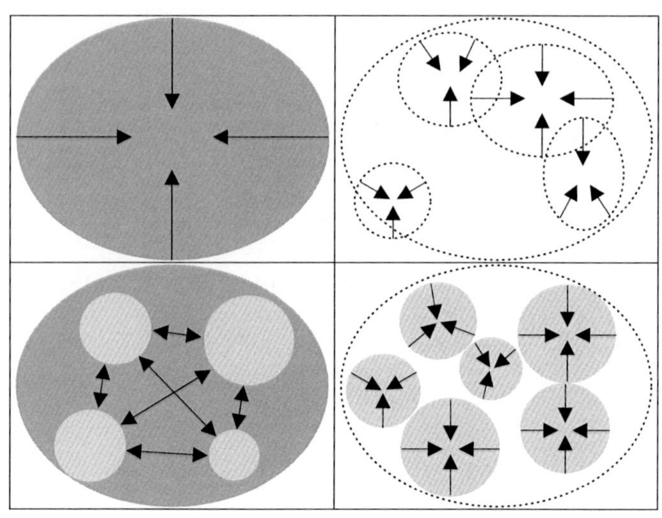

[그림 1] 사회적 질서의 구조(Hartmann & Geiteism, 2005, 225)

여기서 우선 외적 혹은 거시사회적 경계(i)는 사회나 국민들을 타자로부터 구분 짓는다. 이러한 외적 경계가 강할 경우는 그 사회집단에 소속되는 구성원들이 공유하는 공통된 정체성을 제공한다. 그와 동시에 여기에 포함되지 않는 타자들을 배제하게 되는 것이다. 반면 약한 외적 경계는 분명한 배제적 작용 없이 어느 정도의 소속감을 허용하게 된다. 이러한 국가적 경계의 강도와 구체성(specificity)이 바로 국가 내적 집단 경계의 강도이다. 위의 네 가지 범주화에서 사회적 응집의 기초로서 근본적·도덕적 유대가 외적 경계에 의해 상대적으로 강하고 구체적으로 규정된 경우(A)와 그렇지 않은 경우(B)의 구분이 그것이다. 두 번째, 내적 혹은 집단적 경계는 집단들을 전체 사회 속에서 상호 간에 구분하는 것이다. 인종이나 민족, 종교 등이 전체 사회 속에서 다시 개별집단을 구분하는 전형적인 기준이다. 그러한 내적 경계가 강할수록 집단 간의 구분이 그 정체성, 가치관, 행동의 측면에서 분명히 구분되는데, 이 내적 경계가 앞서 언급한 두 번째 요소, 즉 사회 전반을 둘러싼 외적 경계의 원천(ii)에 해당된다.

위의 네 가지 다문화범주들은 집단적 구분을 확정하는 압력의 소재와 강도에 따라 달라진다. 집단 간 구분 경계가 강하면 그것이 강한 집단확정력을 가지지만, 압력의 소재에 따라 다문화사회를 바라보는 시각이 달라질 수 있다. 이러한 구분을 기준으로 Hartmann & Gerteis(2005)는 다문화사회의 관점을 다문화주의(a), 세계시민주의(b), 상호작용적 다원주의(c), 그리고 분절적 다원주의(d)로 구분하고 있다.

(a) 동화주의

동화주의는 엄밀히 말해서 다문화적이라고 할 수 없는 다문화정책으로서, 초기 다문화사회에 대한 시각의 주류를 이뤘던 것으로 1960년대까지의 미국이 그 대표적인 경우이다. 이 모델은 한편으로는 도덕적 응집력의 근간으로서 도덕적 유대의 중요성에 기반을 두고 있으면서 다른 한편으로는 집단의 매개적 역할을 거부한다. 이 모델은 사회 전체의 경계가 강하고 내부집단의 경계는 약하거나 거의 존재하지 않으며, 개인들로 하여금 기존에 가졌던 외부인의 정체성을 버리고 사회의 핵심가치들을 받아들일 것을 촉구한다. 동화주의 모델에서는 개인이나 집단 간의 차이에 대한 그것을 제거함으로써 대처하고자 한다. 차이는 위험하고 부정적인 것으로 간주하고 문화적 동질성과 안정성을 강조한다.

개인의 차이가 용인되는 것도 그것이 공적인 공간에 드러나지 않을 경우에 한해서이다. 동화주의 모델은 사회적·구심적으로의 결집을 강조하며, 그 구심점이 사회구성원 대부분의 정체성이 되는 것이다. 미국의 경우, 이러한 이념이 바로 용광로 비유였다. 문화적 가치체계에서 차별성은 최소화되고 상호 책임성이나 상호 이해의 유대가 극대화되는 것이다. 이렇듯 강한 거시사회수준의 경계가 형성됨으로써, 이방인들의 유입이나 그들이 가져오는 독특한 문화에 대해서는 자연히 강한 방어적인 태도를 취하게 되고, 민족적 문화의 윤곽이 변화에 둔감하다. 따라서 많은 이민자들의 유입을 거부하는 양상이 나타날 수도 있지만, 실제로는 이민자의 유입이 많은 사회(예: 미국)에서 이러한 동화주의가 강하게 나타나는 것은 동화주의가 대량 이민사회의 결과여서 그러한 측면도 있고, 이주민들이 수용국에 적응하며 성공하기 위해 자신들의 문화와 정체성을 지우려는 경향이 있기 때문이기도 하다.

〈참고: 미국의 다문화주의 정책의 변화〉

17세기 초 영국 청교도들에 의한 신대륙 이주로 인해 원주민 인디언들과의 공존으로 시작된 후 많은 유럽 출신의 이민자들의 유입을 통해 이룩한 미합중국은 다문화사회의 가장 대표적인 사례로 여겨지고 있다. 미국의 다문화정책은 네이티비즘(nativism), 동화주의(assimilation), 용광로주의(melting pot), 그리고 최근에 다양한 민족문화의 혼재가 미국사회를 더욱 풍요롭게 할 수 있다는 샐러드볼(salad bowl)의 개념이 받아들여지기까지 많은 우여곡절과 변화를 경험하면서 오늘에 이르렀다. 이와 같은 역사적 배경 속에서 미국사회에서는 다문화사회와 다문화교육에 대한 관심이 꾸준히 제기되어 왔고, 이론적 · 실천적 방안 및 구체적인 프로그램이 많이 개발되어 왔다.

미국의 다문화교육은 연방정부와 주정부에서의 재정적 지원에 크게 의존하고 있는데, 특히 연방정부 차원에서 유치원, 초등학교, 중등학교교육을 지원하면서 다문화교육을 위한 입법화 및 재원충당을 책임지고 있다. 1970년대부터 AACTE와 ASCD 등의 단체들 주도로 다문화교육과 관련된 많은 연구가 수행되고 있으며, 특히 교사교육 승인을 위한 다문화기준이 마련되기도 하였다(오은순 외, 2008).

이러한 면에서 동화주의가 이민문제에 관한 보수주의자들의 견해로 인식되어 버렸지만, 사실 공동적 도덕성과 가치의 보전이 반드시 보수주의적 시각을 대표하고 사회정의나 재분배와 같은 진보의 시각과 상충되는 이념이라고만 볼 수는 없다. 즉, 동화주의 사고와 연관을 맺는 정치적 이념의 스펙트럼은 상당히 넓기도 하다(Brubaker, Joppke, & Schlesinger, 1991).

〈참고: 최근 미국의 반이민적 사회동향〉

최근 미등록이민자들(undocumented immigrants)이 급증하는 상황 속에서 미국의 몇몇 주들에서 이들을 배타시하는 법안들을 잇달아 통과시키면서 공생적 다문화정책에 위배되는 사회적 분위기가 확산되기도 했다. 예를 들어, 2011년 4월에 발효된 조지아 주의 HB87은 사기업의 고용자들이 피고용인의 합법적 이민 여부를 확인하고 합법적 거주민만을 고용하도록 하였고, 2011년 6월에 발효된 앨라배마 주의 HB56은 미등록이민자들이 주단위나 지역단위의 어떤 공적 혜택도 받지 못하도록 금지시켰으며, P=12의 모든 공립학교에서 학생들과 그 부모들의 이민상태를 보고하도록 하였다. 더 나아가 미등록이민자들이 앨라배마 주에 머무는 것을 막기 위해 경찰들이 통행자들의 이민상태를 체크하고, 집주인들이 미등록이민자들에게 세를 내 주는 것을 금지시켰다. 이러한 분위기로 인해 앨라배마 주에서는 특히 라틴계 학생들에게 매우 적대적인 분위기가 형성되어, 라틴계 학생들이 등교를 꺼리고 학급에서 다른 학생들에게 왕따를 당하거나 그들의 이민상태에 의문을 갖는 교사들에게 차별을 받는 일들이 자주 벌어지고 있는 상황이다. 그로 인해 상급학교에 진학 중인 미등록 라틴계 학생들은 그들의 학업성적에도 불구하고 상급학교 진학에 불이익을 당하지 않을까 걱정하고 있는 현실이다.

이러한 미등록이민자들을 배척하는 분위기의 형성에는 다음과 같은 몇 가지 잘못된 가정들이 크게 역할을 하고 있다. 즉 ① 미등록이민자들이 세금을 내지 않는다는 가정(사실 적어도 그들은 소비세를 내고 있다), ② 그들이 미국사회에 기여하는 바가 없다는 가정(그들은 매우 적은 임금에도 생산현장에서 땀을 흘리고 있다), ③ 미국인의 일자리를 빼앗고 있다는 가정(미국에서의 급증하는 실업률에 대한 근본적인 원인 분석 없이 미등록이민자들에게 책임을 전가하는 상황)이 그것이다. 사실 대부분 미국인들이 간과하는 사실은 NAFTA와 같은 조약들이 남미 여러 국가들의 농장이 대규모 다국적 농경기업들과의 경쟁에서 더 이상 가격경쟁력이 없음으로 인해 농장이 폐쇄되어 농업이 황폐화되고 농민들이 일자리를 잃게 되었다는 사실이다.

(b) 세계시민주의

세계시민주의는 다양성의 사회적 가치를 인정하지만, 집단적 소속감이나 사회적 응집력이 개인을 제한하려는 태도에 대해서는 부정적인 시각을 갖는다. 따라서 세계시민주의는 다양성이 개인의 권리와 자유를 보장해 주는 한에 있어서만 용인한다. 세계시민주의는 동화주의와 달리 문화적 독특성에 예민하지 못하고, 사회의 외부 경계가 모호해서, 훨씬 포용적인 측면이 있다. 세계시민주의는 관용(tolerance)과 개인적 선택을 중시하는 반면 상호적 의무에는 무관심하여 개인에게 공동체적 소속감은 개인의 여러 정체성 중 하나일 뿐이다.

집단의 구성원들은 그 집단 내부에서 다양한 경계에 의해서 복합적으로 나누어진다. 미국사회 내에서의 민족정체성이 바로 이러한 선택적이고 개인적인 정체성의 원천이 되는 약한 정도의 집단정체성의 대표적인 예가 될 것이다. 재미교포(Korean American)라고 했을 때 '한국동포'라는 정체성은 미국 내에서 한국이라는 origin을 표시해 주는 것 이상은 아닐 것이다. 세계시민주의 비전은 바로 이렇게 모든 집단적 차이를 '재미'라는 보다 안정적인 사회의 맥락에 안주시키는 것이다(Anderson, 2004). 세계시민주의는 이처럼 내적·외적 경계가 가장 희미한 시각으로, Alexander(2001, 245)가 민족적-hyphenation이라고 불렀던 집단적 특질이 거부된다기보다는 중성화되는 다문화사회라고 볼 수 있다. 이는 동화주의와 진정한 다문화주의의 과도기적 상태이기도 하고, Taylor(2001)가 명명한 중성적 자유주의(neutral liberalism)의 사례에 해당된다. 이러한 미국의 사례는 포스트민족적인 성격을 띠는데, 그러한 사회에서는 다양성이라는 문화적 가치를 인식하면서도 그 집단적 다양성을 지키기 위해 개인의 권리와 자유가 전체 사회 속에서 특정 집단의 재생산을 위해 침해당할 위험을 내포하고 있기도 하다(Appiah, 1997). 즉, 개인이 우선이고 다음이 소속 집단의 문화적 유산, 그리고 전체 집단의 공존인 것이다. 20세기까지는 미국이라는 다문화사회를 위와 같이 보는 사회학자들이 많았지만, 21세기 들어서 미국이 직면하는 새로운 현실은 이와 같은 분석이 결코 적절하지 않았다는 사실을 보여준다.

(c) 상호작용적 다원주의

상호작용적 다원주의는 집단 간의 차이를 인정하면서도 상호 인식과 교류를 통해서 그 차이를 아우를 수 있는 공통된 이해를 이룩하고자 노력한다. 상호작용적 다원주의는 다른 시각들과 복잡하게 관련되어 있기도 하다. 동화주의처럼 사회적 응집성을 강조하기도 하는데, 동화주의가 공통된 가치체계를 바탕으로 상호 간의 책임감을 강조한다면, 상호작용적 다원주의는 차이에 대한 상호 인식과 존중을 강조한다. 분절화된 다원주의와의 유사점은 사회 속에서의 연결의 구심점이 되는 집단의 중요성을 인정하는 것이지만, 상호작용적 다원주의에서는 그 집단들이 전체 사회의 도덕성 근간을 형성하기 위해 상호작용하는 것을 강조한다. 따라서 상호작용적 다원주의에서는 집단 내의 상호작용보다는 집단 간의 상호작용을 중시하는 것이다.

동화주의에서 전체 사회의 도덕적 중심이 실질적이고 근본적인 데 비해, 상호작용적 다원주의적 시각에서는 전체 사회의 경계가 상대적으로 희미하고 기본적으로 절차적인 성격을 띤다. 도덕적 가치체계가 전통에서 내려오는 것이라기보다는 집단들의 구성과 역동성에 의해 새롭게 드러나고, 집단들 간의 상호작용에 의해 보다 민주적인 사회적·도덕적 질서가 형성된다.

(d) 분절적 다원주의

파편화된 다원주의는 쉽게 얘기해 동화주의의 정반대이다. 첫 번째 차원에서 파편화된 다원주의는 공동 도덕적 유대감보다는 절차적 규범에 의존하고 두 번째 차원에서 집단의 역할을 매우 강조한다. 따라서 거시 사회적 경계보다는 내부 집단들의 경계가 상대적으로 분명하다. 전체 사회는 그 구성요소인 집단들의 집합일 뿐이고 개인은 국가라는 전체 사회보다는 개인이 속한 소집단에 소속감을 느끼면 정체성을 형성한다. 세계 시민주의에게 집단 소속감은 개인 선택의 문제였지만, 파편화된 다원주의에서는 집단 소속감이 부분적·선택적이라기보다는 본질적인 것이다.

파편화된 다원주의가 동화주의와 반대된다고는 하지만, 개별 국민국가의 범주가 아닌 국제적 범주에서 보면, 각 국가의 동화주의적 태도는 국제적인 관계성 속에서 각 국가의 국수주의적 태도의 파편화된 집합이라고 볼 수 있다. 파편화된 다원주의에서는 내부집단의 경계가 훨씬 강하게 작용하므로, 개인이 그 집단 안에 포함되는지 배제되는지 구분이 분명하다. 거시사회의 측면에서 공유되는 가치들에 대한 공감대가 부재한 상태에서 전체 집단을 대표할 만한 문화적 근거도 없고 그 사회의 분명한 경계도 모호한 셈이다. 이 시각을 대변하는 대표적인 연구가 Portes

& Rumbaut(1990) 등의 segmented assimilation(분화된 동화)의 개념이다. 여기서 Portes & Rumbaut(1990)는 최근 미국사회의 이민자들이 보여주는 다양한 적응의 방식을 세 가지로 분류하면서 백인 중산층에 사회화되고 통합되는 이민자들, 미국 흑인들이 장악한 하층계층에 동화되는 그룹들, 그리고 급속한 경제적 성장 속에서도 자신의 민족 문화 및 집단에 강한 소속감과 유대감을 유지하는 집단들(아시아계 이민자)로 구분하기도 하였다. 이 구분은 다문화사회의 집단정체성이 얼마나 다양한 인종, 민족 정체성, 민족 소그룹 등 요인들에 의해 영향을 받는지를 보여준다. 미국도 역시 그러한 혼성적 사회이고, 미국의 동화는 그룹 내 독특성에의 동화였다고 보아야 할 것이다.

3) 다문화주의 관련 시각의 비판적 재검토

전 지구적인 이주현상은 각국에서 사회의 인종적 구성을 변화시켰고, 문화의 다원성을 심화시켰는데, 이 현상에 관해 사회학에서는 문화접변, 동화, 사회통합, 인종주의, 편견 등과 같은 주제어를 통해 많은 논의가 이어져 왔다. 문화접변(acculturation)은 서로 다른 문화를 가진 집단들이 지속적으로 접촉하면서 서로의 본래적 문화의 양상에 의미 있는 변화가 초래되는 현상을 가리키는데, 문제는 이러한 변화가 지배적인 집단보다는 종속적인 위치의 집단에게서 광범위하게 발생한다는 사실이다(엄한진, 2011). 이 사실은 다문화주의와 관련된 담론이 순수한 문화적 현상으로 설명하는 것은 한계가 있고, 집단 간의 세력관계, 역사적 · 사회문화적 · 정치경제적 역학관계를 통해서 그 문화적 변용의 양상을 고찰해 볼 필요가 있음을 의미한다. 따라서 사회학에서는 문화접변이라는 용어보다는 동화(assimilation)라는 용어를 통해 문화접촉으로 파생하는 사회현상을 설명하고자 한다. 동화에 대해 고돈(1964, 61)은 어떤 집단이 다른 집단의 역사, 정서, 가치관, 문화 등의 영향을 받으면서 그 집단의 역사와 현실을 공유함으로써 공통적인 삶의 틀로 통합되는 것으로 정의한 바 있다. Gordon은 미국 이민자들의 동화의 양상을 크게 중산층으로의 통합을 지향한 문화접변의 양상과 저임금노동자나 실업자와 같이 하류층으로 전락하고 마는 양상, 그리고 자신의 종족과 문화적 특성을 유지하면서 경제적 편입만이 이루어지는 양상, 세 가지로 구분한 바 있다. 이러한 양상을 통해서 미국사회에서 이민자들의 현실은 제도적인 인종구분과 차별, 저소득계층을 벗어나지 못하는 소수민족의 게토화(ghettoization), 사회이동 가능성의 축소, 그리고 이민 2세대의 상대적 박탈감의 축적과 그로 인해 미국 백인 지배계층과 주류문화에 대한 적대적인 하위문화의 형성을 낳게 되었다고 지적한다(엄한진, 2011, 56).

우리 사회가 지향하는 다문화주의에 대해 올바로 이해하기 위해서는 다문화주의를 둘러싼 사회적 담론들의 유형과 그 성격들에 대한 논의가 필요하다. 여기에는 반다문화주의를 비롯하여 초월문화주의, 가식적 다문화주의, 백화점식 다문화주의와 같은 유사(pseudo) 다문화주의가 포함되는데, 이러한 다양한 시각들에 대한 비판적 다문화주의의 입장을 간단히 논하고자 한다.

(1) 반다문화주의

우선 다문화사회로의 전환이 일찍 이루어졌던 유럽과 북미의 국가들 사이에서 최근 다문화사회에 대한 저항적(anti-multicultural) 움직임이 생겨나고 있다. 그 한 예로 네덜란드의 정치가 Geert Wilders가 의회연설

(2007.9.6.)에서 다음과 같이 다문화주의가 유럽의 문명을 파괴하고 있다고 주장한 바 있다.

> "이슬람교도의 유입은 중단되어야 합니다. 유럽에서 이슬람은 트로이의 목마와 같습니다. 지금 유럽의 이슬람화를 중단하지 않으면, Erabia와 Netherabia의 운명은 이제 시간문제입니다. 한 세기 이전에 네덜란드에는 단 50명의 이슬람 인이 살았습니다. 오늘날에는 이 나라에 약 100만 명의 이슬람 인이 거주합니다. 이러다 결국 어떤 일이 일어날까요? 네덜란드에는 결코 이슬람전통이 수립되어서는 안 됩니다. 지금뿐 아니라, 향후 몇 백 년 동안도 안 됩니다(Eisenberg, 2009, 77; 필자 역)."

이와 마찬가지로, 무슬림 이민자 유입을 반대하는 덴마크인민당(DF)은 2007년 총선에서 이례적으로 13.9%의 득표율을 기록한 바 있고, "200만의 이민은 내국인 2,000만의 실업"이라는 구호를 내걸면서 유럽연합 탈퇴와 프랑스로의 이민금지를 공약으로 내건 프랑스의 극우 정당 국민전선(FN)의 최근 지지율은 20%대에 육박하고 있다(중앙일보, 2012). 또한 최근 일본의 경우도 도쿄도지사인 이시하라 신타로가 근래 일본 내 외국인 범죄 비율의 급증을 놓고, 머지않아 인종 DNA 정보만 가지고도 범죄율을 예측할 수 있는 사회로 일본사회가 변질되어 버릴 것이라고 주장하기도 하였다(Eisenberg, 2009). 최근 독일의 경우, 2010년 10월 앙겔라 메르켈 독일 총리가 독일 다문화주의를 '완전한 실패'라 선언하고, 독일에 거주하는 이주민들을 독일인화시키는 정책을 펴려 하고 있다(중앙일보, 2012).

하지만 Chomsky(2007)는 이러한 다문화가정 이주민에 대한 편견은 잘못된 인식에서 오는 것이라고 반박한다. 그는 미국인의 일자리가 줄어들고, 임금이 낮아지는 것은 신자유주의적 세계화가 가져온 양극화와 불평등의 심화에 근본원인이 있는 것이지 이주민의 유입에 의한 것이 아니라고 주장한다. 또한 '불법' 이민자에 대한 정부의 정책이나 대량 이주민의 유입이 국가의 안보와 경제에 악영향을 미친다는 생각도 냉전 시대의 '성장–안보' 패러다임의 이데올로기에 의한 것이라고 주장한다(엄한진, 2011). Alexseev(2005)는 이민자들에 대한 부정적인 감정은 사회의 불안정성에 대한 두려움이 이민자들에 대한 적대감으로 투사된 것이라고 주장하면서, 그러한 정서가 첫째, 이주민의 증가가 국가적 권위의 약화 신호라는 생각, 둘째, 새로운 이주민들이 공격적이고 사악하리라고 믿는 불확실성, 셋째, 새로운 이주민집단 자신들끼리 배타적인 결속력을 강하게 가질 것이라는 우려, 그리고 넷째, 이주민들의 유입이 경제적인 악영향을 끼칠 것이라는 우려로 나타나고 있다는 것이다.

〈참고: 일본의 다문화 교육〉

지리적으로 고립된 도서국가의 특성상 일본은 그동안 비교적 동질적인 집단구성에 의한 사회가 유지되어 왔지만, 1980년대 후반 버블경제가 무너지고 젊은이들이 3D노동 기피풍조로, 일본 내 노동력 부족현상이 발생되었다. 그로 인해 주변 국가들로부터 많은 외국인근로자들이 일본 내로 유입되었고, 1989년 외국인의 일본 내 취업활동을 제한하지 않는 '정주자' 자격 신설을 위한 법 개정이 이루어지면서 일본은 비로소 다국적·다민족·다문화화가 본격적으로 진행되게 된다. 이 같은 사회적 변화에 따라 일본에서는 서로 다른 문화적 배경을 가진 사람들이 차이를 인정하고 존중하며 대등한 관계를 형성한다는 '다문화공생교육'의 개념이 생기게 되었다.

일본의 다문화공생 교육내용은 크게 인권교육과 국제이해교육을 중심으로 이루어지고 있는데, 인권교육은 재일외국인이나 민족적 소수자를 지원하는 교사나 시민그룹의 운동을 통해 확산되었다. 다문화교육을 위한 교수·

학습 프로그램 사례의 하나로 藤原孝章이 개발한 '외국인근로자-상품의 국제적 이동을 넘어 사람의 국제적 이동으로'라는 주제의 프로그램은 당시의 외국인근로자 문제에 착안한 다문화공생교육 실태를 잘 보여주는 사례인데, 수업의 목적은 다음과 같다. ① 학생들에게 타국이해뿐 아니라 글로벌 관점을 가지고 선진국과 개발도상국의 경제격차와 개발문제를 생각해 볼 수 있게 하고, 대등한 인간으로서 서양인과 아시아인의 교류가 이루어져야 한다는 점을 인식시킴. ② 이러한 맥락에서 외국인근로자 문제를 바라보고, 이 문제는 일본의 국내문제임과 동시에 국제문제이며, 역사적인 문제임과 동시에 미래사회와 관련된 문제이며, 일본뿐 아니라 공업선진국과 개발도상국의 경제격차에 관한 지구적 문제라는 인식을 갖게 함. ③ 외국인근로자 문제를 겪고 있는 타국의 사례를 살펴봄으로써 동일한 문제에 대한 다양한 문제 해결방법을 파악하고 이를 바탕으로 자신의 입장을 정리해 보는 계기를 마련함.

또한 다문화교육을 위한 협력체제를 보면 일본은 다문화가정 학생의 증가로 대두되는 여러 과제들을 기존의 일본국민을 전제로 한 공교육시스템 내에서 학교 단독으로 해결하기 어렵다고 판단하여 행정기관, 지역사회 등 다양한 주체들과 협력하여 이에 대응하고 있다. (한영혜, 2006)

(2) 자유주의적 다문화주의

자유주의적 다문화주의는 개개인으로서의 자유와 평등성을 보장하기 위한 소수민의 권리(minority rights)를 천명함과 동시에 자유주의적 국가와의 관계성 속에서 이를 제한하기 위한 취지였거나(Kymlicka, 1995), 같은 맥락에서, 차이를 인정하고 존중함으로 인해 소수민 문화가 생존하는 것이 전체 사회의 평등성을 드높이고 사회적 통합에 기여할 수 있다고 믿었던 것에서 유래한다(Taylor & Gutmann, 1992). 이러한 주장을 하는 사람들은 역사적으로 순수한 단일문화란 현실적으로 불가능한 사회 구성인 만큼 다문화현상은 원래부터 존재해 왔으며 최근 세계화 추세가 사람들로 하여금 다문화사회에 더욱 주목하게 만든 것뿐이라고 주장한다. 이 주장은 다문화사회와 관련된 여러 사회적 문제들을 등한시하면서, 다문화사회에의 적응은 순전히 개인 선택의 문제이자, 다문화주의의 궁극적 목적은 기존 사회 틀 내에서의 조화와 통합이라고 보는 것이다.

그런 의미에서 Kymlicka(1995, 18)는 문화를 "두드러지는 풍습, 관점, 교류하는 집단의 고유의식(ethos)"이라고 일컬으면서 '문화'를 국가 혹은 인종집단과 동일어로 사용하였다. 즉, 문화는 특정 국가나 집단의 고유한 언어, 소속감, 공통된 특성을 대표하는 것이고, 이러한 문화는 하나의 주요한 생산품이자 선택의 대상으로 여겼다. Dhamoon(2004)은 이렇게 문화를 생산물이나 선택의 대상으로 보는 것은 문화적 차이들을 범주화하기 위해 문화를 '인종/국가/언어로서의 타자(Culture−as−ethnic/nation/linguistic−Other)'로 인식하는 것이라고 지적한다. 이러한 문화의 타자화는 문화를 교역, 분류, 통제, 선택, 사용, 그리고 그 차이에 대한 '합리적'인 인식의 대상으로 여기는 물질화와 대상화의 기본 전제가 된다. 만일 문화가 분류, 통제, 선택의 대상이라면, 다문화사회와 관련한 여러 문제들은 전체 사회의 합리적인 판단과 효용성에 따라 판단되고 결정되어야 할 문제일 따름이다. 그러한 의미에서 Zizek(2010)은 자유주의적 다문화주의는 서구유럽사회가 반이민정책의 추진을 통해 순수 유럽인들이 주도하는 국가를 유지하고, 개인적 선택 및 합리성을 앞세워 기독교적 선민사상 및 유럽중심주의를 확고히 하기 위한 이념적 책략일 뿐이라고 지적하고 있다.

(3) 초월문화주의

Welsch(1999)는 다문화주의, 간문화주의(interculturalism), 초월문화주의(transculturality)를 비교하면서 오늘날과 같은 지구화가 급속히 진행되면서 사회의 구성이 다원화·복잡화·혼성화되는 시대에는 초월문화주의적인 태도가 필요하다고 주장한다. 다문화주의나 간문화주의는 문화들 간의 갈등 양상에 초점을 맞추면서 그러한 갈등을 해결하기 위한 다양한 방법론을 제시하지만, 그러한 방법들은 그다지 효과적이지 못하다고 본다. 그 이유는 다문화주의나 간문화주의 모두 기본적으로 문화들을 구별하고 그 차이를 드러내는 문화에 대한 전통적인 관념을 바탕으로 하고 있는데, 그러한 시각으로는 문화적 장벽을 극복하기 어렵고, 오히려 그러한 차이들을 더 강화하는 결과를 낳게 된다고 주장한다. 따라서 그로 인해 심리적으로 문화 근본주의적 사고를 불러일으키거나 기껏해야 문화적 정체성의 문제에 호소하는 차원의 논의를 전개할 수밖에 없다고 주장한다.

초월문화주의자들은 문화는 동질성이나 차별성(differenciation)의 형태로 볼 수 있는 것이 아니라, 문화는 다양한 사상, 가치관, 삶의 양식들이 혼합된 결과물이자 끊임없이 침투하는 것이라고 본다. 그들은 초월문화주의가 현대문화의 세 가지 특징인 내적 차별성, 외적 관계망, 그리고 복잡성－즉, 문화란 본질적으로 문화적 병합성(annexability)과 상호 전환성(transmutability)을 바탕으로 내적으로 독특한 문화적 단위들이 외적인 연결망 속에서 상호작용을 하게 되고, 그것이 국경을 초월한 급속한 교류의 기회가 확대된 현대사회를 맞이하여 매우 복잡한 현상을 만들어 낸다는 것－을 가장 잘 설명한다는 것이다. 초월문화주의자들은 이러한 문화적 초월성은 이미 오랜 역사적 현상이며, 문화란 개념 자체가 단순히 기술적인(descriptive) 개념일 뿐만 아니라 작용적인 요인이기 때문에, 우리가 문화를 제대로 이해하기 위해서는 문화적 현상에 대한 적절한 기술과 규범적인 이해가 필요하다고 주장한다.

초월문화주의는 간문화주의나 교차문화주의(cross-culturalism)의 후속 개념으로 여겨지거나 세계시민주의(cosmopolitanism) 및 다원주의 등과 연관되어 흔히 일컬어지는데, 그 대부분은 심리, 문학, 예술과 같은 개인의 정서적인 측면으로 '문화'를 바라보는 시각에 의존하고 있다(Jaidka, 2010). 즉, 개인이 자신의 삶의 환경에 적응하고, 모방하고, 서로 어울려 살아가기 위한 해결책을 모색하려는 경향으로 문화를 이해하지만, 그 과정에서 필연적으로 생겨나는 갈등과 소외, 억압, 투쟁 등과 같은 인류의 역사적·계급적·정치경제적 성격을 드러내는 문화의 사회적 측면에 대한 이해를 간과하고 있다는 것이다. 따라서 초월문화주의적 시각만으로는 왜 지금까지 대부분 제국주의 역사를 배경으로 형성된 뉴욕, 시카고, LA, 런던, 파리, 도쿄, 서울, 뭄바이 등과 같은 전 세계의 주요 대도시들에서 특정 인종/문화집단이 집중적으로 주거하고 있는 게토화 현상이 사라지지 않고 있는가를 설명하기 어려운 것이다.

(4) 기타 유사 다문화주의

필자는 다문화주의를 흉내 내고 있지만 결코 다문화주의라고 할 수 없는 시각을 유사 다문화주의라고 이름 붙이고, 그 두 가지 예를 들어 비판적 다문화주의를 강조하고자 한다.

먼저 Wolfe(2000)는 다문화사회로 변해 가는 현실적인 변화양상을 수용하거나 다문화사회에 대한 선호의 뜻을 내비치면서도 정부가 다문화집단에 우호적인 지원정책을 추진할 때는 이에 대해 반대하는 태도를 가식적 다문화주의(benign multiculturalism)라고 명명한 바 있다. Wolfe(p.157)는 미국인들이 "이민자들이 미국사회에서 자신의 독특함을 유지하기 바라지만, 그것은 반드시 이민자들 자신의 인종집단보다 전체 국가라는 공식적 문화에 더 우선권을 둔다는 조건하에서 그렇게 되기를 원한다"라고 지적하면서, 이러한 미국인들의 태도가 과연 다문화주의를 제대로 이해하거나 진정으로 원하고 있는지 반문하고 있는 것이다.

사실 '한국사회에 적응하려면 우선 한국문화를 먼저 배워라'는 식의 태도는 이러한 가식적 다문화주의의 논리가 가진 이중성을 바탕에 두고 있다. 다문화주의는 '친절을 베푸는'(benign) 태도가 아닌 것처럼, 다문화가족들이 진정으로 한국사회에 적응하기를 바란다면, 한국사회가 그들의 문화를 포용할 수 있는 환경이 되어야 한다는 것이다. 그렇게 되기 위해선 다문화주의를 단순히 관념적이거나 사회심리적 혹은 초월문화주의와 같은 '문화적' 차원의 문제로만 다룰 수 없다는 것을 의미한다. 다문화주의는 서로 다른 사회계층, 집단, 문화, 사상들 간의 정치적·계급적·경제적 입장들이 충돌하고 타협하는 과정을 모두 포괄하는 사회현상인 것이다.

또 하나의 유사 다문화주의는 Fish(1998)가 소개한 시장적 다문화주의(boutique multiculturalism)인데, 이는 시장 중심적 자본주의 사회에서 다양한 선택과 소비를 가능하게 하는 다국적 시장개방을 환영하는 입장을 일컫는다. 오늘날 신자유주의적 흐름에 동반한 세계화는 기존의 군사적·주권적 개념에 의해 유지되었던 국경의 개념을 허물어뜨리고 자유주의적 무역과 시장개방, 노동의 유연성에 입각한 국제적 인력시장의 형성으로 대표되는 지구촌 사회를 만들어 내고 말았다(Brecher, Costello, & Smith, 2000; Pasha, 2000). 오늘날 이러한 지구촌의 모습은 개별 민족국가 내부에 다양한 인종, 문화, 집단들이 혼합되어 삶을 영위해 가고 있으나, 그러한 사회상을 지탱하는 가장 핵심적인 원동력이 바로 자본주의적 시장경제의 논리인 셈이다(May & Sleeter, 2010). 따라서 다문화주의의 사회현상도 시장경제의 사회적 영향력의 테두리 안에서 이해되고, 그 사회 속에서 개인의 행위는 선택과 소비의 미덕을 수행하는 소비자의 역할에 지나지 않게 되었다(Murdoch, 2000). 즉, 시장적 다문화주의는 다문화취향의 소비시장에서의 소비자로서 사회구성원의 역할이 극대화된 다문화사회를 가리키게 된다. 결국 시장적 다문화주의가 정착된 다문화사회에서는 선택과 소비를 위한 경제적·문화적 여유를 가진 계층만을 위한 다문화이고, 그 외의 계층은 이러한 시장경제적 소비사회에서는 소외될 수밖에 없는 것이다(Levett, 2003; Parsens & Walsh, 2006; Scott & Linda, 2005).

한편, King(1991)은 자신의 인종차별적 사고를 전혀 깨닫지 못하는 사람들의 사고를 '의식장애적 인종차별주의(dysconscious racism)'라고 명명한 바 있다. 이 개념은 주류문화에 속한 사람들이 그들 자신이 가진 문화적 특권의식을 제대로 인식하지 못하고 자신들이 인종차별적 사고가 없다고 느끼는 현상을 가리키는 개념으로써, 주류사회에서 적응하기 위해 고군분투하는 비주류집단에 속한 사람들이 자기 토속문화와 주류문화 두 가지 문화적 정체성을 경험하게 되는 '이중의식(double consciousness)의 발달'과는 대조되는 현상인 셈이다. 비판적 다문화주의 교육은 다문화사회 구성원 모두가 상대방의 존재와 그 문화에 대한 공평한 인식과 존중감을 갖는 것이고, 특히 주류집단이 간과하기 쉬운 문화적 감수성(cultural sensitivity)을 기르면서, 다문화사회에 존재하는 다양한 차별적 구조들에 대한 비판적 인식을 공유하는 것이다.

4) 우리나라의 반다문화주의 사례

이제 막 다문화사회에 진입한 우리나라의 경우도 바로 이러한 반다문화주의나 외국인 혐오주의적 반응들이 속속 나타나고 있다. 현재 우리나라에서 다문화사회를 반대하는 주된 이유로는 외국인 유입으로 인한 일자리 부족, 국제결혼의 부작용에 따른 문제, 어려운 경제적 상황에서 다문화가정에 투입되는 특혜성 복지정책 등이 거론된다(국민일보, 2011).

(1) 사회불안정에 따른 거부감

최근 한국사회의 양극화로 인한 서민층의 경제적 위기와 고용불안정 등에 의해 사회적 위화감이 커지고 있는데, 그에 대한 비난의 일부가 정부의 다문화사회 정책에 대한 불만으로 쏟아지고 있는 것이다.

예를 들어, 우리나라에서 다문화주의에 대해 반대하는 입장에서는 일자리 부족의 문제와 관련하여 실업률이 급증하는 현실 속에서 그나마 생겨나는 단순노무직의 일자리들이 급증하는 외국인노동자들에 의해 채워짐으로 인해 내국인 단순노무자들이 차지해 왔던 일용노동직의 일자리가 줄어들 뿐만 아니라, 인건비도 하락하는 원인이 되고 있다고 주장한다.

> "한국인은 벽돌 쌓기 한 장당 50원, 외국인은 45원을 받았는데 외국인이 증가하면서 한국인 임금도 40원까지 떨어졌다."

(2) 국제결혼에 대한 거부감

성공적인 국제결혼을 이어 가지 못한 주로 농어촌 지역 출신의 내국인들로 구성된 국제결혼피해센터의 회원들은 '결혼이주민들의 체류권 보장을 위한 토론회'에 무분별한 결혼이주의 허용으로 무책임하거나 순수한 의도를 갖지 않은 결혼이주민들로 인해 결혼생활이 파탄에 이르렀다면서 국제결혼이민자들의 체류권 보장에 반대의사를 표명하기도 한다.

국제결혼피해센터 안재성(50) 대표는 "언론이 외국인과 결혼한 한국 남성은 변태 성행위자나 폭력 남편으로, 결혼이주여성은 무조건 피해자로 몰아가고 있다"고 지적했다.

또한 많은 내국인들은 다문화교육을 지원하기 위해 정부로부터 막대한 예산이 투입되고 있는 정책에 대해 불법체류자의 자녀까지 교육권을 보장할 필요가 없다고 다음과 같이 주장하기도 한다.

> "인종차별국가가 아닌데도 불필요한 법을 만들어 외국인과 내국인의 대결구도를 조장하려 한다. 다문화가정이란 말 자체가 우리 사회에서 불우이웃과 동의어로 인식돼 정부가 각종 시혜성 정책을 쏟아내고 있다."

(3) 형평성 문제에 의한 반론

다문화가정에 제공되는 복지혜택도 저소득 내국인들의 '상대적 박탈감'을 야기한다. 이주여성들도 이런 부분을 일부 인정하고 있다. 왕지연(36) 이주여성연합회 회장은 "지방자치단체와 각종 기업체 등이 제공하는 공짜 교육 프로그램은 매년 겹친다. 탈북자 여성의 경우 각종 자격증을 취득하면 정부에서 지원금을 주던데, 이주여성에게도 '선택과 집중형' 복지정책을 펼쳤으면 좋겠다"고 말했다.

이러한 반다문화주의 움직임은 점차 일회성의 집회에서 그치지 않고, 다양한 정책 대안을 제시하는 등 조직화되는 움직임이 일고 있고, 특히 일부 다문화가정이 많은 지역에서는 해당 지역구 국회의원들이 다문화가정의 표를 의식하여 친다문화주의적 정책을 내는 만큼 자신들도 유권자 단체를 조직하여 자신들의 입장을 관철시키는 등의 움직임을 보이고 있다. 이제 막 다문화사회에 진입한 우리나라의 경우도 바로 이러한 반다문화주의나 외국인 혐오주의적 반응들이 속속 나타나고 있다. 현재 우리나라에서 다문화사회를 반대하는 주된 이유로는 외국인 유입으로 인한 일자리 부족, 국제결혼의 부작용에 따른 문제, 어려운 경제적 상황에서 다문화가정에 투입되는 특혜성 복지정책 등이 거론된다(국민일보, 2011).

(4) 다문화학교에서의 집단따돌림

"아들이 학교폭력에 시달리다 못해 '고통 없이 죽는 방법을 알고 싶다'고 해요. 피눈물이 납니다. 아들 때문에 한국을 떠날까 생각하고 있습니다."(조선일보, 2012.01.09.)

피부색이 다르다는 이유로 심한 학교폭력에 시달리다 우울증으로 정신과 치료까지 받고 있는 아버지가 방글라데시 출신인 초등 4학년 아이의 이야기이다. 이 아이가 다니는 초등학교는 전교생 800명 가운데 8%인 60여 명이 다문화가정 자녀로, 한 반에 1~3명꼴인데도 피부색이 조금 검다는 이유만으로 이런 폭행이 벌어졌다는 것이다.

"형들이 부를 때 있어요. 그리고 '넌 여기 왜 왔느냐. 니네 나라로 가' 라고 그래요. 친구들도 그런 적 있고요. 선생님한테 한 번 신고한 적 있었는데 나보고 '너 등록이 없잖아. 너 여기서 나가면 다른 학교 못 가. 비자 없어서. 그러니까 조용히 있으라'고 했어요. 제 잘못이라고 했어요."(몽골 출신 중학생 ㄴ 군)(경향신문, 2012.01.08.)
"아이들이 처음 한국에 왔을 때 학교 가는 도중 길거리에서 몇 번을 한국 아이들에게 맞아서 경찰에 신고했었다." 그리고 "신종플루가 유행했을 때에는 담임교사가 아이들에게 '이 병이 외국인으로부터 온다'고 말하자 모든 아이들이 제 아들에게 접근하지 않으려 했다."(콩고 출신 ㄹ 씨)

다문화가정의 아이들이 피부색이나 언어가 다르고, 미등록 외국인의 신분이라는 이유로 '왕따(집단 따돌림)'와 학교폭력에 노출돼 있는 게 현실이다. 국가인권위가 지난해 발표한 '이주아동 교육권 실태조사 결과 보고서(2010년)'를 보면 다문화가정의 아동・청소년의 학교폭력 피해 사례가 다음 표와 같이 고스란히 기록돼 있다.

[표 2] 다문화가정 학교 내 차별 경험(국가인권위원회, 2010)

학교 내 차별 경험	비율(%)	응답자 수
발음이 이상하다고 놀린다.	41.9	78
"너희 나라에 이런 것 없지"라며 무시한다.	36.6	68
피부색이 다르다고 놀린다.	25.3	47
"너희 나라로 돌아가"라며 위협한다.	21	39
주먹으로 때리거나 발로 걷어차는 등 폭력을 경험한 적 있다.	15.1	28
계		186(복수응답)

위 조사에 따르면, 다문화가정 아이들이 학교 내에서 또래집단으로부터 놀림, 무시, 가난한 나라에 대한 비하, 인종차별 등 다양한 형태의 차별과 학교폭력에 상응하는 경험을 하고 있음이 드러났다. 이러한 경험을 한 다문화학생들은 '학교를 그만두고 싶다'는 의사를 표시했고(26.7%: 49명), 그 주된 이유가 '한국 학생들이 외국인이라고 무시하기 때문'이라고 답했다.

더욱이 다문화가정 아동・청소년들은 학교 밖에서도 폭력에 시달리고 있으며, '다문화가정 자녀 특성화 교육'으로 이름난 학교조차 학교폭력 문제를 미온적으로 대처하고 있다는 지적이 있다. 일류대 진학과 사교육으로 얼룩진 수월성과 성취, 경쟁의 이념이 지배하는 우리 학교교육 풍토에서 다문화가정 아이들에 대한 무관심과 사회적 편견은 그들을 경제적 위기를 초래하는 집단 혹은 성적을 낮추는 골칫덩어리들로 간주하며, 그들이 한국사회의 구성원으로 올바로 적응하는 것을 더욱 어렵게 하고 있는 것이다.

요컨대, 다문화주의의 배경과 성격을 올바로 이해하고 미래의 보다 바람직한 다문화사회를 만들어 가기 위해서는, 본 장에서 논의한 다문화주의의 다양한 유형과, 관점들, 그리고 다문화주의를 둘러싼 여러 가지 사회적 담론들 및 현실적 사례들을 어떻게 바라봐야 할 것인가에 대한 분명한 입장이 필요하다. 본 장에서는 그러한 입장을 뒷받침하는 이론적·철학적 배경인 비판적다문화주의에 대해 논의하였다.

02

다문화교육의 목표와 이념

다문화사회를 맞이하여 우리나라의 초등 및 중등학교에 취학 중인 다문화가정 학생들의 비율도 점차 증가하고 있다. 교육과학기술부의 다문화가정 학생 현황(2010.4. 발표)에 따르면, 현재 초중등학교에 재학 중인 국제결혼가정 자녀는 약 30,040명('09년 대비 21.4% 증가)이고, 외국인근로자 자녀의 수도 약 1,748명('09년 대비 37.6% 증가)으로 매년 폭발적으로 늘어나고 있는 실정이다(교과부, 2010). 1995년 세계화를 대비한 국제이해교육 및 세계시민교육의 문제 등에 관심을 가지기 시작한 우리나라는, 다문화사회의 도래에 보다 적극적으로 대비하기 위하여 다문화교육 확대의 필요성을 공감하게 되었고, 그에 따라 최근 2007년 개정 국가 교육과정에 다문화교육이 본격적으로 반영되기 시작하였다.

비판적 교육학의 시각에서 다문화사회 및 다문화교육을 바라보는 관점은 기본적으로 프랑크푸르트학파의 비판이론 관점과 맥락을 같이한다. 비판이론이 현대 산업 자본주의의 구조적 모순에 대한 비판적 지적과 그 속에서의 인간성 상실이나 집단 및 계급 간의 사회적 불평등 문제에 주목했던 것과 같은 맥락에서, 다문화사회의 형성배경과 실상, 그리고 그 미래적 방향과 그에 대한 교육적 책무가 무엇이 되어야 할 것인지에 대해 새로운 관점을 제시하고 있다. 본 장에서는 이러한 다문화교육의 목적 및 가치에 대한 논의와 다문화사회의 이념 및 방향에 대한 비판적 논의를 시도하고자 한다.

1. 다문화교육의 목적 및 가치

1) 차이(difference)와 편견에 대한 비판적 인식

Bonilla－Silva(2010)는 무감각인종주의(color－blind racism)라는 표현을 통해 소수민들의 열악한 사회적 지위가 복잡한 시장경제의 결과나, 자연적 현상 혹은 소수민들의 문화적 한계 때문으로 여기는 주류집단의 편견을 지적한 바 있다. 노예가 합법화되었던 시대에 노예들은 신에 의해 규정된 신분이라고 여겼던 과거와는 달리 오늘날에는 그들의 '게으른 천성 때문에 가난을 못 면한다'라는 식으로 여기고 있는 것이다. 우리는 다문화가정 출신자들을 보면서 그들의 도덕성, 가치, 근로자세를 탓하는 것처럼 우리가 가진 문화적 차이에 대한 선입견에 대한 반성을 통해 과연 우리는 인종차별주의자인지 아닌지, 피부색이나 언어에 따라 사람들을 평가하지 않는지 되돌아볼 필요가 있다. 마찬가지로, 남미, 남서아시아, 아프리카 출신의 이주민들이 이민사회에 적응하면서 가난을 벗어나지 못하고, 계층 상승을 이루지 못하는 것을 그들의 '게으름'이나 '불성실', '부정직' 등의 문제로 돌리거나, 이주민들이 거주지에서 쉽게 섞여 살지 못하는 현상을 자연스러운 성향(예: "고양이와 개가 섞이지 못하는 것처럼, 그들도 뭐 끼리끼리 살 수밖에 없어!")으로 치부하는 태도 등도 바로 편견의 산물이다.

이러한 무감각인종주의가 지배적인 인종적 이념이 됨으로 인해 소수민들이 사회의 하층부를 이루는 것을 당연시하면서, 그러한 신인종주의적 사회적 인식이 점차 자리를 잡아 가고 있다. 과거의 흑인출입금지("No niggers welcomed here")라는 규제가 만연했던 시대와는 다르게 소수민에 대한 사회적 인식이 변화하였지만, 오늘날에도 '이젠 달라졌어'라는 분위기 속에서도 여전히 인종주의는 뿌리 깊게 남아 있는 것이다. 예를 들어, 최근까지도 국수주의적 민족주의에 의해 일본인들을 '쪽발이', 중국인들을 '짱깨', 이주노동자들을 '불법적 난민' 수준의 존재로 여겼던 것에 대한 전향적 입장에서 오늘날 "이주노동자들도 인간입니다"라는 외침 속에도 인종주의의 뿌리가 깊숙이 숨어 있는 것이다.

사회학적 이론에 따르면 인종 구분에 대한 잘못된 이론이 이미 오랜 비판의 대상이 되었다시피(Bonilla-Silva, 2010; Tucker, 1994), 차이는 객관적으로, 물질적으로, 자연에 의해 부여된 특성, 즉 본질적이거나 근본적인 차이가 아니라 사회적으로 형성되어 우리 마음속에 심어진 관념이라고 이해된다(King, 2004). 예를 들어, Stephan & Stephan(2004, 782)은 편견을 '특정 사회집단(들)에 대한 부정적 태도'로서, 개인이 자신의 소속집단에 의해 편견을 가지고 선호가 갈릴 때 발생한다고 주장하였고, 그러한 편견은 집단들이 경쟁이나 갈등관계의 맥락 속에서 구분되고, 그 차이가 더욱 분명할 때 특히 더 부정적인 가치가 부여된다고 한다. 즉, 편견의 근거로 활용되는 차이는 객관적으로 존재한다기보다는 심리적으로 만들어진다는 의미이다.

전 세계 이주민들의 상당수는 전쟁이나 기근 혹은 폭력이나 독재와 같은 사회적·정치적 핍박을 피해서 다른 나라를 피난처로 삼았는데,

그들 대부분은 수용국의 사회문화적 그리고 정치경제적 장벽과 수용국가 국민들이 가진 편견에 부딪혀 적응에 어려움을 겪을 수밖에 없었다(Sassen, 1999). 이러한 편견이 다문화사회에서는 소수자들에 대한 차별을 정당화하는 근거로 활용된다(Stephan & Stephan, 2004). 다문화사회 내에서 인종이나 계급, 성별, 국적, 종교 등에 따른 차별은 취업, 교육, 거주, 인권 등의 문제와 관련하여 다양한 형태로 나타난다.

> "결혼비용이 약 1,000만 원 든다. 사실 한국 여성과 결혼하면 이보다 더 들지 않나. 이걸 꼭 돈 주고 데려온 것이라고 볼 수 있나. 중매결혼은 문제가 안 되는데 왜 국제결혼은 이상하게 보나. 같은 거 아닌가."
> (박형숙, 2007)

결국 사회적 차별의 본질은 자원과 권력을 통제하는 지배집단이 소수집단을 평가절하하고 배제하고 불이익을 주는 방식으로 행사되는 양상인 것이다.

다문화교육의 목표가 차이에 대한 인식의 수준에 머물게 되면 근본주의(fundamentalism)적 사고와 같은, 차이에 바탕을 둔 차별의 정당화 논리로 쉽게 전용될 수 있다. 다문화교육을 통해 문화 근본주의적 사고를 극복하기 위해서는 단순히 문화적 차이에 대해 가르치는 것이 아니라, 세계 여러 민족 문화집단들 간의 차이가 인류 역사의 과거와 현재를 어떻게 규정해 왔고, 오늘날 어떤 사회적 현실을 낳고 있는가를 깨닫게 해야 한다. 그러므로 다문화교육의 핵심은 단순히 "이주민들도 우리와 같이 모두 평등한 존재다", "자유로운 세계시민으로서의 권리를 지녔다"라는 식의 미사여구를 남발하는 것이 아니라, 다문화사회의 제 문제들이 갖는 물질적 불평등의 문제나 집단 간의 힘의 역학 문제를 그대로 드러내며 이에 대한 비판적 의식을 키우는 것이다. 실제로 다문화교육에서 흔히 다루어지는 도덕적 가치들(자유, 선택, 이성, 평등성, 존엄)은 상당 부분 자본주의적 관념들과 이념적으로 연결되어 있고, 이러한 가치들이 학교교육과정 전 분야에 걸쳐 스며들어 있다. 하지만 인류의 삶과 현실에 대한 역사적 맥락성을 무시한 채 이렇게 보편적 가치로 관념화된 덕목들을 다문화교육이라는 이름으로 가르치는 것은 진정한 다문화교육이 지향해야 하는 방향에 아무런 기여도 하지 못한다(McLaren, 2010). 요컨대 다문화교육의 인식론적 지평은 차이에 대한 인식에서 차이에 대한 관용으로, 더 나아가서 차이(의 관념화)에 대한 비판적 인식과 저항으로 확대될 필요가 있을 것이다.

2) 자유와 평등에 대한 비판적 인식

Greene(1988)은 자유로운 사회의 시민으로서 살아간다는 것은 "자신의 삶의 목표를 향해 나갈 수 있는 권리와 그 과정에서 적절한 선택의 기회가 주어지며, 다른 사람과 어울려 살아갈 수 있는 사회를 만들어 가는 것"이라고 정의한 바 있다. 아울러 다문화사회에서 다양한 개인들이 사회화되어 가는 과정은 문화적 체득(cultural encapsulation)의 과정을 포함하므로, 사회화는 개인의 생존기회를 넓히기도 하지만 불가피하게 개인의 권리 및 자유의 행사나 사회를 변화시키려는 노력을 제한할 수도 있다. 그러므로 다문화사회에서의 교육은 학생들이 속한 공동체의 문화도 가르쳐야 하지만, 그와 동시에 그 문화적 경계로부터 자유로워지는 것도 가르쳐야 한다. 이것이 자유 교육의 본질이자 비판적 교육의 근본 목적이다.

진정한 민주주의 사회에서의 교육은 학생들이 사회를 보다 평등하고 공정한 사회로 만들어 갈 수 있도록 돕는 지식과 태도 기술 등을 가르치는 것이다(Banks, 1991). 하지만 앞서 논의한 바와 같이 제국주의적 역사와 맥락을 같이하는 다문화사회에서 흔히 존재하는 인종, 계급, 언어, 종교, 국적 등에 따른 차별은 사회적 정의와 참여민주주의의 실현에 장애요인으로 작용하고 있다(Gutmann, 2004). 그러므로 올바른 시민교육, 그리고 진정한 다문화교육의 출발점은 학생들로 하여금 사회의 온갖 종류의 편견이나 차별에 대해 비판적인 인식을 갖도록 하는 것이다. 아울러 학생들이 가진 인종주의 및 각종 사회적 편견을 없애고, 사회적 차별을 철폐하기 위한 고민과 노력에 참여하게 하는 것이 필수적인 요소이다.

3) 정체성과 소속감에 대한 비판적 인식

Berger, Berger & Kellner(1973, 77)는 일찍이 현대인의 삶은 "서로 다른 세계들이 이주하면서 수많은 가능한 정체성들이 자신들의 삶을 성공적으로 실현해 가는 모습"으로 이해할 수 있다고 주장한 바 있고, 같은 맥락에서 Berry(1980)는 현대인들이 복합적인 관념들과 정체성들을 소유한 채 살아가고 있다고 강조한 바 있다. 특히 다문화사회의 구성원들은 더욱 복합적인 민족언어정체성(Ethno-linguistic identity: Clement, 1980; Giles & Johnson, 1981)과 중첩되고 혼성적인 소속감(hybridization: Bhabha, 1995) 등 문제를 겪게 되는데, 이는 다문화사회가 다양하면서 독특한 민족적·언어적·계급적·문화적·지역적 배경 및 특성을 지닌 집단으로 구성되기 때문이다. 이러한 맥락 속에서 다문화가정의 자녀들은 주류사회 속에서 소수민으로 살아가면서 그들이 소속감과 정체성의 혼란을 겪을 수밖에 없는데, 그러한 혼란은 단순한 문화적 상호작용에서 오는 것이 아니라 문화들 간 세력의 역학관계 역동성에서 비롯되는 것이다. 즉, 다문화아동의 정체성 형성은 자연스럽게 자신의 전통문화나 수용국의 주류문화 사이에서 선택하거나 혼융되는 것이 아니라, 집단들 사이 세력의 역학구도에 의해 결정되는 것이다. 따라서 다문화사회에서 아동들의 언어 습득과 정체성 형성에 관한 많은 연구결과들은 소수민 아동들이 주류문화의 언어와 문화에 지대한 영향을 받을 수밖에 없는 현실을 드러내고 있다(Noels & Clément, 1998; Noels, Pon, & Clement, 1996).

그러므로 다문화사회에서 다문화가정, 즉 소수민 아동들의 모국어 습득, 외국어 학습, 전통문화 계승이나 주류문화에의 적응 문제를 다룰 때는 바로 이러한 민족집단, 문화, 국가들 간의 사회적·정치적·경제적 역학관계에 대한 논의와 이해가 필수적인 것이다(Norton, 2000; Goldberg & Noels, 2006). 다문화사회가 궁극적으로 지향하는 바인 다양성에 대한 배려와 다양한 민족과 문화가 공존하는 사회는 적자생존이나 주류문화에의 동화와 같은 사회진화론적인 사회상이 아닌 생태주의적(ecological) 사회를 만드는 것이므로, 다문화가정의 아동들이 자신의 모국어, 정체성, 소속감을 지켜 가는 것은 건강한 다문화사회를 만들어 가는 데 필수적인 요소이다(Gaudet & Clement, 2005; Park, 2008).

4) 다문화교육 관련 담론의 재인식

Grant는 미국 내 다문화운동을 크게 간문화적 운동, 간집단적 운동 시민권회복 운동, 그리고 민족지(ethnography) 연구운동의 차원에서 세분하였다. 여기서 간문화적 운동(1930~1950)은 초창기 다문화주의의 사회적 확산에 큰 공헌을 한 흐름으로, 민족성 이민, 동화, 사회적 이동성, 그리고 편견 등과 관련한 논쟁점들에 새로운 관점을 제시하였다. 그로 인해 관용이나 다양성에 대한 존중과 같은 개념들이 오늘날 다문화교육에 있어서 인간관계의 문제와 관련하여 폭넓게 논의되었던 것이다(Sleeter & Grant, 2007). 이는 또한 다문화 주창자들로 하여금 다양성에 대한 수용이라는 사회적 태도가 사회 내외적으로 커다란 저항을 유발하며 평등성(equality)과 공정성(equity)을 위한 투쟁이 쉽지 않은 과업이라는 것을 깨닫게 해 주었다. 이 간문화적 운동의 목표 중 하나는 미국인들로 하여금 그들의 신조－즉 자유, 정의, 평등성－를 이민자들에게도 적용하고 이민자들도 그들의 새로운 삶의 터전인 미국사회에 잘 적응하도록 하는 것이었다.

1920년대 미국 내에서는 '어떤 사람이 미국인인가(Who is an American)?', '누가 미국사회를 구성해야 하는가(Who should make up American society)?'란 질문이 사회적으로 팽배하였고, 이에 대한 하나의 답변으로 1924년의 The National Origins Quota Act 법안에서는 북유럽과 남유럽 출신자들만 미국이민자로 규정하였다. 이들은 이미 미국 내 주류 인종집단이었고, 그들은 바로 그러한 현 상태가 그대로 유지되는 것을 원했던 것이다. 이 법안은 연간 127,000명의 이민자들을 서북부 유럽 출신만 허용하고 동남부 유럽 출신들은 24,000명으로 제한하였다. 그 결과 유럽 출신으로 이루어진 1920년에서 40년까지의 이민자들이 미국의 사회 구성을 바꾸기 시작했고 현재의 미국사회의 정책, 실천, 사고방식의 토대가 되었던 것이다.

앞서 언급한 다문화교육에 대한 개념을 바탕으로 우리 사회에서 다문화교육에 대한 어떠한 담론들이 존재하는지 알아볼 필요가 있다. 무엇보다도 우리 사회에서 다문화주의와 다문화교육에 대한 왜곡된 시각은 앞서 열거한 다문화주의에 대한 다양한 입장들에 바탕을 두고 있다. 본 절에서는 다문화교육에 대한 그러한 부정적 시각을 몇 가지 소개하면서, 이를 비판적 다문화주의의 시각에서 간단히 논의해 보기로 한다.

(1) 경쟁사회 담론

> 부정적 시각 1: "다문화교육으로 인해 학생들이 오늘날의 경쟁사회를 살아가는 데 필요한 유용한 지식이나 기술에 집중하지 못하게 될 가능성이 있다."

다문화사회가 사회통합의 저해요인이 되고, 사회적 효율성이나 생산성에 지장을 준다는 이러한 사고는 지극히 경쟁주의, 업적주의, 물질주의적 사고를 바탕으로 한 세계관에 기반을 두고 있다. 이러한 사고는 사회진화론(social darwinism), 즉 사회를 하나의 유기체로 보아 사회의 발전은 개인 간의 경쟁에서 보다 우월한 개체가 살아남는 방식에 의해 이루어진다는 이념에 바탕을 두고 있다(Williams, 2000). 다시 말해서 사회진화론적 관점에서 보면 다문화사회는 사회 발전에 그리 효과적인 사회체제가 아니라는 것이다. 하지만 이러한 사회진화론은 근본적으로 국가와 인종집단 간의 생물학적 혹은 질적 차이가 현실의 번영과 도태를 결정짓는 근본원인이라는 생각으로 우생학이나 과학적 인종주의, 제국주의 등을 합리화하는 이념으로 활용되고 있다는 점에서 강한 비판을 받고 있다(Leonard, 2009). 이러한 사회진화론은 사실 적자생존과 같은 초기 진화론의 잘못된 이론에 근거를 둔 것으로, 현대의 진화론에서는 종의 다양성과 공존이 생태계의 발전과 번영의 기본 조건이라는 생태주의적 시각이 더 설득력 있게 받아들여지고 있다(Bannister, 1979). 생태주의자들의 주장에 따르면, 경쟁이나 우승열패가 아닌 다양한 인종과 문화가 섞여 조화롭게 공존하는 다문화사회야말로 바람직한 사회 발전의 모델이 될 수 있다고 보는 것이다. 요컨대, 다문화교육은 학생들이 보다 창의적이고 비판적으로 지식과 기술을 익히고, 이를 통해 보다 근본적인 지식 개발과 사회를 바라보는 통찰을 길러서 사회를 변화시키는 창조적인 힘을 기를 수 있도록 하는 것이 목표이다.

(2) 역차별 담론

부정적 시각 2: "다문화교육은 이주민 자녀들에게만 혜택이 주어지는 것이고 일반 한국인 학생들은 상대적으로 역차별을 받게 만들고 있다."

소수민에 대한 배려가 역차별이 아니냐 하는 문제는 그동안 이미 많은 논란의 대상이 되어 왔는데, 그 논란의 대표적인 예가 바로 미국의 '적극적 원조정책'(affirmative action: 소수민이나 사회적 약자에 대한 과거의 차별적 대우를 극복하기 위해 교육에서나 취업에 있어 평등성을 고취시키기 위한 적극적 수단을 강구하는 정책이나 프로그램)이다. 이 적극적 원조정책은, 사회 속에서 구조적인 차별을 받고 있는 소수민이나 소외계층이 사회적 경쟁에서 뒤처지지 않게 하기 위해 보다 적극적으로 그들의 사회적응을 돕고자 하는 취지에서 주류집단에 의해 기획된 것이다(Anderson, 2004). 그래서 적극적 원조정책은 '선호적 대우(preferential treatment)' 혹은 '긍정적 차별(positive discrimination)'이라는 용어로도 쓰이는데, 다문화가정을 대상으로 정확히 표현하자면 '다문화가정에 대한 선호적 대우' 혹은 '이주민에 대한 긍정적 차별'과 같은 형식으로 쓰이게 되는 것이다.

그런데 주류집단의 입장에서 보면 이러한 '선호적 대우'가 자신들에 대한 역차별에 해당하는 것 아니냐는 생각을 갖게 되어, 적극적 원조정책에 반대하는 경우가 있다. 역차별은 부당한 차별을 받는 대상을 보호하기 위한 제도나 방침이 너무 급진적이어서 도리어 반대편이 차별을 당하게 되는 경우를 가리킨다(다음 국어사전). 과연 이러한 이주민들에 대한 '특혜' 또는 '지원정책'은 주류집단인 일반 한국인에 대한 역차별인가? 우선 '일반 한국인에 대한 역차별'이란 표현은 논리적으로 성립 불가능한 표현이다. 그 이유는 그러한 정책을 결정하고 집행하는 주체가 되는 사회적 헤게모니를 쥐고 있는 집단이 바로 일반 '한국인'이라는 사실 때문이다. 즉, 차별이라는 개념은 상호 배타적인 집단들 사이의 세력의 불균형에 의해 발생하되, 그 차별의 대상이자 피해자는 약자 집단이라는 사실에서 성립한다. 역차별은 그러한 사회적 차별이 존재하는데, 이번에는 피해자가 강자집단이라는 논리이다. 이러한 논리하에서 강자집단이 자신을 차별한다는 의미의 역차별은 논리적으로 성립 불가능하다. 역차별의 논란이 가장 많이 일어나는 남녀차별의 문제에서도 마찬가지이다. 즉, 여성차별에 대비되는 '남성역차별'의 개념에 대해서도, 만일 그 사회가 남성 중심의 사회라는 전제하에서는 논리적으로 성립 불가능한 것이다.

요컨대, '한국인 역차별'이라는 용어는 우리 사회가 완전히 다문화사회로 전화되어 그 사회적 권력이 다양한 배경의 민족적 구성원들에게 넘어간 상태에서, 과거의 기득권자였던 '한국인'들에게 차별적 정책이 시행되고 있는 상황에서만 성립 가능한 개념이다. 결국 다문화집단이 여전히 소수자이자 약자의 사회적 지위에 머물고 있는 상태에서라면 '한국인 역차별'의 관념은 '남의 떡이 커 보이는' 혹은 '나눠 먹기 싫은' 심정일 뿐이라는 사실이다. 장애인에 대한 지원책이 부러워 장애인이 되고 싶어 하는 사람들이 없는 것처럼, 사회적 주류인 '한국' 사람들이 다문화가정에 대한 지원이 부러워서 '다문화가정'에 속하기를 바라는 사람은 거의 없다는 사실이 이를 증명한다.

결국, 다문화가정의 학생들에 대한 교육적 지원책을 통해 그들이 공립학교에서 잘 적응할 수 있도록 돕는 것은 그들뿐 아니라 일반 한국인 학생들에게도 훨씬 바람직한 현상이다. 결국 학교의 궁극적 목적은 경쟁을 위한 훈련과정이 아니라, 협력과 공존을 위한 배움터라는 사실을 깨달아야 하고, 따라서 지금까지의 경쟁적 교육시스템에 근본적인 변화를 가져오는 방법론을 다문화교육을 통해 모색할 수 있는 기회 및 자원으로 삼으려는 노력이 필요한 것이다.

(3) 교사부담감 담론

부정적 시각 3: "다문화교육의 도입으로 인해 교사에게 업무와 교육의 부담이 더 가중되고 있다."

다문화교육의 성공을 위해 교사의 역할은 필수적인 것으로서 교사의 태도 변화는 기존교육의 근본적인 변화의 중요한 전제요건들 중의 하나이다. 교사는 다문화교실이나 다문화교육을 업무 증가와 수업 부담으로 여길 것이 아니라, 다문화사회에서의 학교교육을 담당한 교육자의 책임 중의 하나로 인식할 필요가 있다. 교사는 그러한 교육적 가치에 유념하여 변혁적 교육의 출발점으로서 다문화교육을 인식하고 이를 학교현장에 성공적으로 적용할 수 있도록 노력해야 하고, 교육당국이나 학교 측에서도 이러한 교사의 역할을 수행하는 데 필요한 행정적·재정적 지원을 아끼지 말아야 한다.

(4) 보편문화 담론

부정적 시각 4: "다문화교육은 너무 문화적 차이, 다양성 등에만 관심을 쏟음으로써 문화적 공통성, 교육의 본질적 요소들, 규범적 요소들을 간과하게 돼서 오히려 차별과 억압을 제거할 수 있는 기회를 잃게 되는 역효과를 가져올 수 있다."

다문화주의 사회의 가장 중요한 이념 중의 하나가 공동체주의인데, 이 공동체주의는 개인이나 집단들 간의 근본적인 차이를 초월한 보편적 사상이나 가치보다는 서로 다른 집단들의 문화나 가치, 정서들을 인정하고 그 조화를 지향하는 '차이의 정치(the politics of difference)'를 기반으로 하고 있다(Taylor & Cutmann, 1992). 차이를 인정함으로 인해 공통적 혹은 보편적 가치를 등한시하게 되어 사회적 조화에 해를 끼친다는 것은 보수주의자들의 편견 어린 우려에 불과하다. 기존 사회에 존재해 왔던 차별과 억압의 구조들은 바로 그러한 주류문화 중심의 보편적 가치들을 내세워 소수 민족이나 문화의 차이를 타자화하였기 때문에 발생한 것이다. 따라서 기존 사회에 존재해 왔던 차별과 억압의 구조들은 다문화교육의 도입에 원인이 있는 것이 아니라, 집단들 간의 불평등한 세력관계가 존재해 왔던 인류사회의 역사적 잔존물들로서, 이를 극복하기 위해서는 다문화사회를 지향하는 가치관의 도입이 필수적이다. 또한 다문화교육은 새로운 사회적 변화양상에 발맞추어 이러한 구시대의 관습을 극복하고 미래의 새로운 사회상에 대비하기 위한 교육적 노력의 일환이다. 다문화교육에서 지향하는 차이에 대한 인식과 이해, 그 차이로 인해 사회가 만들어 내었던 불평등성과 억압, 그리고 그 불평등을 정당화시켰던 과거의 모든 관습과 편견을 근본적으로 극복하기 위한 교육적

대안으로 이해할 필요가 있다.

2. 세계시민주의란 무엇인가?

1) 세계시민주의의 개념

오늘날 급속한 세계화의 진행으로 인해 국경이 허물어지고 지구촌 사회의 성격이 강화되어 가는 지금, 이러한 지구촌 사회를 건전하고 안정적으로 유지하게끔 하는 도덕적 덕목으로 세계시민주의의 개념이 부상하고 있다. Nussbaum(2002, 4)은 세계시민주의(cosmopolitanism)를 인류로서 전 세계적 공동체를 이루기 위한 충성심이라고 정의한 바 있는데, 이러한 세계시민주의의 강조는 우리로 하여금 세계시민의 한 사람으로서 스스로를 다른 문화에 기꺼이 노출되려고 하고, 차이에 대한 관용을 배우며, 다양한 문화적 소양을 쌓을 것을 요구하고 있는 것이다. 이처럼 Nussbaum(2002)은 코스모폴리스적 보편주의(cosmopolitan universalism)나 국제주의(internationalism)와 지역적 민족중심주의(parochial ethnocentrism)나 자기중심적 애국주의(inward-looking patriotism)를 대비시키면서, 앞으로의 세계화 시대에는 보편적·국제적 시민의식이 필요함을 강조한다.

이러한 세계시민주의는 지금까지 분명한 국가 간의 주권적(sovereign) 경계로 유지되었던 국민국가(nation state) 사회에서 강조되었던 애국심의 덕목으로부터 벗어날 것을 강조한다. 애국심은 그동안 국가의 테두리 안에서 운명을 같이하던 동료시민들과의 집단적 유대와 주권국가를 지탱해 온 민주적인 법률과 헌법체계에 대한 충성심을 고무시키고, 자신들이 속한 문화공동체의 자유와 권리를 지키기 위한 시민들의 사회적 책임을 부각시키는 데 긍정적인 역할을 해 온 것이 사실이다. 반면, 애국심이라는 명목으로 국가주의에 대한 맹신이 강요되고, 표현의 자유가 침해되었으며, 특히 학교교육은 이러한 국가주의를 학생들에게 조기에 세뇌시키는 규범적 기능을 주로 해 왔던 것이 사실이다.

앞으로의 세계화 시대에는 이러한 독립적 주권을 갖는 국민국가의 개념이 미약해지면서, 애국심보다는 더 거시적인 차원의 지구촌 시민으로서의 가치와 덕목을 요구하고 있는 것이다. 지구촌적 관점을 갖는 것은 특정한 문화에 특권을 주면서 다른 문화들을 이단시하거나 소외시키지 않는 태도를 말한다. 그러한 관점은 다양한 세계관을 존중하고 수많은 문화적 · 종교적 · 인종적 그리고 민족적 뿌리와 정체성을 갖는 사람들이 시민으로서 공존할 수 있는 사회를 지향한다. 이처럼 차이를 존중한다는 것은 다소 힘이 약한 집단의 착취를 막기 위해서 중요하고, 그들을 전형화(stereotyping)시키는 것은 매우 위험한 일이 된다. 따라서 학교교육에서는 상이한 집단들 혹은 동일한 집단 내의 사람들에게서 나타나는 차이점이나 유사점들을 너무 과장되게 일컫지 않음으로써 균형 잡힌 시각을 제공할 것을 기대하고 있는 것이다.

요컨대, 세계시민주의가 미래사회교육 이념의 대안으로 떠오르고 있는 지금, 과연 이러한 세계시민주의의 이념이 얼마만큼 미래사회 학교교육의 올바른 이념으로써 합당한지에 대한 비판적 재검토가 필요한 시점이다. 본 절에서는 세계시민주의 이념이 앞으로 다문화사회의 교육이념으로서 얼마만큼 합당한지에 대해 논의해 보기로 한다.

2) 비판적 세계시민주의

20세기 초 자연과학과 사회과학을 지배했던 과학주의적·논리실증주의적 패러다임은, 20세기 중반 이후부터는 현상학, 해석학, 해체주의, 포스트모더니즘, 그리고 비판이론 등과 같은 새로운 인식론적 담론들의 출현으로 인해 큰 변화를 맞이하게 되었다(Schwandt, 1997). 세계시민주의 이념의 토대가 이성적 합리주의라면, 비판이론의 관점에서 그러한 이성적 합리주의의 해체와 극복을 통한 새로운 세계시민주의 사상에 대한 이해가 바로 비판적 세계시민주의(critical cosmopolitanism)이다.

Falk(1994)는 동일화(homogenizing)를 목표로 하는 '위로부터의 세계화(globalization from above)'와 다양성(pluralistic)을 허용하는 '아래로부터의 세계화(globalization from below)'로 구분하고, '다양성 속에서의 일체(unity in diversity)'를 지향하는 인류공동체의 개념에 기반을 두고 광범위한 차원에서 다채로운 사회적 상호작용을 도모하는 아래로부터의 세계화가 중요함을 강조한 바 있다. 반면, 위로부터의 세계화는 정치, 경제, 사회, 문화, 군사 등 모든 분야의 강대국들의 주도에 의한 세계질서 재편의 헤게모니 다툼의 일환으로 진행되는 것으로 과거 제국주의적 이데올로기의 연장이자, 전 세계질서를 서구 자본주의의 경제체제에 편입시키려는 의도의 하나로 볼 수 있다.

앞 장에서 논의한 바와 같이, 비판이론은 네오막시즘과 프랑크푸르트 학파의 비판적 사회학에서 출발하여, 변증법 철학, 정치경제학, 역사학, 사회과학, 그리고 심리분석학 등에 뿌리를 두고 후기 구조주의 및 포스트모더니즘, 페미니즘과 다각적인 이론적 소통을 하고 있는 학문분야라고 볼 수 있다. 비판이론이 사회적 재생산의 구조와 이에 대한 저항논리의 분석에 주력하는 것과 같은 맥락에서, 비판적 세계시민주의는 세계시민주의 이념이 어떠한 기재로서 기존의 사회구조를 재생산하는 역할을 하고 있는가에 주목한다. 즉, 세계시민주의가 지향하는 '민주시민'이 개인주의적이고 엘리트주의적이라면, 비판적 세계시민주의는 그러한 엘리트주의적 '민주시민'의 양성이 과연 공동체적 가치를 추구하는 참여적 민주주의에 부합되는지를 점검하고, 부합되지 않는다면 그 대안적 이념이 무엇인지를 밝히는 것이다. 본고에서는 비판적 세계시민주의의 성격으로 자발적 세계시민주의, 통속주의(vernacularism: Pollock, 2002), 후기식민주의적 비판이라는 세 가지 관점을 제시하고자 한다.

첫째, 위로부터의 세계화가 다국적 기업과 세계 금융자본이 독과점적으로 세계의 산업, 금융, 인력시장의 구조를 재편해 나가고 이를 위하여 단일문화나 단일가치의 세계적 확산을 조장하는 구조라고 한다면, 아래로부터의 세계화는 분배, 공존/연대, 자기조직화, 다양성의 논리에 의해 생태학적인 지구촌을 가꾸어 나가는 구조이다(Brecher, Costello, & Smith, 2000). 이처럼 세계화가 위로부터의 세계화와 아래로부터의 세계화로 구별되듯이, Pollock(2002)은 회유적(coercive) 세계시민주의와 자발적(voluntaristic) 세계시민주의를 구별한다. 회유적 세계시민주의는 신자유주의적 세계화라는 현실적 상황에 의해 선택의 여지가 없이 외부로부터 강요되다시피 주어지는 세계시민주의의 이념이라고 한다면, 자발적 세계시민주의는 내적인 필요와 주체적 선택에 의해 세계정세의 변화에 적응해 나가는 과정에서 자연스럽게 이루어지는 나와 이웃의 소통이다.

둘째, 세계시민주의에 대립되는 입장은 (배타적) 민족주의가 아니라 통속주의(vernacularism)라고 볼 수 있다. 그동안 역사적·문화적 연구관심에서 소외되어 온 통속주의는 세계시민주의 이면에 놓인 신자유주의적 세계화에 대한 비판에 있어서도 민족주의 논리보다 유리한 위치를 확보할 수 있다. 비판적 세계시민주의는 통속주의를 바탕으로, 보편적 도덕성・시민정신・인권・합리성 등과 같은 근대화 이념을 대체할 수 있는 토착화된 세계시민주의에 대한 이해를 가능하게 한다. 그리하여 비판적 세계시민주의는 보편화된 세계시민주의 이념들이 대변하는 서구유럽 중심의 근대적 가치관이 어떻게 학교교육을 통해 전달되고 있으며, 그 결과가 지역사회에 어떤 결과를 초래하고 있는가에 주목한다.

예컨대, 요즘 우리나라의 학교교육과정에서 세계시민주의 이념의 영향을 가장 크게 받고 있는 분야가 바로 영어교육 분야일 것이다. 세계화의 열풍에 의해 영어교육의 중요성이 커짐에 따라 학교교육에서 미치는 영향이 점차 커지고, 과도한 사교육비 지출 및 조기유학 등과 같은 사회적 여파도 또한 엄청나다. 이러한 영어교육의 급격한 팽창은 교육과정에 명시된 '국가경쟁력 강화', '글로벌 인재양성', '세계시민의식 교육' 등과 같은 표현들에 의해 그 타당성과 정당성이 보증되고 있는 것이다. 결과적으로 이러한 영어교육의 현실은 세계시민주의–세계화–영어의 불가분한 연결고리, 즉 교육목표로서의 세계시민주의–변화되는 국제적 환경으로서의 세계화–이에 대비하는 도구적 수단으로서의 영어능력이라는 논리적 연관성에 대해 그 누구도 문제 제기할 수 없는 인식론적 신조를 만들어 버렸다(박휴용, 2006).

셋째, Mignolo(2002, 173)는 세계시민주의가 강조하는 인권, 세계시민권 등의 개념을 올바로 이해하기 위해서는 모더니즘이 갖는 식민주의적 역사와의 관련성을 이해할 필요가 있다고 주장한다. 예를 들어 칸트의 세계시민주의가 내세웠던 정의, 평등, 인권의 이념은 그가 가진 인종주의적이고 유럽 중심주의적인 편견에서 벗어나지 못하고 있다는 것이다. 이를 극복할 방법론의 하나로 Mignolo는 그동안 근대화의 과정에서 소외되었던 변방의 목소리들을 중심으로 한 세계시민주의를 기획하는 '주변부 사고(border thinking)'나 주변부 인식론의 도입이 필요하다고 주장한다. 이러한 주변부 사고의 가능성을 확대하는 것이 바로 비판적 혹은 변증법적 세계시민주의의 역할이고, 그로 인해 보편주의적 가치가 아닌 다원주의적 가치를 이끌어 낼 수 있는 것이다.

3) 다문화교육의 목표와 방법론의 재검토

그렇다면 비판적 세계시민주의의 시각에서 현재의 학교교육 목표와 방법론을 어떻게 재검토할 것인가? 이는 우리가 학교교육을 통해서 추구하고자 하는 이상적 가치에 대한 근본적인 이해에서 출발해야 할 것이다. Freire(2007: 128)는 막연하게 인식되는 휴머니즘은 종종 구체적이고 실존적인, 현실 속에 존재하는 인간에 대해 간과한 채 '도덕적 인간(good man)' 등과 같은 이상적인 모델을 창조하는 경향이 있음을 지적한다. Freire에 따르면 진정한 휴머니즘은 총체적인 인간성에 대한 자각을 허용하는 과정 속에서 나타나고, 그것이 하나의 선행조건으로서, 의무로서, 상황으로서, 과업으로서 인식될 때만이 인간성에 대한 올바른 이해에 도달할 수 있다고 보았다. 즉, 교육과정의 목표로서 선언적으로 이상적 인간상을 제시하는 것만으로는 학교교육을 올바로 이끌어 갈 수 없다는 것이다. 그렇다면 비판적 세계시민주의는 어떠한 학교교육의 비전을 제시할 수 있는가?

비판적 세계시민주의를 토대로 한 학교교육의 비전의 한 예로 Young (2008)은 다음과 같은 목표를 제시하고 있다.

> 진보적이고 비판적인 교육학을 통해서 유럽 중심의 철학적·사상적 접근방식의 한계를 극복하고, 자연생태계와의 관계성 회복을 통한 인류 발전의 비전을 설정하여 우리의 삶이 개별적으로 유리된 삶이 아

닌 사회문화적·생태적 공동체를 실현하는 방향으로 나아갈 수 있도록 하는 교육과정이 필요하다.

Toulmin(1990, 186-193)은 비판적 세계시민주의의 관점에서 학교교육의 내용적 성격은 다음과 같은 특징을 띠어야 한다고 보았다. 첫째, 오늘날 학교교육과정의 내용지식은 근대적 지식의 특징에 영향을 받아 문어적·보편적·전 지구적·초시간적 성격을 가지고 있으므로, 이를 극복하기 위하여 비판적 세계시민주의는 교육내용의 선정과 구성에 있어서 구어적(oral)·개별적(particular)·지역적(local)·적시적(timely) 성격을 회복하려는 노력을 포함해야 한다고 본다. 둘째, 교육내용의 안정성이나 발달적·위계적 구조에 구속된 정적인 지식을 다루기보다는 다양한 관점을 내포한 지식, 현실사회에서 끊임없이 출현하는 인류의 문제들에 대해 열린 역동적인 지식을 다룰 수 있어야 한다고 주장한다. 셋째, 학교교육에서 다루어지는 지식은 국가의 경계, 문화의 경계, 지역의 경계, 학문의 경계, 방법론의 경계 등 경계(boundary)에 구속되지 않고, 그러한 경계를 내적인 원동력에 의해서 뛰어넘는 학문적 통섭을 시도해야 한다고 보았다.

3. 다문화주의의 교육이념

1) 다문화주의 교육이념의 비판적 이해

(1) 다문화교육의 이념과 목표

우리나라에 체류 중인 외국인이 2010년 현재 120여만 명을 넘어섰고(삼성경제연구소, 2010), 2050년경에는 이민자 수가 1,200만 명 정도까지 늘어나서 우리나라 전체 인구의 약 21.3%에 달할 것이라는 전망이 있다(이현정, 2009, 26). 이러한 사회 구성의 변화 속에서 우리나라의 주된 교육이념의 하나로 다문화주의를 도입하고자 하는 많은 연구와 논의가 이루어져 왔다. 학교교육은 개인과 집단, 그리고 더 나아가 국가적 혹은 국제적 수준에서 전개되는 수많은 사회적 이념들의 영향을 받을 수밖에 없고, 따라서 다양한 수준의 교육기관의 교육과정 및 의사결정 과정에서 그러한 이념들이 드러나게 된다(McNeely, 1995).

그러므로 각급 학교의 교육과정 결정에 작용하는 이념적 가치들이 무엇인가를 살펴보는 것은, 21세기에 들어선 오늘날 우리나라 학교교육의 방향과 목적, 그리고 미래의 전망이 무엇인가를 가늠해 보는 유용한 잣대가 될 수 있을 것이다. 예를 들어, 최근 우리나라가 급격히 다문화사회로 전환되어 가는 상황 속에서 다문화주의는 우리나라의 핵심적인 교육과정 이념의 하나가 되었고, 이로 인해 최근 다양한 수준의 여러 교육기관에서 교육목표 및 방법론으로서 다문화주의를 접목하고 있다. 또한 Fejes(2006)는 세계시민주의(cosmopolitanism), 다문화주의(multiculturalism), 그리고 지속가능발전론(sustainable development)이 오늘날 전 세계적으로 초국가적 통치시스템(system of governmentality)을 구축하려는 세 가지 주된 교육이념 혹은 사회적 담론이라고 주장한 바 있다.

교육과정 이념(curriculum ideology)이라 함은, 교육의 목적 및 목표에 관한 특정 사회적 담론이 국가수준, 지역사회수준, 개별 학교수준의 교육과정 수립과정에서 합리화되고 정당화되면서 교육의 목표로 자리매김하는 이념을 가리킨다(Apple, 1979; van Dijk, 2006). 즉, 한 사회의 특정 시점에서 유행하고 있는 교육적 이념들이 그 사회 속에 존재하는 다양한 교육기관들의 교육과정 목표에 투영되기 마련이므로, 그러한 교육과정 이념들이 무엇인가를 살펴봄으로써 그 사회가 지향하는 교육목표와 방향이 무엇인지를 짐작할 수 있다는 것이다. 예를 들어, 다문화교육은 다음 [표 3]과 같이 각 교육부문에서 주요한 교육목표 중의 하나로 인식되고 있다.

[표 3] 다문화교육 관련 목표 진술의 예

대상 및 출처	다문화교육 관련 목표 진술
외국어교육 (KICE, 2003)	…세계관이 확장될 뿐 아니라 타 문화를 이해하며 평화공존의 지혜를 터득하게 되어 언어와 문화의 발달에 기여할 수 있게 된다.
유아다문화교육 (양옥승, 2010)	궁극적 목적은 자유선택 능력의 개발, 공동체 의식의 기초 형성, 문화적 감수성 및 다문화이해의 기초 함양, 창의력 향상 등이 될 수 있다.
D대학 연계 전공 “다문화사회” 교육과정	간학문적 접근을 통해 다문화주의에 관련된 쟁점과 문제를 체계적으로 교육함으로써 다문화주의 사회에 대한 전문적인 소양과 지식을 갖춘 인재를 배양하는 것이다.

위와 같이 교육과정 이념으로서 언급되는 다문화주의의 성격과 교육적 의의를 비판적으로 검토해 보자.

(2) 다문화주의의 비판적 이해

다문화주의는 식민지배국(민족 혹은 지역)과 그 피식민지 간의 지정학적 · 사회문화적 다양성과 그에 따른 세력의 역동성 문제에서 파생된 개념이다(Gunew, 2004). 즉, 다문화주의는 배타적 국가 건설의 세계사적 흐름에서 나타난 역동적인 디아스포라(diaspora), 초국가적인 경제이주민 혹은 이주노동자의 발생, 그리고 세계 곳곳의 국지적인 분쟁의 결과로 발생한 난민들의 국경 이탈과 관련되어 있기 때문에, 다문화주의는 단순히 문화적 다양성의 문제로서가 아니라 전 지구적인 정치, 경제, 역사적 담론으로 이해할 필요가 있는 것이다. Zizek이 다문화주의를 "지구적 자본주의의 공간적 통합을 도모하고자 하는 문화적 논리(cultural logic)"라고 정의하고 다국적 자본주의를 포장하는 문화적 논리로 설명한 것처럼, 오늘날의 대부분의 다문화사회 및 국가는 근현대 세계사 속에서 식민주의 및 제국주의의 결과(서유럽국가들과 같은 식민종주국의 경우)이자 다국적 자본주의화(우리나라와 같은 후발선진국의 경우)의 동인으로 이해할 필요가 있다(Zizek, 1997, 44). 따라서 다문화주의를 올바로 이해하기 위해서는 후기식민주의적 비판의 관점을 취하지 않을 수 없는 것이다(Harvey, 2005).

〈참고: 캐나다의 다문화 정책〉

현재 캐나다는 국가적 수준에서 다문화주의에 대한 정책적 지원을 제공하며, 교육과 관련한 직접적인 권한과 책임은 각 자치주가 담당하고 있다. 캐나다는 다문화주의에 대한 논의가 처음 시작된 곳으로, 캐나다 자치주들은 다문화주의 교육의 근거로 1948년 '유엔세계인권선언(United Nations Universal Declaration of Human Rights)', 1982년 '자유와 기본권에 관한 캐나다 헌장(the Canadian Charter of Rights and Freedom)', 1988년 '캐나다 다문화주의법(the Multiculturalism Act)', 그리고 주 자체적으로 마련한 다양한 법률, 조례, 강령, 교육공약 등에 나타난 정신을 따르고 있다. 오늘날은 인종과 차별의 문제에 관한 본격적인 연구기관으로서 캐나다 인종관계재단(the Canadian Race Relations Foundation)을 설립하고, 2002년도에 매년 6월 27일을 '캐나다 다문화주의날(Canadian Multiculturalism Day)'로 제정함으로써 다문화주의를 위한 지원을 강화하고 있다.

다문화교육과 관련된 연방정부 차원의 지원은 대부분 간접적인 방식으로 이루어지고 있다. 예를 들어, 다문화주의에 관한 포괄적인 정책이나 지침 제시, 대학이나 연구기관 등에 대한 행·재정적 지원, 관련 교육자원의 확보·개발·보급 등이 정부 차원에서 이루어지는 교육적 지원의 대표적인 형태이다. 주교육부에서는 다문화주의 교육의 정착과 발전을 위해 가장 활발한 지원체제를 구축하고 있다. 예를 들어, 다문화주의 혹은 반차별·반편견 교육과 관련된 다양한 정책 개발, 행위전략의 수립, 교육과정 구성, 교수프로그램의 마련, 교수자료의 확보, 시행된 과정 및 프로그램의 평가, 우수사례 발굴 및 보급 등을 들 수 있다. 대학과 연구기관에서는 정부나 민간단체들로부터의 기금지원을 바탕으로 다문화주의 정책과 실행에 관한 다양한 연구물들을 산출함으로써 다문화교육의 확립에 기여한다. 이외에도 다문화주의와 관련된 코스들을 학생들에게 직접 제공한다. 그 밖에 캠퍼스 내에서 다양한 민속행사를 기획・운영하기도 하며, 한국, 중국, 멕시코, 아프리카 등 출신국가와 관련된 학생들의 자치적 학생회 활동을 장려하기도 한다. 인터내셔널센터에서는 문화주간을 두어 세계 각국의 문화와 언어를 소개하는 기회를 제공한다. 특히 다문화과정들을 대부분 교사교육과정에 적용함으로써 학교현장에 다문화교육이 뿌리내릴 수 있는 기틀을 제공하기도 한다. (오은순 외, 2008, 65-66)

이처럼 오늘날 지구상의 수많은 다문화사회들은 서로 다른 역사적・사회문화적・정치적 헤게모니를 갖는 문화들이 역동적으로 상호작용하면서 이루어져 왔고, 다문화주의는 이러한 주류문화와 비주류문화들의 대립구도 속에서 주로 주류문화의 담론으로 이념화되고 실천되어 왔다(Green, 2004; Calavita, 2005). 예를 들어 캐나다에서는 '인종적으로 차이나는 사람들(racialized differencees)'을 가리킬 때 다문화주의란 용어를 처음으로 사용하면서, 유럽계 이민자들을 '눈에 안 띄는 소수민(invisible minorities)', 비유럽계 이민자들을 '눈에 띄는 소수민(visible minorities)'으로 구별하였다(Gunew, 2004, 16). 마찬가지로 호주에서는 이주민 문화를 가리킬 때 '다문화주의'란 용어를 사용하였기 때문에 호주 원주민들은 그러한 '다문화주의' 담론의 대상이 되는 것을 꺼렸고, 뉴질랜드 정부는 '다문화주의'가 마오리족 독립운동에 활용되는 것을 막기 위해 그 대신 이중문화주의(biculturalism)란 용어를 공식화한 바 있다(Leckie, 1995).

요컨대, 다문화주의란 용어는 주류집단의 비주류집단에 대한 '꼬리표 붙이기'(labeling)나, 소수집단들 사이에서 토착집단과 외래집단을 구별하기 위한 인식표로 사용되어 왔고, 지배집단은 다문화주의 이념을 통해 소수집단들을 사회적으로 통합하기 위한 수단으로써 활용되어 왔고, 우리나라의 다문화주의도 소수의 다문화가정에 대한 사회통합의 목적에서 도입되어 활용되고 있다(Steinberg & Kincheloe, 1997; 곽준혁, 2007; 김창근, 2009). 따라서 다문화주의가 교육이념으로써 얼마나 타당한지를 논의하기 위해서는 다문화주의의 역사적 배경을 이해하고 다문화주의의 이념이 통치(governmentality)를 위한 담론적 기교나 사회적 포섭과 배제의 근거로 활용되고 있다는 사실을 우선적으로 주목할 필요가 있다(Foucault, 2003; Fejes, 2006).

〈참고: 호주의 다문화 정책〉

호주는 다양성이 공존하는 나라로 다문화교육이 일찍 시작되어, 정착원주민시대(1700년 이전), 백호주의(1700～1800), 동화주의(1800～1960년대 중반), 통합주의(1960년대 중반～1973), 다문화주의(1980～1990), 그리고 뉴밀레니엄(1990～현재)의 발전과정을 거쳤다. 세계 200여 개국에서 온 100여 민족 출신의 이주민들이 서로 영향을 미치는 호주의 다문화주의는 사회구성원 전부를 하나로 연합하여 사회적 화합은 물론, 다양성으로부터의 유익을 추구하는 것을 의미한다. 따라서 호주의 다문화주의는 호주사회가 지니는 문화적 다양성을 인식하고 이를 수용・존중하며, 나아가 이를 누리는 것을 강조한다. 다문화교육에 대한 이러한 국가의 방향에 따라 주별로 여건과 특성을 고려하여 실천해 나가게 되는데, 뉴사우스웨일스의 경우, 반인종차별교육, 포괄적인 교육과정과 문화적 이해, ESL(English as a Second Language)교육, 다문화가정 학생과 이주민지원, 공동체 관계와 부모지원을 중점영역으로 구분하여 추진하고 있다(http://www.schools.nsw.edu.au/e; http://www.det.nsw.edu.au/).

호주의 다문화교육을 위한 협력체제는 호주의 독특한 사회・역사적 배경에 뿌리를 두고 여러 가지 법적 토대에 근거한다. 따라서 호주의 모든 법은 학교는 물론 개인을 인종차별로부터 보호하기 위해 제정되었고, 인종차별을 도모하는 모든 행위를 불법으로 정하고 있다. NSW(New South Wales) 주의 다문화교육 정책인 'Cultural Diversity and Community Relations Policy: Multi cultural education in school' 문서에 따르면, 모든 학교의 정책 실행에 있어 문화적·종교적·언어적 다양성을 반영하고, 이를 위해 학생들에게 적절한 지원을 하도록 명시하고 있다. 연방정부는 다문화교육을 활성화하기 위해 법적 문서에 다문화교육 지원에 필요한 구체적인 내용을 상술하고 있다. 각 주 정부에서는 각급 학교와 교사, 학생과 학부모, 보호자 및 지역사회를 대상으로 다양하고도 지속적인 지원을 하고 있다. 예를 들어 주정부는 다문화교육 관점과 이의 실행을 위해 필요한 내용을 유치원~고등학교 3학년의 모든 교과과정 안에 문서화하고 다양한 활동을 지원한다. 또 호주사회의 다양성을 축제화하는 국가기념일인 '국민화합의 날(Harmony Day)'이 있고, 영어가 모국어가 아닌 지역공동체 내의 취학연령 학생을 대상으로 하는 민간 비영리 학교 설립을 위한 지원프로그램인 'NSW Community Languages Schools Program' 등이 있다. (오은순 외, 2008, 51, 56)

(3) 다문화교육의 모델

우리나라 다문화교육의 위치와 성격을 파악하기 위해, 다음의 [표 4]와 같이 유럽의 다문화교육 접근방식을 네 가지 모형과 일곱 가지 사례로 설명한 Swing, Schrievew & Orivel(2000)의 구분을 통해 논의해 보고자 한다.

[표 4] 유럽의 다문화교육 모형구분

모 형	사 례	모형구분의 참조 틀	의도하는 학교교육 방향
A. 분리주의 (Separatism)	플랑드르인(Flemish)의 민족주의	양 민족집단의 언어와 전통에 있어서 문화가 중심 역할	국가기관들의 분리 운영
	웨일스인(Welsh)의 민족주의		웨일스 문화의 재생, 웨일스어-영어 이중어주의/미래의 정치적 독립
B. 분화된 다원주의 (Segmented Pluralism)	독일의 이방인(Auslander)을 위한 프로그램	어떤 교육프로그램을 도입하든 간에 차이가 지속되리라는 가정	지배집단인 독일은 이방인을 여전히 타자로 인식함
C. 민족 간의 문화적 다원주의 (Cultural Pluralism within Nations)	플랑드르지역(Flanders)의 시범적 이중문화프로젝트(C1)	각 문화적 틀에서 서로 다른 절대적 기준이 존재	두 종(자신과 주류집단)의 문화적 준거들이 소수집단의 개인들 속에 공존
	브뤼셀 내의 불어 사용(Francophone) 학교에서의 간문화적 프로젝트(C2)	상호 참조의 틀이 퍼짐/다수학생들은 비유럽적 준거 틀을 소개받음/상대성 존중	양 집단이 서로의 문화적 참조들을 받아들임. 주류집단이 커리큘럼을 통제
D. 모호한 동화 (Ambiguous assimilationism)	프랑스의 미구분된(Undifferentiated) 교육과정	주류집단의 커리큘럼이 모든 학생들의 필요에 부합하리라는 가정	타자의 행위들에서 나타나는 차이가 좁혀지지만, 여전히 차이에 대한 인식은 존재함
	영국의 국가교육과정(National Curriculum)	모든 학생이 동일한 문화적 전제를 받아들여야 한다는 가정	소수민족 학생들을 주류문화의 세계관에 동화시키려는 노력을 지속함

위의 네 가지 모형에 대한 구분에서 나타나듯이, 유럽의 다문화교육 정책은 분리주의(A)와 다원주의(B, C), 그리고 동화주의(D)로 나누어지고, 다원주의는 다시 분화된(segmented) 다원주의(B)와 문화적 다원주의(C)로 나뉜다. 분화된 다원주의는 독일 내 투르크족(Turks)의 예와 같이, 독일 내에 '이방인을 위한 프로그램'이 다양하게 존재하면서도 독일인과 이방인 사이의 구별이 끊임없이 존재하는 경우이다. 반면 문화적 다원주의는 다시 이중어/이중문화 시범프로젝트(C1)와 초국가적 단체의 지원을 받는

간문화적 프로젝트들(C2)로 나누어지는데, 전자는 소수민 학생이 자신들의 문화와 주류문화, 두 가지의 문화적 참조들(cultural references)을 내면화하게 된다고 가정하고 있다. 반면, 후자인 간문화적 프로젝트(C2)는 소수민 학생과 주류집단 학생이 서로의 문화를 참조해 가면서 배우게끔 하는 것인데, 그럼에도 불구하고 지배문화가 교육과정에 대한 통제권을 유지하고 있는 경우이다. 하지만 사실 대부분의 유럽 국가들은 프랑스나 영국의 동화주의 교육과정(D)처럼 소수민 학생은 거의 획일적인 동화주의의 영향력하에 놓여 있다(Swing et. al., 2000, 238-239).

〈참고: 독일의 다문화 정책〉

제2차 세계대전 이후 독일은 경제 성장을 위해 '유럽에서 노동력을 수입하는 선도적인 국가(Spitzengruppe der europäischen Aufnahmeländer)'(Thürmann, 1992)로 변모하면서 다양한 문화가 공존하는 사회가 되었다. 이에 따라 외국인 노동자문제, 소수민족의 게토화(ghettoization)와 소외, 외국인 자녀의 낮은 학업성취도와 탈선, 범죄율의 증가, 주류문화와 비주류문화의 단절, 타 문화에 대한 편견과 고정관념으로 야기된 배타성 등 사회문제가 생겨나기 시작했다. 그러나 1980년대에 들어서면서 '상호 문화교육(interkulturelles erziehung)' 프로그램이 활발하게 논의되기 시작하였고, 토착문화와 주변문화 사이의 갈등을 해소하기 위한 노력이 이루어졌다. 궁극적인 지향점은 타 문화에 대한 편견과 고정관념을 줄이고, 서로 다른 문화집단에 속하는 사람들이 한 사회 속에서 평등하게 상호 공존하도록 하는 것이다(김선미, 2000; 박남수, 2000; 허영식, 2000; Hohmann, 1989).

'독일 연방주정부 문화부장관 상임위원회(Ständige Konferenz der Kultusminister der Länder in der Bundesrepublik Deutschland)'는

1996년 10월 25일 '학교에서 상호 문화교육(Interkulturelle Bildung und Erziehung in der Schule)'과 관련하여 권고안을 작성했다. 이 권고안에 따르면 교과과정은 학생들이 다양한 문화, 종교, 언어 등 배경을 지닌 사람들과 더불어 살아가게 하기 위해 다음과 같은 수업내용을 반영해야 한다. 즉, 자(自)문화와 타(他)문화의 본질적인 특징, 자문화와 타문화의 공통점과 차이점, 자문화와 타문화 간의 상호 영향, 보편적 의미에서의 인권과 문화 차이에 따른 인권, 타 문화를 배경으로 한 사람에 대한 선입견 내지 편견의 발생원인, 인종차별의 원인, 외국인 혐오의 원인, 경제적 불균형의 배경과 결과, 과거 이주와 현재 이주의 원인과 결과, 종교적·인종적·정치적 갈등을 조정하려는 국제적 노력, 다문화사회에서 소수자와 다수자의 공존가능성 등이 그것들이다.

독일연방주정부 문화부장관 상임위원회가 권고한 학교수업 내용에서 알 수 있듯이 상호 문화교육이 추구하는 궁극적인 목표는 자신뿐만 아니라 타인을 존중하고 다른 문화, 인종, 언어, 종교, 사고방식, 삶의 태도 등을 지닌 사람들을 편견이나 선입견 없이 받아들이고 이해하는 것이다. 이를 위해서는 단일문화의 관점에서 편성된 기존의 교과과정이 다문화의 관점에 따라 개편될 필요성이 대두된다(Auernheimer, 1995, 186). '상호 문화교육' 프로그램이 추구하는 목표를 실현하기 위해 원칙적으로 모든 교과과목이 다문화의 관점에 따라 개편될 수 있다. 특히 외국어, 독일어, 역사, 사회, 지리, 종교 등과 같은 교과과목이 주요 개편의 대상이다. 또한 수학과 자연과학 분야도 상호 문화의 측면을 고려한 교과과정의 개편이 가능할 뿐만 아니라 필수적이다.

(오은순 외, 2008, 66-67)

위의 구분에 비추어 볼 때, 우리나라의 다문화주의 및 다문화교육은 '모호한 동화(D)'의 수준에 해당한다고 본다. 그 첫째 근거는, 예를 들어,

다음 [표 5]의 다문화교육 목표와 같이 우리나라에 거주하는 다문화가정의 자녀들은 한국의 가치와 문화, 언어에 동화되어야 한다는 전제를 바탕으로, 그러한 동화를 촉진하는 차원에서 행해지는 다양한 다문화프로그램을 경험하고 있다(최영환, 2008, 99).

[표 5] 다문화교육의 이중적 목표

대상 \ 목표	다문화학생을 위한 목표	주류문화 학생을 위한 목표
기본목표	한국사회와 교육에 적응	다문화학생에 대한 이해와 지원
확대목표	다문화 경험과 지식의 극대화	다문화 경험과 지식의 공유

즉, 다문화학생들의 목표는 한국사회에 적응하는 것을 기본으로 하여, 다문화적 환경에 대한 경험을 활용하는 것이고, 주류문화 학생들의 목표는 다문화학생들을 이해하고 도와주는 것이 다문화교육의 기본 방침인 것이다. 이처럼 다문화교육이 근본적으로 소수민 학생들과 주류학생들 간의 근본적인 차이를 전제로 하고 있고, 그렇기 때문에 프로그램의 목표와 방향을 이중적으로 잡을 수 없다는 점에서 '모호한' 동화정책이 될 수밖에 없다. 또 다른 근거는 우리나라의 다문화(교육)정책이 주로 한국어 및 한국문화 교육에 치중하고 있다는 사실에 있다. 즉, 다원주의적 다문화정책의 방향을 모색하기 위해서는 보다 근본적이고 장기적인 정책 차원에서 교차문화능력(cross-cultural competence)이나 국제이해교육에 집중해야 한다는 것이다(한경구 · 한건수, 2011).

현재 유럽에서는 영국, 프랑스, 독일 등 주요 국가들을 중심으로 그동안의 동화주의정책에 대한 재고의 필요성이 제기되고 있는 것처럼, 동화주의와 다원주의 정책의 가장 큰 차이가 다원주의적 관점은 다양성을 존중하면서 그것을 하나의 자산으로 여기고 있다는 점이다. 이처럼 우리나라에서 논의되는 다문화주의 담론과 다문화교육 정책을 바람직한 방향으로 이끌어 가기 위해서는 그 이념적 정향성(orientation)에 대한 분명한 논의가 필요하다. 이를 바탕으로 궁극적으로 다문화사회의 정착을 위한 문화적 다양성의 수용과 인정, 인간의 존엄성과 인권에 대한 존중, 지구촌 공동체에 대한 책임, 생태환경에 대한 존중 등과 같은 다문화교육의 핵심적 가치들이 왜 필요한지에 대한 비판적 논의가 수반되어야 한다(Bennett, 2007, 12). 결국 이러한 비판적 인식을 바탕으로 이민자들의 문화와 그들의 정착과정에 대한 세심한 이해 및 시민사회 차원에서의 문화적·사회적 동합의 노력이 이루어져야 할 것이며(김창근, 2009; 윤문무, 2010), 그러한 방향으로 다문화교육의 실천방안이 결정되어야 할 것이다.

〈참고: 프랑스의 다문화 정책〉

프랑스는 세계에서 가장 중앙집권화된 나라이긴 하지만 일찍이 다양성이 공존한 나라이다. 1980년대에 유럽의회가 각 정부에 교육 차원에서의 상호 문화성을 증진시킬 것을 요구하면서, 프랑스에서도 많은 보고자료들(르그랑, 프로스트, 레수르느)이 상호 문화교육의 확대와 학교시스템에 다원성의 유입을 강조하였다. 여러 나라로부터 유입된 다문화, 다언어의 구성원들과 완전한 통합체를 이루어 바람직한 프랑스를 건설하기 위해 국가적인 차원에서 다문화교육을 실시하기 시작하였다. 이처럼 프랑스는 '상호 문화적 교육 혹은 문화 간 교육'이라는 개념 아래 다문화능력과 이해에 도달하기 위한 최적의 다문화적 환경 조성을 목표로 하며(라소넨, 2003), 관용, 비인종차별주의, 학문을 초월하는 학제 간 연계 접근법 등에 역점을 둔다.

다문화주의가 다양한 민족사회에 관계된 것이라면 상호 문화주의는 교육의 측면에 해당되는 개념이다. 2000년 6월 19일 법령에 의해 고등학교에 다문화교육의 증진을 위해 사회–법률–시민교육(ECJS) 과목이 개설

되었다. 특히 2007년 1월 9일의 2007-011호 교육부공문에 따라 2007년 학기부터 모든 학생들의 성공적인 학업성취를 이끌어 내고 그들에게 더 나은 평등의 기회를 제공하기 위한 노력을 하고 있다.

프랑스의 다문화교육을 위한 협력체제는 상호 문화적 교육의 방향 하에 각종 법령을 제공하고 이에 따른 교육정책을 수립하여 추진하고 있다. 제1 추진체제인 정부에서는 일찍이 1992년 이주아동을 대상으로 다음과 같은 내용의 정책을 추진하였다. 즉, '초입자아동과 청소년의 취학준비 시스템', '출신나라의 문화와 언어교육'(ELCO), '이주아동의 취학에 관한 정보와 양성센터'(CEFISEM), 유럽의회가 발간한 '다문화학습도구세트(2001)' 등을 지원하는 내용 등이다(프뤼네, 1992). (오은순 외 2008, 74, 78)

2) 세계시민주의의 이념화에 대한 비판적 고찰

(1) 다문화사회의 이념으로서의 세계시민주의

세계시민주의는 필연적으로 인간성(humanity)의 보편적 가치들을 문화적 다양성을 통해 표출하고자 하는 다문화주의와 더불어 문화적 다양성을 담보하는 수단으로서 다언어주의(multilingualism)를 지지하게 된다 (Appiah & Gutmann, 1996). 이러한 세계시민주의와 다문화주의의 밀접한 관련성을 이해하기 위해서는 세계시민주의 이념이 어떻게 세계화 및 다문화주의의 담론과 연결되어 있는가를 살펴볼 필요가 있다. 본고는 이를 세계화의 목표 달성을 위한 이념으로서 세계시민주의를 내세우고, 그 방법론으로서 다문화주의를 강조하는 이른바, '세계화→세계시민주의→다문화주의'란 도식화를 통해서 분석하고자 한다. 이 논리를 학교교육의 문제에 적용한다면, 다음과 같은 세 가지 담론들(담론 '가,' 담론 '나,' 담론 '다')의 등식화가 가능할 것이다.

[담론 가] 미래사회의 방향으로서의 세계화 =
[담론 나] 세계화를 지향하는 교육이념으로서의 세계시민주의 =
[담론 다] 세계시민주의 교육의 한 방법론으로서의 다문화교육

즉, 최근 학교교육의 차원에서 다문화교육의 필요성이 강조되는 논리적 근거는 위와 같은 담론의 등식화에서 기인하는데, 본고는 다문화교육과 관련한 이러한 등식화가 갖는 문제점을 다음과 같이 지적하고자 한다.

첫째, '세계화'란 용어는 그 의미와 성격을 제대로 파악하기 위해서는 역사적·정치사회적 맥락에 대한 검토가 필요한 '텅빈 기표'(empty signifier: Buenfil-Burgos, 2003)에 불과하므로, '세계화'는 미래교육의 목적이나 방향을 제시해 줄 수 있는 이념적 내용으로 부적합하다([담론 가]에 대한 비판). 오늘날 세계화의 현실적 모습은 다문화주의가 지향하는 다양성의 존중이 아니라 오히려 급속도로 보편화 및 표준화되어 가는 세계 속에서 토속문화를 쇠퇴시키고, 국가적 정체성을 소멸시키며, 그리고 사회문화적 다양성을 침해하는 결과를 초래할 수 있다(Marsella, 2005). 따라서 우리는 다양성을 저해하는 신자유주의적 세계화나 '신자유주의에 제도적으로 길들이기'(Gill, 2001) 위한 다문화주의가 아니라, '신자유주의적 세계화에 저항하는' 다문화주의를 추구해야 하는 것이다.

실제로 신자유주의자들은 그 원칙상 개인적 선택의 자유, 이동의 자유, 자유시장 원칙 등을 강조하기 때문에 국경을 초월한 이주민의 이동에 대해 찬성하는 입장을 가져야 하지만, 실제로는 정부의 안보 및 생산

성 등 이유를 들며 이주민에 대한 규제 강화를 주장하는 모순된 모습을 보이고 있다(Dreher, 2007).

둘째, 세계시민주의가 서유럽의 세계관을 바탕으로 한 민주주의 이념, 이성적(과학적) 진보를 지향하는 계몽주의적 사고, 그리고 개인주의에 바탕을 둔 신자유주의적 미래상에 바탕으로 하고 있다고 지적받는 것처럼(박휴용, 2010), '위로부터의 세계화'(Brecher, Costello, & Smith, 2000)의 이념적 토대로 활용되는 세계시민주의는 올바른 교육이념으로서 바람직하지 않다([담론 나]에 대한 비판). '위로부터의 세계화'는 자생적이고 자발적인 세계화(즉, '아래로부터의 세계화')가 아니라 신주유주의적 세계화의 흐름을 바탕으로 학교교육을 통해 학생들을 끊임없이 포섭과 배제의 메커니즘으로 통제하려는 경향을 지니고 있다(Popkewitz & Lindblad, 2000). 문제는 그러한 포섭과 배제의 기준이 보편적·공감적 원리에 의한 것이라기보다는, 기득권적 사회질서 유지와 신자유주의적 세계화를 위한 담론적 수단으로 사용되고 있다는 것이다(Lindblad & Popkewitz, 2004).

셋째, 세계시민주의 교육의 한 방법론으로 다문화교육을 고려함에 있어서, 다문화주의의 이면에는 문화근본주의(cultural fundamentalism)에 대한 가정이 깔려 있다는 사실을 직시할 필요가 있다([담론 다]에 대한 비판). 문화근본주의란 외래민족의 문화와 토착민족의 문화 사이에는 근본적인 차이가 존재한다는 신념인데(Stolcke, 1995), 이는 민족 간의 문화적·역사적 차이점을 부각하여 본성화(naturalization)시킴으로써 여러 문화들을 정형화하려는 과거 유럽인들의 생물학적 인종개념의 하나의 파편이다(Policar, 1990; Fejes, 2006). 이러한 문화근본주의의 시각을 품은 채 다문화가정과 같은 소수문화집단을 바라보는 것은 유럽식 오리엔탈리즘을 통해 동양 혹은 비유럽을 바라보는 시각(타자적 시각)이나 다문화가정에 대한 온정주의적 시각과 근본적으로 다르지 않다(Green, 2004;

Said, 1993). 따라서 이러한 문화근본주의적 시각에 바탕을 두고 세계시민주의를 위한 방법론으로서 다문화교육이 시도된다면, 다문화주의가 지향하는 기본적인 가치－다양성, 이해, 공존 등－를 실천하는 데 한계를 가질 수밖에 없다.

요컨대, 다문화주의의 위와 같은 이념적 한계를 극복하고 다문화주의 교육의 이념적 토대를 다지기 위해서는 후기식민주의적 비판의 관점에서 다문화주의를 이해하고, 주류문화의 관점에서 바라보는 다문화주의가 아닌, 모든 문화는 혼성적(hybridity)이라는 사실에 바탕을 둔 다원주의적 시각이 필요하다(Feinberg, 1998). 예를 들어 유럽처럼 수많은 소수민족공동체들이 국가의 구분과는 상관없이 섞여 공존하고 있는 것은, 한 국가의 구성에서 민족적·문화적 동일성을 추구하려는 것은 하나의 신화에 불과하다는 사실을 잘 보여준다(Swing, Schrievew, & Orivel, 2000). 다원주의적 관점의 또 다른 중요성은, 문화적 차이가 주류문화에 의해서 규정되는 것이 아니라, 각 문화의 고유한 문화적 다양성을 그 자체로 존중하고 있다는 점이다. 따라서 다원주의적 관점에서의 다문화교육은 학교에서 다루어지는 지식의 생산, 재생, 순환과정이 특정 집단의 독점이나 특권을 유지하는 데 사용되는 현실을 비판적으로 인식하고, 학교교육의 진정한 목표 설정이 그러한 구조 속에서 소외되었던 집단, 문화, 계층들의 과거와 미래에 대한 논의에서 출발하여야 한다는 것을 보여주어야 한다(McCarthy, 1998).

(2) 다문화주의와 세계시민주의의 이념적 특징과 그 한계

본고에서 논의하고 있는 다문화주의 및 세계시민주의와 관련된 사회적 담론들은 크게 다음과 같은 두 가지 공통된 특징을 가지고 있다. 첫째는 개척, 진보, 과학주의, 이성 중심의 사회를 지향하는 서구의 계몽주의적 낙관론에 기초하고 있다는 사실이다. 개척, 계몽, 세계화, 진보 등 개념은 대부분 16세기부터 20세기 초반까지 서유럽국가들이 식민주의 건설을 통한 세계 진출을 정당화하기 위한 이념적 토대로 사용되었다 (Meyer, Boli, Thomas, & Ramirez, 1997; Meyer, Kamens, Benavot, Cha, & Wong, 1992). 현재와 같은 진보와 성장, 그리고 신자유주의적 이념에 기반을 둔 경쟁을 기본 원칙으로 한 국가 주도형의 다문화주의 정책은 결국 이러한 이념적 한계에서 벗어나기 힘들다(한경구 · 한건수, 2011).

또 하나 특징은 서구식 민주주의 이념에 기반을 둔 시민의식이나, 개인주의에 바탕을 둔 윤리의식 계발을 강조한다는 것이다(박휴용, 2010). 다문화교육이 정의 · 평등 · 공평 · 인간존중 등의 철학적 사고에 기초하고, 편견 극복, 문화적 이해, 개방적 사고 등을 강조하는 것이나, 세계시민주의 교육이 주체적 · 자율적 · 이성적 존재로서의 개인의 역할과 윤리를 강조하면서, 그러한 개인의 자기통제를 통해 미래사회의 발전적 목표를 실현해야 함을 강조하는 것(Porter, 2005; Rancière, 2005)이 그것이다. 이와 같은 다문화주의와 세계시민주의가 갖는 이념적 한계를 극복하고, 보다 올바른 방향에서 교육과정 이념으로서의 가능성을 모색하기 위해서는 다음과 같은 발전방안이 논의되어야 할 것이다.

우선 다문화주의의 대안적 발전방안으로, 우리나라가 바람직한 다문화주의 사회를 만들어 가기 위해서는 다문화주의의 역사적 배경을 올바로 이해하고 그것이 단순히 사회적 통합을 위한 통치이념으로 사회적 포섭과 배제의 근거로 활용되지 않도록 유념해야 한다(Fejes, 2006; Foucault, 2003). 따라서 다문화주의의 통치이념적 한계를 극복하기 위해서는 서구의 다문화사회의 출발점이었던 식민주의의 극복, 즉 후기식민주의적 비판의 관점이나 문화적 혼성성을 강조하는 포스트모던적 사고에 바탕을 둔 다원주의적 시각이 정착될 필요가 있는 것이다. 즉, 다문화교육을 다원주의의 관점에서 정립해 나감으로써, 학교교육의 방향과 목적 자체가 국가, 사회, 지식, 문화, 계층 등에 대한 지금까지와는 전혀 다른 관점을 바탕으로 전개될 수 있을 것이다. 이러한 다원주의적 다문화정책은 자연스럽게 지금까지의 동화주의적 다문화정책과 차별성을 띠게 되고, 이를 바탕으로 다원주의의 핵심원리들－다양성, 생태주의, 공동체적 사고, 배려와 책임감 등(Bennett, 2007)－을 중심으로 한 다문화교육의 실천방향이 분명해지게 된다.

따라서 지금까지의 다문화교육론과는 다른 대안적 학교교육과정의 개발의 원리로 다음과 같은 것들을 들 수 있을 것이다. 첫째, 서구적 민주주의 이념을 탈피한 토착적이고 맥락적인 민주주의의 실천(contextualism: Toulmin, 1990), 둘째, 이성 중심의 지식관과 실증주의 및 과학주의적 사고의 한계에서 벗어난 앎에 대한 해석학적 관점(hermeneutics: Ricoeur, 1981)의 허용, 셋째, 신자유주의적 개인주의에 바탕을 둔 교육정책들을 파기하고 공동체적 사고를 존중하는 학교교육의 방향 촉진, 넷째, 구조주의적 담론의 한계를 극복하여 사회적 구성주의(social constructivism: Berger & Luckman, 1991)를 통한 학문 이해, 다섯째, 다양한 소외집단에 대한 관심과 그들의 목소리에 귀를 기울이는 내러티브적 관점(narratives: Abbott, 2002)에서의 학생 이해 및 담론 분석(discourse analysis: Fairclough, 1995)을 통한 교육환경의 이해, 여섯째, 양적 접근에만 의존한 평가와 분석이 아니라, 다양한 질적 분석을 통해 현상을 이해하는 균형 잡힌 연구방법론의 도입, 마지막으로 일곱째, 다원주의 원리에 기반을 둔 학교교육에서 가장 중요한 비판적 사고를 바탕으로 한 문화적 탐문(cultural inquiry)의 기회를 제공할 수 있는 교육과정을 짜야 할 것이다. 이와 같은 대안적 방법을 통한 다문화교육의 적용이 곧 계몽주의적·엘리트주의적·실용주의적 세계관이라는 세계시민주의 개념이 갖는 이념적 한계를 극복하고, 앞서 언급한 지역자치적 교육의 핵심적 센터로써 지역적 특성 및 학교의 역할을 강화하여 미래사회에서의 올바른 학교의 역할을 정립할 수 있을 것이다. 한마디로, 세계시민주의 교육론의 궁극적인 지향점은 기술 중심의 경제 개발에 바탕을 둔 인류의 미래상 대신 자연과의 조화로운 공존을 지향하는 생태 중심적 미래나 개인주의와 보편주의를 바탕으로 신자유주의적 세계화의 이념적 토대가 되는 세계시민주의가 아니라 토착성(aboriginality)과 공동체성을 강조하는 지역 중심적 미래가 되어야 할 것이다(Bourn, 2009).

지금까지 본 장에서는 오늘날 급속히 전개되고 있는 신자유주의적 세계화 속에서 우리 사회에서 회자되는 다문화주의와 세계시민주의 교육 개념이 어느 정도 우리나라의 교육이념으로써 타당한가를 비판적인 재검토하였다. 우선, 세계시민주의가 과학 중심의 근대성, 이성 중심의 계몽주의, 신자유주의적 개인주의라는 이념적 한계에 갇혀 있다는 지적(박휴용, 2010)과 같은 맥락에서, 최근 급격히 다문화사회로 전환되는 상황 속에서 학교교육 이념의 또 다른 핵심으로 등장한 다문화주의도 세계시민주의와 유사한 이념적 한계를 지니고 있음을 밝혔다. 본고는 이러한 다문화주의가 교육이념으로의 타당성을 견지하기 위해서는 후기식민주의적 비판을 바탕으로 문화근본주의를 극복한 다원주의적 시각을 정립하고, 무엇보다도 이주민들에 대한 '한국문화 길들이기'나 시혜적 정책 차원에서의 다문화교육이 아닌 내국인 학생과 다문화가정의 학생에게 공통적으로 비판적 인식력을 키워 줄 수 있는 교육을 모색해야 함을 강조하였다. 더불어 본고는 세계시민주의 교육의 이념적 성격이 계몽주의적 근대성, 서구 중심의 엘리트주의적 세계관, 경제적 실용주의라는 틀에 갇혀 있다고 지적하고, 그 대안적 가치로서 생태주의적·공동체적·통속주의적 가치가 필요함을 지적하였다.

이상의 논의를 바탕으로, 미래의 교육과정에서는 다음과 같은 교육정책이 모색되어야 할 것이다. 즉, 정규 학교교육이나 학교 밖 교육에서 교육의 기회를 얻지 못한 소수민들에게 정규교육과 계속교육의 기회를 얻을 수 있도록 하고, 또한 다원주의 교육정책을 통해 소수민, 장애인 등 사회적 약자계층과 소외된 사람을 위한 적극적 교육정책(affirmative action policies)을 수립하며, 궁극적으로 학생들은 단순히 지식의 습득이 아니라, 능동적인 다양한 학습과정에의 참여를 통한 개별적인 의미의 획득과정이라는 것과, 자신들의 개인적·사회적·문화적 정체성에 대한 자각이 교육의 출발점이라는 사실을 깨닫도록 하고, 더 나아가 개별적인 지식의 습득이 아니라, 더 나아가 전체 문화가 기여하는 집단적인 지식의 구성을 정규 학교교육을 통해 경험할 수 있도록 해야 할 것이다.

결론적으로, 본고에서 시도했던 다문화주의에 대한 비판적 재인식을 통해서 우리가 나아가야 할 21세기의 교육은 다양한 개인들을 교육의 기회를 통해 포용하고 다원주의적인 사회시스템과 참여적 민주주의와 차이에 대한 관용을 지향하는 사회를 만들기 위해 노력해야 할 것이다. 그러한 사회에서는 인종적 우월성, 자기 문화 중심주의, 종교 근본주의, 그리고 개인적 우월감 등 사고들은 점차 사라지게 되고, 다양성, 다원주의, 공동체, 생태적 환경과 같은 가치들의 의미와 역할을 인식할 수 있을 것이다. 결과적으로 학교교육을 통해 지구적 관심과 지역적 관심을 동시에 이해하고, 자본주의적 사유화에 침식당하지 않은 공교육제도의 활성화를 통해 기회균등(equality)과 수월성(excellency) 사이에서 균형을 잡는 민주적 학교를 실현할 수 있을 것이다.

03

비판적 다문화교육과정

정부와 공공교육기관, 기타 사회단체에서 다문화가정 자녀들을 위한 교육적 방안들을 마련하고 있지만, 아직까지 다문화가정 학생들을 포함한 다문화교실(multicultural classroom)을 위한 수업지도에 실질적으로 도움이 될 만한 수업방법론에 대한 논의는 거의 없는 실정이다. 기존의 몇몇 연구들도, 다문화교실을 위한 교수학습의 지원방안(오은순 · 홍선주 · 김민정 외, 2007; 오은순 · 김민정 · 홍선주 외, 2008) 등과 같이 행정적 지원방안이나 개괄적인 프로그램을 위한 요구분석 차원에서 논의한 것이고, 교사 입장에서의 다문화교육 프로그램 구성이나 구체적인 교수방법론에 대한 논의(홍선주 · 김민정, 2011)는 아직 많지 않다.

흔히 거론되는 다문화교육의 목적으로는, 다른 문화를 통해 자신의 문화 이해 증진, 주류문화 외의 대안적 문화 습득을 통한 유연성과 경쟁력 제고, 다문화사회가 요구하는 자질 습득, 소수민족집단의 차별 감소, 전 지구적 사회에서의 생존능력 고양, 세계시민성의 습득(Banks, 2008, 2-8) 등이 있는데, 이를 다문화교육 실천을 위한 원리로 풀어 쓰면, 첫째, 자신의 문화와 타 문화를 바라보는 시각 및 이해의 증진, 둘째, 세계 속의 다양한 문화적·민족적·언어적 대안들(alternatives)에 대한 학습, 셋째, 국내외적으로 다문화사회에서 요구되는 지식과 가능, 태도의 습득, 그리고 넷째, 다문화가정 학생들이 겪을 수 있는 어려움과 차별의 감소를 위한 교육적 노력으로 정리해 볼 수 있다. 그렇다면 이와 같은 다문화교육을 실천하기 위한 방법론으로서 어떤 구체적인 노력들이 있어야 할 것인가를 거시적인 다문화교육 정책의 측면과 더불어 미시적인 교수학습 방법론 측면에서의 논의의 필요성이 대두되고 있는 것이다.

따라서 본 장에서는 다문화교실을 위한 교수방법론에 관해 다음과 같은 논의를 전개하고자 한다. 따라서 첫째, 다문화교실의 성격에 대한 논의, 둘째, 생태주의적(ecological) 공간으로서의 다문화교실 환경과 그에 적합한 교육방법론으로서의 참여모형의 제시, 그리고 셋째, 이러한 참여모형을 바탕으로 한 구체적인 교수방법론을 세 가지 소개하고자 한다. 본 장에서 소개되는 세 가지 교수방법론－즉, 차별화 교수법, 문화감응 교수법, 그리고 상호작용적 피드백－은 다문화교실을 지도하는 교사가 일반가정 학생들과 다문화가정 학생들의 다양한 배경과, 관심과 수준을 모두 고려하여 보다 협동적이고 통합적인 수업을 이끌어 나가는 데 필요한 실질적인 수업방법론 혹은 그 원리로 활용해 나갈 수 있을 것이다.

1. 다문화교실의 성격

본고는 다문화교실의 성격을 다음과 같이 다양한 문화적 배경을 가진 학생들의 존재, 문화집단 간의 학습기회의 형평성 문제, 그리고 다문화교실에 대한 교사의 인식 및 태도의 측면에서 논의하고자 한다.

1) 다문화교실의 다양성에 대한 고려

국제사회가 개방화 및 세계화의 물결에 휩쓸리게 되고, 국가 간의 사회적 · 문화적 · 경제적 · 산업적 경계가 희미해지면서 나타난 다문화사회는 학교교육의 성격도 근본적으로 변해야 함을 요구한다. Pallas, Natriello, & McDill(1989)은 1984년경에 1/4에 불과했던 미국 내 소수민 학생의 비중이 2020년경에는 절반에 이르게 될 것인데, 문제는 그 대부분의 학생들이 사회경제적인 약자일 것이라고 예측한 바 있고, 실제로 1994년에는 규모 면에서 미국 내 상위 25개 학군(districts)에서 소수민 학생들이 차지하는 비율이 72%에 달하였다고 보고된 바 있다(National Center for Education Statistics, 1997). 이러한 다문화학생의 증가추세는 우리나라의 경우도 비슷한 상황이고, 따라서 다문화학생들의 학교 적응과 학업성취 향상을 위해선, 그들의 가정과 지역사회의 문화적 · 언어적 · 인종적 및 사회적 환경을 고려하는 교육방법론적 논의의 필요성이 점증되고 있는 것이다.

Bennett(2009)은 모든 학생들이 자신의 배경에 상관없이 잠재적 능력을 실현할 수 있도록 학생 개개인의 차이와 다양성이 고려되고 배려되는 교실환경의 중요성을 강조한 바 있다. 하지만 많은 학자들은 다문화 학생들의 문화적 배경에 대한 고려가 배려나 시혜적 차원이 아니라, 학교교육의 다양성, 역동성, 변혁성을 담보하기 위한 자원(resource)의 차원에서 이해되어야 한다는 데 동의하고 있다(조영달 · 박윤경 · 전제철, 2009; 추병완, 2010). 다문화교실의 다양성은 학생들이 간문화적 역량을 계발하고, 편견 없는 사고 및 배려심을 가르칠 수 있으며, 이를 토대로 협력과 공존을 바탕으로 한 사회를 위한 시민정신 등을 기르는 데 필수적인 요소인 것이다(Banks, 2008; 추병완, 2010). 결국 김순희(2008)가 강조한 바와 같이, 다문화교육이 지향하는 다양성을 존중하는 학교교육과 사회는 인권과 자유, 민주주의 등과 같은 보편적인 문화원리와 부합되고, 더 나아가 궁극적인 사회 통합과 발전에 필수적인 전제조건이 되는 것이다.

2) 학습기회의 형평성 문제

흑인계, 멕시코계, 원주민 인디안계와 같은 소수민 학생들이 학교교육에 잘 적응하지 못하고 있는 주요 원인 중의 하나는 그들의 학업성취 미진의 문제가 가정과 학교의 문화적 격차와 깊이 관련되어 있기 때문이다(Gay, 2002; Pewewardy & Hammer, 2003). 즉, 다음의 지적과 같이, 소수민 학생들이 학교에서 충분한 학습기회를 얻지 못하는 학습기회의 형평성(equity of opportunity to learn) 문제에 직면해 왔던 것이다.

> "학교는 너무나도 빈번히 소수민 학생들의 지식이나 경험을 인정하지 않고 있다. 그 대신, 학교는 그러한 학생들의 언어나 문화를 학교학습을 준비하는 데 방해가 되는 요인이라는 식으로 낙인찍어 왔다(Jones & Fennimore, 1990, 16)."

소수민 학생들의 학습기회의 형평성을 제고하는 데 있어서는 개별 교실을 담당하는 교사 하나하나의 노력이 필요하지만, 보다 근본적인 문제 해결을 위해서는 학교 차원의 다문화교육에 대한 포괄적인 이해가 우선되어야 할 것이다. 그러한 의미에서 Banks(1993: 6)는 다문화교육을 "다양한 문화적 · 인종적 · 경제적 배경을 가진 학생들의 교육적 형평성을 제고하기 위한 총체적 학교 개혁을 위한 노력이다"라고 정의하였던 것이다. 다문화교실의 학습기회의 형평성을 논의하기 위해서는 지금까지의 학교교육의 관행을 극복하기 위한 두 가지 전제가 필요하다.

첫째는 다문화가정 학생들의 다양한 사회문화적 배경을 이해하고 그것이 한국의 학교교육에 적응하는 데 어떤 영향을 미칠 것인지를 파악해야 한다. 예를 들어, 미국의 1990년 통계에 따르면 인도나 대만 이민자의 60%가 대졸자인 반면, 캄보디아, 라오스, 엘살바도르, 멕시코 등지의 이민자는 대졸자가 5% 미만인 것으로 보고되었다(Zhou, 1997). 이처럼 다문화가정 자녀들의 교육적 성취는 그들이 가진 사회문화적 자원의 역동성에 의해 크게 차이가 나기 때문에 그러한 배경에 대한 이해 없이 획일적 교육성과를 기대하는 것은 다문화교육의 근본취지에 부합하지 않을 것이다. 또 하나는 지금까지의 교수학습이론, 교육방법, 스타일 등이 지극히 편협하게 전형적 혹은 모범적 학생들을 모델로 설정하여 계획되었던 관행에서 탈피하여, 서로 다른 잠재력, 관심, 성취도 수준을 가진 다문화학생들을 고려한 다양한 성취기준의 제시가 필요하다는 사실이다. 본고는 첫 번째 관행을 '획일성의 오류', 두 번째 관행을 '표준화의 오류'라고 부르고자 한다.

이러한 전형적인 교수모형이 학교교육을 지배할 수 있었던 근본적인 원인은 획일화된 대량생산을 위주로 한 공장 생산모형을 바탕으로 경쟁을 강조하면서 다양성과 창의성, 그리고 공존과 상생의 가치는 등한시되었던 근대적 학교교육의 모습이 지금까지 남아 있기 때문인 것이다. 한마디로, 다문화교실을 성공적으로 이끌어 가기 위해서는 위의 두 가지 오류를 극복하려는 노력이 밑받침되어야 한다는 것이다.

Shaw(1993)는 다문화사회의 학교교육의 비전은 '학습기회의 형평성'을 제고하는 데 있고, 그것은 혼합집단 구성(heterogeneous grouping), 광범위한 학습스타일을 포용할 수 있는 고도의 상호작용 교수법(highly interactive instruction) 활용, 그리고 포섭적 교육과정(inclusive curricula)의 도입, 세 가지 방법론을 통해서 실현할 수 있다고 주장한다. Shaw의 주장을 바탕으로 다문화교실의 교수학습 방법론을 고안해 본다면, 한마디로 다문화학생과 주류집단 학생이 한데 어우러져 구성된 교실 속에서 서로 다른 배경을 가진 학생들의 다양한 학습스타일을 포용하면서, 고도로 세분화되고 체계화된 상호작용 기재를 활용하는 방안을 고민해야 한다는 것이다.

3) 다문화교실에 대한 교사의 태도

다인종·다문화·다언어 사회인 미국의 공립학교에서는 대부분의 교사들이 저소득층 소수민 학생들에 대한 낮은 기대수준을 가지고 있다고 보고된 바 있다(Stoddart, 1990). 하지만 그러한 소수민 학생들의 낮은 수업 참여와 수업성취도는 소수민 학생들의 사회문화적 배경 자체의 영향이라기보다는 교사의 언어적 반응양식과 개별적 주의집중의 차이에 의한 것이라는 실증적인 연구도 있다(van der Leij, 1993). 그러한 맥락에서

Grant(1990)는 교사가 다문화적 마인드와 긍정적인 기대수준을 갖는 것이 소수민 학생들이 그들에게 불리한 수업환경을 극복하고 도전의식을 가질 수 있도록 돕는 첫걸음이라고 강조하였다. 하지만 오늘날 급격한 다문화교실의 확산 속에서, 우리 교육의 현실은 교사들이 다문화교실에 대처하는 데 필요한 소양을 갖출 체계적인 교육의 기회를 아직 제공하지 못하고 있다(박윤경 외, 2008). 따라서 이러한 문제를 해결하기 위해서는 교사교육과정에 다문화교육의 중요성에 대한 이해가 반드시 포함되어야 하는 것이다.

Chisholm(1994)는 다문화를 지도하기 위한 교사교육과정의 내용으로는 인문학에 대한 지식과, 다문화교육에 대한 개괄적 이해, 교사교육과정 전반에 다문화주의 뿌리내리기, 다문화환경에 대한 현장경험, 그리고 예비교사의 문화적 능력에 대한 평가가 포함되어야 한다고 주장한 바 있다. 이러한 교직 훈련을 바탕으로 교사들은 문화적 민감성, 언어적 다양성, 그리고 다양한 문화적 배경을 지닌 학생들을 지도하기 위한 교수전략을 갖추어야 하는 것이다(Parla, 1994). 실제로 교사들의 다문화교실 환경에 대한 긍정적이고 적극적인 태도는 다문화학생들의 학업성취에 유의미한 영향을 미치는 것으로 밝혀진 바 있다(박윤경, 성경희, 조영달, 2008). 하지만 다문화교육의 궁극적인 목적은 다문화학생들의 학업성취 증진이 아니라, 다문화교실이라는 환경을 교육적 자산으로 삼아 바람직한 인성교육, 사회성교육, 올바른 세계관 교육을 위한 기회로 삼을 필요가 있는 것이다.

교사들이 다양성을 촉진하는 수업을 준비하기 위한 여러 가지 핵심요소들이 많이 제시된 바 있다(Banks & Banks, 1993; Bennett, 1995; Nieto, 1996; Tim, 1996). 이러한 다양성을 촉진하는 수업의 핵심은 결국 교사가 학생들 사이에서 문화적 매개자이자 조정자의 역할을 수행하는 것이다.

다문화교육 실천의 핵심 주체가 바로 교사라는 사실과, 학생들의 학업 성취 및 학교생활 전반에 미치는 교사의 영향력을 감안할 때, 성공적인 다문화교실의 운영을 위해선 교사의 태도 변화가 우선되어야 하는 것이다. 다양성을 배려하는 학교교육의 근본적인 변화와 교사의 전향적 태도 없이는 다문화교육의 실천이 효과를 보기 어려운 것이다(Ladson-Billings, 1995).

2. 교육과정 목표의 대안

1) 생태주의 교육과정(ecological curriculum)

IMF 이후 최근 10년간 한국사회는 매우 큰 변화를 맞이하고 있다. 그 변화는 신자유주의적 세계화라는 국제정세의 흐름과 그로 인해 촉발된 IMF 사태라는 불가항력적인 힘에 의해 이루어졌지만, 어쨌든 오늘날의 현실은 과거처럼 국가적·민족적 테두리 안에서만 안주할 수 없는 다양성으로의 변화가 절실히 요구되고 있다. 이러한 다양성을 기반으로 한 사회에서 필요한 교육과정 모델 중의 하나가 바로 생태주의 교육과정이라고 볼 수 있다.

생태주의 교육과정(ecological curriculum)이란 인류와 자연, 개인과 사회의 유기체적 연계성을 촉진할 수 있는 방향으로 교육의 목적, 방향, 내용 및 방법 등을 모색하는 교육과정이므로, 아동들에게 의미 있는 학습을 강조하고, 경쟁보다는 협동, 수월성과 평등성의 조화, 그리고 삶과 배움의 환경에 대해 관심을 갖는 교육과정을 일컫는다. 예컨대, Morris(2002)

는 생태주의적 자각(ecological consciousness)이라는 개념을 통해서 생태주의 의식이 교육과정에 어떻게 반영될 수 있는가를 제시한다. 여기서 그는 의식에 있어서의 현상학적(phenomenological) 및 기능적 모형이 생태주의 의식을 통해서 교육과정 개발에 기여할 수 있는 가능성을 제시하고 있다. 생태주의 의식은 인간을 상호 의존적인 생태적 존재로서 자각하게 하고, 궁극적으로 수많은 상이한 목소리들과 삶들이 어우러져 살아가는 세상을 지향할 수 있도록 일깨워 주는 것이다. 결국 건강한 학습환경은 생태주의에 기반을 둔 교육과정을 통해 상호의존적이고 순환적이며 위계적이지 않은 관계망을 구축함으로써 완성된다. 따라서 기존의 교육과정과는 전혀 다른 패러다임의 교육과정이 필요한데, Pinar(2004)는 이를 생태정의적 · 진보주의적(ecojustice progressive) 교육과정으로 명명하고 있다. 이러한 생태정의적 교육과정은 본질적으로 학교와 사회의 연계, 개인과 사회의 연계, 앎과 삶의 연계성을 촉진하는 교육과정이라고 이해할 수 있다.

생태주의 교육과정은 본질적으로 세계시민주의의 이념적 기반인 모더니즘, 이성주의, 개인주의와는 전혀 다른 패러다임 속에서 현대사회와 학교교육에 과잉된 과학주의적 · 물질주의적 · 경쟁주의적 환경이 갖고 있는 문제점을 생태주의의 원리를 통해서 풀어 나가려는 것이다. 예컨대, 생태주의는 근대적 이성주의의 선봉이었던 뉴턴식 사고에 의한 위계성, 엄밀성, 표준화, 그리고 통일성이 강조된 교육과정이 아닌 차별성, 다양성, 평등성, 그리고 적응가능성이 강조된 교육과정을 지향해야 할 것이다(Toulmin, 1990, 194). 따라서 Bohla(2004, 197)가 제안한 생태주의 교육과정의 주안점들 중에서 다음과 같은 것들에 주목할 필요가 있을 것이다. 즉, (1) 전 지구적(global) 필요성뿐 아니라 지역적(local) 필요성을 직시하고, (2) 공교육제도는 사교육시장에 휘둘리지 말고 민주성과 기회균등이라는 공적인 역할에 충실해야 하며, (3) 장애인, 소수민족, 빈곤층 등 소외된 사람들을 위한 교육정책의 수립이 필요하며, (4) 학교교육의 목표가 자본주의적·경제주의적 논리에 의한 산업인력 생산을 위한 것만이 아니라 문화와 전통의 계승과 발전을 도모하는 균형 잡힌 교육과정이 되도록 해야 하고, 마지막으로 (5) 교육과정은 의식화로서의 학습(learning as conscientization)과 학생들의 회고적 사고력을 극대화시키는 방향으로 나아가야 한다는 것이다.

생태주의적 접근(Bronfenbrenner, 1979)을 교육학에 적용하기 위한 시도는 이미 1970년대에서부터 시작되어 왔으나, 이러한 생태주의적 접근은 단순히 하나의 은유로서 인식되었을 뿐이었고, 구체적으로 개념화하거나 생태주의적 모형을 교육현장에 직접 적용하는 시도는 그리 많지 않았다(Weaver－Hightower, 2008). 즉, 생태주의적인 교실환경은 어떠한 특징을 띠고, 생태주의적인 교육과정이란 무엇이며, 생태주의적 교사를 어떻게 양성해야 할 것인가에 대해서는 구체적인 논의가 많지 않았던 것이다. 따라서 앞으로의 생태주의적 교육과정의 논의들은 첫째, 학교(교육)시스템이 과연 생태주의적 시스템(ecosystem)으로 이해될 수 있는가 하는 문제(validity), 둘째, 생태주의적 접근이 교육현실의 당면문제를 해결하는 데 어떤 도움을 줄 수 있는가에 대한 문제(usefulness), 그리고 셋째, 어떠한 생태주의적 모델 혹은 원리를 통해서 구체적인 교육문제에 대한 해결책을 도출해낼 수 있는가에 대한 문제(application) 등을 포함해야 할 것이다.

2) 다문화교실의 환경: 생태적 교실

(1) 이론적 근거

생태주의자(ecologists)들은 유기체가 환경과의 상호작용을 통해 다양하게 진화해 나가면서 생물학적인 다양성과 생존력을 유지하듯이, 인간은 생태적 환경 속에서 서로 공존하며 문화를 형성해 나가고, 그러한 문화적 다양성 속에서 인류의 발전과 번영이 이루어질 수 있다고 주장하였다. Garner & Borg(2005)는 이러한 생태적 환경의 특징으로 전일성(holistic), 역동성(dynamic)과 상호작용(interactive), 그리고 상황성(situated)을 든다. 여기서 전일성이란, 부분(개별 학생)과 전체(공동체 집단)의 관계에 있어서, 개별 학생이 전체 집단의 단순한 일부분이라거나, 개별 학생의 단순한 총합으로서의 전체 집단을 바라보는 기계론적 사고를 넘어서서 유기체적인 상호작용과 공동체적 공생을 강조하는 것이다(Garner & Borg, 2005: 121; Hayward, 1995). 또한 학습이란 학습에 참여하는 학생들 간의 협동적 의미의 교섭과정(Garner, 1995)이고, 이해(understanding)란 상대방의 반응을 통해서만 완성되는 것(Bakhtin, 1981: 282)이므로, 개별 학생들 간의, 그리로 개인과 전체의 역동적 상호작용을 바탕으로 한 학습활동이 주로 이루어져야 한다. 마지막으로, 학생들이 무엇인가를 배운다는 것은 이해의 대상이 전체의 의미맥락 차원에서 어떤 위치에 놓여 있는가를 파악하는 것이고(Malinowski, 1930: 336), 학교교육은 '대상으로서의 지식'만을 다룰 것이 아니라 지식의 구성자로서의 인간에 대한 실존주의적·현상학적 이해를 바탕으로 해야 함을 강조하는 것이다.

이와 같은 생태주의적 교육환경은 다문화사회의 학교교육 혹은 다문화교육을 위한 교실환경을 모색함에 있어서 매우 큰 시사점을 준다고 볼 수 있다. 왜냐하면, 다문화교육에서 지향해야 할 가장 중요한 교육적 목표 중의 하나가 바로 문화적 민감성(cultural sensitivity)을 기르는 것이기 때문이다(Parla, 1994). 또한 문화적 민감성을 기르는 과정에서 학생들이 거쳐야 하는 단계가 바로 자신의 문화적 정체성(cultural identity)에 대한 인식이고, 자신의 문화적 정체성을 올바로 이해하기 위해서는 문화적 상성에 대한 이해를 바탕으로 한 상대방의 문화적 정체성에 대한 이해이다(Bahbah, 1994). 이러한 문화적 이해를 높여 가는 배움의 과정이자 방법이 바로 다문화교실에서의 문화적 역동성이다. 이상에서 설명한 생태주의적 교육환경의 주요 특징들과 문화정체성의 형성 기재(mechanism)를 간단하게 도식으로 나타내면 다음 [그림 2]와 같다.

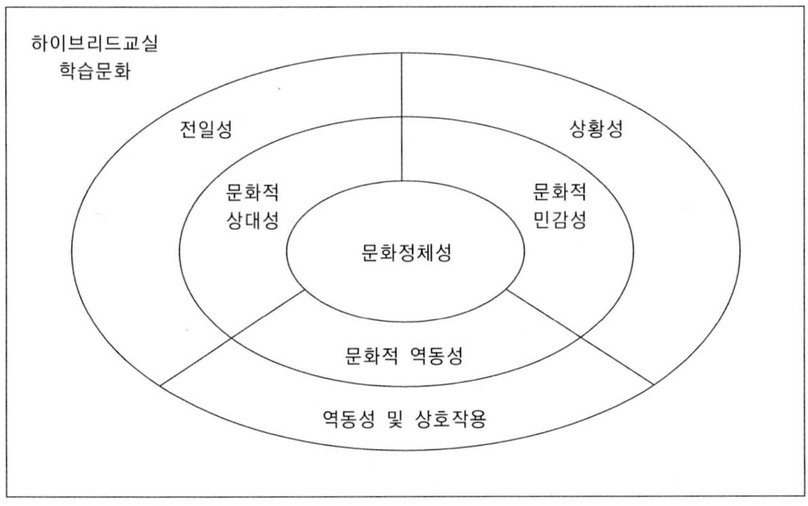

[그림 2] 생태언어론의 특징들과 문화정체성의 관계

이 도식은 다문화교실의 학습문화가 어떤 것이 되어야 하는지를 보여준다. 즉, 다문화교실은 학생들의 문화정체성을 고양시키고, 문화적 민

감성, 상대성, 역동성에 대한 이해를 바탕으로, 전일성, 상황성, 역동성 및 상호작용을 강조하는 교실분위기를 조성해 나가야 한다는 것이다. 요컨대, 생태적 환경의 교실은 주류집단과 소수민 집단으로 구성된 다문화교실에서 소수문화/언어 학생들의 정체성, 인권, 학습권을 존중하고, 더 나아가 그러한 언어적・문화적 다양성을 자원 및 자산으로 삼아 주류집단의 문화적・공동체적 이해에도 기여하고자 하는 것이다.

(2) 생태주의 교육방법: 참여모형(participation model)

다양한 사회적・언어적・문화적 집단이 공존하는 교실에서 그 집단들 간의 평등한 관계성의 유지와 역동적 상호작용을 지지하는 생태주의 교실환경은 학습에 대한 사회문화이론적 접근법을 지지한다. 교육에 대한 사회문화론적 관점은 학습이 개인적 과업이라기보다는 사회적・집단적 과업이므로, 항상 사회문화적 상호작용을 기반으로 한다는 것과 그 사회적・문화적 맥락이 중요시되므로, 사회문화적 환경(environment), 상황(context), 배경(background) 등 요인들에 더욱 주목한다. Sfard(1998)는 지금까지의 전통적인 학습은 '습득비유(acquisition metaphor)'에 기반을 두었지만, 앞으로는 '참여비유(participation metaphor)'를 바탕으로 한 학습을 강조하면서, '참여를 통해 공동체의 구성원이 되어 가는 과정'이 학습이라고 주장하였다. 또한, Pavlenko & Lantolf(2000)는 습득비유가 개인의 인지적 측면, 그리고 지식의 내면화에 초점을 맞추어 언어학습에 있어서 '내용(what)'에 초점을 두었다면, 참여비유는 맥락성(contextualization)과 다른 사람들과의 관계 맺음(engagement)을 바탕으로 하여 학습에 있어서 '방법(how)'에 중점을 두는 것으로 설명하였다.

참여모형(participation model)은 지식이란 소유의 대상이 아니라 공유 및 사용의 대상으로 보고, 지식의 권력화를 지향하는 교육이 아니라 지식의 효용적 가치, 공유된 지식이 창조해 내는 사회적 의미를 강조한다. 본고는 이러한 참여모형에서 바탕으로 한 수업의 핵심개념으로 매개(mediation), 협력(collaboration), 참여(participation), 그리고 배태(embedded) 네 가지를 들고자 한다. 매개(mediation)는, Vygotsky(1978)에 따르면, 도구(tools)나 기호(signs)를 통해서 매개된 사회적으로 의미 있는 활동을 통해서 개인들 간의 관계를 형성하고 보다 고차원적인 정신적 활동을 촉진시키는 방법이라고 이해할 수 있다. 학습의 주체는 이러한 매개된 활동들을 통해서 사물로부터 동기 유발의 원동력을 얻기도 하며(Cole & Engestrom, 1993), 공동체와 그 문화가 함유하고 있는 다양한 활동과 자원들이 이러한 매개된 상호작용을 통해서 언어학습자의 학습에 영향을 미치게 되는 것이다(Hawkins, 2004). 한편, 매개가 사람(subject)과 사물(object)의 관계성에 관한 것이라면 협력(collaboration)은 사람들(subjects) 간의 관계성에 대한 것이다. Vygotsky(1989)는 동료들 간의 협력을 통해 서로 미치지 못하는 부분을 보완해 주는 중요한 역할을 함으로써 문제해결(problem solving)과 지식 형성(knowledge building)의 효과를 거둘 수 있다고 주장한 바 있다. 또한 Ohta(2001)는 이러한 동료 간 협력(peer collaboration)이 상호 이해를 증진하고 서로에게 적절한 도움을 제공함으로써 의사소통의 순간순간 꼭 필요한 맞춤형의 상호작용을 가능케 하는 원동력이라고 주장했던 것이다. 그리고 참여(participation)의 의미에 대해 Donato(2000)는, 학습이란 사회문화적 관점에서 보아 사회적으로 매개된 활동에 참여함으로써 자연스럽게 일어나는 의미 생성의 과정이라고 보았다. 즉, 사회적 활동에 참여하는 것 자체가 자연스러운 학습의 과정이라는 것이다. 마지막으로, 배태(embedded)는 맥락(context)과 상황(situatedness) 속에 활동의 내용과 의미가 포함되어 있어야 한다는 뜻으로, Van Lier(1996)

는 교실에서의 학습의 특징을 배태성(embedded), 상호작용(interacting), 그리고 의미 형성(creating meaning)으로 보기도 하였다. 이러한 참여모형을 바탕으로 한 학습의 핵심원리들−매개, 협력, 배태, 그리고 참여−은 다문화교실의 학습환경을 구성하는 데 중요한 실천적 원리가 될 수 있을 것이다. 지금까지 논의한 생태주의 교육의 특징들(전일성, 역동성, 상호작용, 그리고 상황성)과 참여모형의 핵심원리들(매개, 협력, 배태, 그리고 참여) 간의 관계성을 도식으로 나타내면 다음 [표 6]과 같다.

[표 6] 생태주의 교육의 특징들(D, I, S & H)과
참여모형의 핵심원리들(C, E, M & P)의 관계

<table>
<tr><td></td><td></td><td colspan="2">상호작용(I: Interaction)</td><td></td><td></td></tr>
<tr><td></td><td></td><td>사물−사람
(Object−Subject)</td><td>사람−사람
(Subject−Subject)</td><td></td><td></td></tr>
<tr><td rowspan="2">역동성(D: Dynamism)</td><td>생동감
(Vividness)</td><td>매 개
(M: Mediation)</td><td>협 력
(C: Collaboration)</td><td>관계성
(Relationship)</td><td rowspan="2">전일성(H: Holism)</td></tr>
<tr><td>현실성
(Reality)</td><td>배 태
(E: Embedded)</td><td>참 여
(P: Participation)</td><td>충족성
(Completeness)</td></tr>
<tr><td></td><td></td><td>통시태
(Diachrony)</td><td>공시태
(Synchrony)</td><td></td><td></td></tr>
<tr><td></td><td></td><td colspan="2">상황성(S: Situatedness)</td><td></td><td></td></tr>
</table>

위의 도식에 대한 간략한 설명은 다음과 같다. 우선 상호작용을 사물−사람의 상호작용과 사람−사람의 상호작용으로 나눈다면, 사물−사람의 상호작용은 매개(M)나 배태(E)에 해당되고, 사람−사람의 상호작용은 협력(C)이나 참여(P)에 해당된다. 매개와 협력은 모두 '관계성'에 관련된 것이고, 배태와 참여는 관계의 질을 결정하는 요인으로서 관계를 충족

시키고, 이러한 '관계성'과 '충족성'의 완성은 전일성(H)을 도모함으로써 이루어진다. 즉, 협력(C)을 통해서 관계성이 성립되고, 그것은 참여(C)를 통해 관계가 충족되면서, 그러한 만남은 부분의 합 이상의 전일성(H)이라는 완성을 지향할 수 있다. 또한, 참여(P)는 '여기, 지금'에 초점을 맞춤으로써 '공시태'의 상황성이고, 배태(E)는 '언제, 어디서나'를 충족시키는 '통시태'의 상황성으로 볼 수 있다. 마지막으로, 역동성의 특징을 생동감('얼마나 생생한가')과 현실성('얼마나 실질적인가')에 둔다면, 협력(C)이나 매개(M)는 '생동감'이 있어야 하며, 배태(E)는 사물이나 상황에 필요성이나 적절성이 포함되어 있어야 한다는 의미에서 '현실성'과 관련된다.

이와 같이, 생태주의 교육의 특징들(D, I, S & H)과 참여모형의 핵심원리들(C, E, M & P) 사이의 관계성으로 인하여 학습에 있어서 새로운 방법론적 원리가 생겨나는데, 그 원리들은 다음과 같다.

① 상호작용(I)의 측면에서, 학습자-학습자(S-S)의 관계성에 초점을 맞출 것인가, 아니면 학습자-사물(교구, 교재)(S-O)에 초점을 맞출 것인가의 문제

② 전일성(H)의 도모에 있어서, 협력(C)을 통한 관계성의 형성과 참여(P)를 통한 관계성의 완성을 어떻게 효과적으로 운용할 것인가의 문제

③ 상황성(S)을 고려한 교수학습을 위해, 공시적 측면에서의 활동-즉, 현 상황에 꼭 필요한 것-과 통시적 측면에서의 활동-즉, 언제든지 필요한 필수적인 것- 간의 균형을 이루는 문제

④ 역동성(D)을 살리는 의미에서, 교구와 학습자 간의 매개나 학습자들 사이의 협력은 '생동감' 있게 진행되어야 하고, 참여나 배태는

'현실성'을 갖추어 교수학습을 준비하는 문제

이상의 문제들에 대한 분석을 통해, 참여모형에 기반을 둔 교수학습의 방법론적 원리들을 도출해 낼 수 있을 것이다. 본고에서는 생태주의적 교실이라는 환경을 바탕으로 다문화집단을 지도하기 위한 교수학습의 방법론의 차원에서 세 가지 방법론적 접근이 가능할 텐데, 그것은 첫째, 개별화 교수법, 둘째, 상호작용적 피드백법을 통한 교사와 학생 간의 상호작용 방법론의 개선, 그리고 셋째, 학생들의 다양한 문화적 배경을 교수자원으로 활용하는 문화감응 교수법이 그것이다.

3. 다문화교육과정

다문화교실의 학생들을 어떻게 지도하고, 이를 위한 교육과정을 어떻게 설계할 것인가의 문제는 세 가지 차원에서 논의될 수 있다. 인적 포섭(즉, 어떻게 다문화학생들을 주류학생들 속으로 자연스럽게 포용할 것인가?), 내용적 포섭(즉, 어떻게 다양한 문화적 내용 및 양상들을 교육내용에 포함시킬 것인가?), 그리고 교육과정적 포섭[즉, 어떻게 하면 다문화교육과정(시간, 내용조직, 환경, 행정적 요인 등의 제반 교육적 요소)을 기존의 교육과정의 틀 안팎에 자연스럽게 접목시킬 것인가?]이 바로 그것이다.

1) 다문화교육의 내용 영역

교육과정 이론가들 사이에선 학교교육에서 다루어져야 할 교육내용이 무엇이 되어야 하는가에 대한 오랜 논쟁이 이어져 왔다(Wexler, 1989: 93). 요컨대 교육과정 내용에 관한 초기 논의의 핵심 사안은 획일화된 학습기회나 학생들 간 학업성취 차이의 문제 등이었고, 교육과정 내용 그 자체에 관해서는 거의 관심을 기울이지 못했다. 더구나 우리나라처럼 단일민족 문화라는 사회적 인식이 강한 사회에서는 교육내용을 바라보는 다양한 시각이 반영되지 못한 채 획일화된 내용이 학교교육에 채택되기 마련이었다. 하지만 다문화학교처럼 다양한 배경과 문화를 가진 학생들로 구성된 학교에서 다루어지는 지식이나 교육내용의 무엇이어야 하는가는 교육적 논의의 기본이 되어야 할 것이다.

단일문화사회에서 학교교육이 교육과정 내용을 통해 사회적·문화적·경제적 재생산 역할을 하고 있다는 비판주의자들의 주장(Bowles & Gintis, 1976; Giroux, 2001)과 유사한 맥락에서, 다문화사회에서도 학교교육은 주류집단과 비주류집단 사이의 문화적 차이를 바탕으로 사회문화적·정치경제적 불평등 관계를 재생산하는 기능을 한다고 지적된다(Nieto, 1992). 그런데 그러한 학교의 사회적 재생산 기능에서 가장 큰 역할을 담당하고 있는 부분이 바로 교육내용과 관련된 부분이다(Bourdieu & Passeron, 1977; Whitty, 1985). 즉, 학교에서 다루어지는 교육내용이 다문화교육이 궁극적으로 지향하는 사회에 적합하지 않은 잘못된 편견, 신념, 전형적 모습(stereotypes), 불평등성에 기반을 두고 있다는 것이다(Banks, 1995). 예를 들어, Banks(1996)는 다문화학교에서 흔히 그 교육내용을 구성할 때, 기여적 접근법(contribution approach: 다문화 배경을 가진 위인들이나 그 축제일 등을 소개하는 식의 수업)이나 부가적 접근법(additive approach:

기존의 교육내용에 다문화과 관련된 내용을 추가하는 식의 교육과정 내용조직)을 활용하여 기존의 교육과정 구조적 틀의 변화 없이 내용보충 위주로 교육과정이 짜여 있다고 지적한다. 따라서 진정한 다문화교육을 위해서는 기존의 교육과정의 구성의 측면에서 지식의 형성이나 변혁을 목표로 하여 내용조직의 틀을 완전히 바꿔야 한다고 주장한다.

단일문화를 기반으로 한 교육과 다문화를 기반으로 한 교육과정은 교육내용을 바라보는 관점에서 근본적으로 다를 수밖에 없다. 한마디로 단일문화교육은 자문화 중심주의적 시각에서 지식, 역사, 사회, 경제, 기술, 가치관 등을 논의하고 이를 교과지식으로 체계화시킬 수 있겠지만, 다문화교육에서는 이를 바라보는 보다 상대적이고 다차원적인 시각이 필요하다. 본고는 다문화교육의 내용 영역이 범위(scope), 관점(perspectives), 층위(levels)의 차원에서 훨씬 더 광범위하고 포괄적이 될 필요가 있다고 본다. 이를 도식화하여 간단히 보여주면 다음 [그림 3]과 같다.

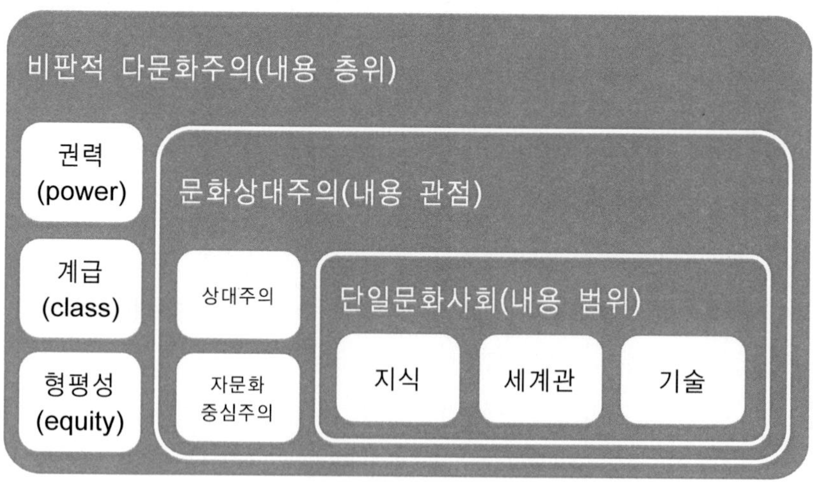

[그림 3] 비판적 다문화주의의 논의 수준(박휴용, 2012b)

위 그림이 보여주듯이, 다문화교육은 단일문화교육에서 다루는 내용의 범위 차원에서의 선택뿐만 아니라, 내용의 관점에서 자문화중심주의를 극복한 문화상대주의적 시각의 도입이 필요하다. 하지만 이보다 더욱 중요한 것은, 본고에서 주장하는 바와 같이, 비판적 다문화주의적 시각을 바탕으로 학교교육이 다루는 지식의 문제에 영향을 미치는 권력과 계급의 문제를 다룰 수 있어야 한다는 것이다. 즉, 권력과 계급, 그리고 그로 인한 형평성의 문제는 학교교육에서 반드시 다루어져야 할 문제이고, 특히 다문화교육에서는 더욱 절실히 그 논의가 필요하다는 것이다

2) 다문화교육의 내용으로서 문화

Giroux(1989, 1992)는 문화의 개념이 계층, 계급, 인종, 성별, 연령에 따른 사회적 관계 형성의 문제와 복잡하게 얽혀 있다고 주장한 바 있다. 즉, 문화는 단순히 다양한 삶의 양식이 아니라, 서로 다른 집단들 간의 지배와 종속이라는 힘의 불균형 관계가 재생산되는 형태와 관련되어 이해되고 논의된다고 본 것이다. 그 가장 오래되고 대표적인 예가 바로 성별(gender)과 관련된 문화적 양상이다. 즉, 왜 어떤 사회에서 여성은 남성에 비해 열등한 사회적 지위 속에 머물러 있어야 하고, 그러한 차별적 지위가 해당 사회의 여성들의 옷차림, 음식, 말투, 사회 참여, 경제적 보상 등에서 고스란히 드러나고 있는가를 이해하기 위해서는 성차에 따른 표면적인 문화양상만을 살펴볼 것이 아니라, 그 사회의 성차별의 과거와 현재라고 하는 이면을 들여다보아야 하는 것이다. 이처럼 Giroux는 문화를 이해한다는 것은 그 겉으로 드러난 정적인 모습에만 관심을 둘 것이 아니라, 다양한 삶의 양상들이 사회 속에서 치열하게 갈등하고 투

쟁하는 내부적인 경험과 그 의미에 관심을 기울여야 한다고 강조한다.

교육내용으로서 문화를 바라보는 시각의 예로, 본질주의 교육철학자인 Hirsch(1987)는 문화적 문식성(cultural literacy)을 강조하면서 전통문화 및 문화적 유산과 공유적 지식정보(commonly shared information)를 학교교육의 주된 내용으로 다루어야 한다고 주장한 바 있다. 이처럼 절대불변의 인류보편적 가치나 고전의 학습을 강조했던 항존주의자나 Hirsch와 같이 인류문명의 공통적이고 본질적 지식 등을 중요시했던 본질주의자들은 문화를 지극히 정적이고 객관적인 학습의 대상으로 보았던 것이다. 이러한 항존주의 혹은 본질주의가 문화교육을 바라보는 관점은 계몽, 이성, 합리성 등과 같은 용어를 바탕으로, 이성과 과학주의에 기반을 둔 합리적인 사고, 객관주의에 맥락을 둔 문화적 상대성의 강조, 차이에 대한 이성적 판단과 존중 등 그 담론의 저변에 깔고 있는데, 이러한 사고가 바로 이성적·과학주의적 그리고 근대주의적 문화관이다(Jameson, 1991).

하지만 Horkheimer와 Adorno는 이러한 근대적 문화관은 차이를 상쇄시키고 공통성의 거대담론을 추구하였던 구조주의적 세계관, 객관화되고 기계화된 사고에 입각한 과학주의적 사고에 기반을 둔 제례적이고 미신적인 관점이라고 지적한 바 있다(Adorno & Horkheimer, 2002; Witkin, 2003). 이러한 과학주의가 휴머니즘에 승리하면서 20세기 들어서 학교교육의 문화적 내용의 근간에 과학주의가 자리하게 되었고, 학교교육의 내용을 차지하게 된 근대성의 다양한 양식들은 과학주의뿐만 아니라, 자본주의 생산품, 교육적 담론과 실천의 도구화, 그리고 실증주의적 심리학에 기반을 둔 교육과정 내용 등의 형태로 학교교육을 지배해 왔던 것이다(Apple, 1979; Giroux, 1981; Popkewitz, 1997). 특히 오늘날과 같은 고도로 자본주의화된 사회에서 문화는 시장주의 속에 잠식되어 더 이상

'공유의 대상'으로서의 문화가 아니라 '구매와 소비의 대상'으로서의 문화로 탈바꿈하게 된 것이다.

요컨대, 다문화교육에서 다루는 문화는 근대주의적 시각으로 대상화·객관화·물질화·상품화된 문화에 대한 관점에서 벗어나야 한다. 문화는 단순히 학교교육에서 다루는 지식의 일부도 아니고, 축적되고, 고정되고, 범주화되어 단순히 학습의 대상으로 박제화된 것도 아니다. 만일 문화가 하나의 '텍스트'라면 학생들은 그 텍스트 자체뿐만이 아니라 그 텍스트가 자리하는 맥락(context), 즉 사회적 관계성 속에서의 위치를 배워야 한다는 것이다. 교육과정 그 자체가 문화적 질문이라고 주장한 Wexler(1989)는 이를 문화를 맥락화(contextualize)하고, 실용화(pragmatize)하고, 사회화(socialize)하는 것이라고 주장하였던 것이다(Wexler, 1989, 94). 학교교육과정에서 문화와 관련된 내용을 다룰 때, 그 규범적 성격, 즉 이념적·정치적·가치론적 성격에 대한 분명한 인식을 바탕으로 문화를 비판적으로 이해하고 그와 관련된 지식을 학생들이 배울 수 있도록 해야 한다. 이러한 조건하에서만 문화는 학교라는 복잡하고 역동적인 사회화 기관 내에서 생생하게 살아 있는 교육과정의 내용으로 전환될 수 있는 것이다. 이것이 바로 비판적 교육학에서 문화를 다루는 방식, 즉 '비판적 사고를 통한 삶의 다양성의 이해'인 것이다.

3) 다문화교육의 내용과 노동

다문화교육에서 다루어져야 할 또 하나의 중요한 주제가 바로 학습과 노동의 연관성에 대한 통찰이다. 노동은 인간의 기본적인 존재양식의 하나로, 노동은 살아 있다는 것의 외적 실현이다. 즉, 노동은 경제적 목적을 띤 생산을 위한 활동이기 이전에 살아 있는 인간의 본질적 행위의 하나인 것이다. 하지만 현대의 자본주의 사회에서는 인간의 모든 노동이 잉여가치의 생산을 위한 자본화 활동으로 집중되고, 그로 인해 노동의 가치가 퇴색되면서 오히려 노동자인 인간은 자신의 노동활동의 결과물, 즉 생산물(재화)의 사회적 가치(자본)로부터 소외되는 결과를 낳게 되었다(조정환, 2011). 특히 최근에는 정보화 시대를 맞이하여 인간의 노동 중에서 육체적 노동은 평가절하되고 정신적 노동(사고, 지식, 인지 등), 즉 비물질적(immaterial) 노동에만 잉여가치가 집중되는 지식 중심 사회로 급격하게 전환되고 있다. 그 결과 현대사회는 학교교육에서 지식 중심의 인지주의가 대세로 여겨지고 있고, 특히나 저작권과 같은 지적재산권이 중시되며, 더구나 모든 사람들이 대학 졸업 후에도 경쟁에서 뒤처지지 않기 위해서는 끊임없이 학습을 이어가야 하는 평생학습의 개념이 강조되고 있다.

오늘날 우리 사회가 겪는 학력인플레이션의 현상과 끊임없는 배움을 강요하는 평생학습의 강조는, 육체와 정신을 이분화하여 물질노동 보다 비물질노동(학습)을 우위에 놓는, 형식적 합리성이 지배하는 사회체제에 예속시키려는 이념이 만들어 낸 결과물이다(황원영, 2003). 고도로 산업화되고 자본주의화된 사회에서 학교교육은 잠재적 노동자로서의 학생의 노동생산성을 증대시키기 위한 방식으로 학교교육 내용을 구성한다(Bourdieu, 1977). 사회의 구성원이자 노동의 주체인 개인 노동자들은 자신의 노동능력을 효과적으로 개발하고 통제하기 위해 노동수단의 통제 및 조절기능을 학교교육을 통해 습득하게 되고, 그로 인해 그러한 내용이 학교교육의 주요 내용으로 자리 잡게 된다.

노동의 의미를 깨닫게 하는 교육은 지식 위주 교육의 편협성을 극복하기 위한 가장 효과적이자 필수적인 방법이다. 그러므로 미래의 교육에서 우리가 회복해야 할 중요한 사안 중의 하나가 바로 노동의 의미를 깨달음을 바탕으로 교육을 통한 노동과 학습의 연결이다. 노동능력의 형성은 신체적 · 인지적 · 표현적 · 자치(자기 주도)적 능력 발달의 총화이고, 노동의 과정에서 상호 협조와 의사소통이 필요하기 때문에 노동은 사회성의 발달과 협업(collaboration)의 중요성을 배우는 교육의 필수요소가 된다(Vygotsky, 1978, 1999).

더 나아가 다문화학교에서 노동학습의 개념을 강조하는 것은 제국과 다중, 그리고 노동사를 통해 이해되는 다문화사회의 역사적 배경과 현재적 상황을 고려해 볼 때도 매우 중요한 사안이다. 앞서 언급했듯이 오랜 역사를 가진 이주노동자의 세계적 이동과 생산노동에의 참여는 자본과 정치적 권력의 세계적 분할현상과 밀접하게 관련을 맺고 있다(Mittelman, 2000). 이러한 전 세계적인 자본과 정치권력의 지배현상과 그 첨병역할을 하는 이주민노동자들은 지구촌 곳곳에서 삶의 터전을 만들며 공동체에 참여하고 그 공동체의 생산과 소비과정에 기여하지만, 자본주의 사회에서의 지속적인 소외과정을 통해 점차 자신의 역할과 의미를 상실하고 있다. 예를 들어, 우리나라에서도 이주노동자와 국제결혼가정 이주여성에 대한 차별정책에 명확하게 드러나 보인다. 즉, 이주노동자를 포함하는 사회통합정책인가? 아니면 이주노동자를 배제하고 국제결혼이주가정만을 고려하는 분리정책인가? 후자를 선택하게 되면 한국사회도 유럽사회와 비슷하게 '다문화사회 실패' 전철을 밟을 수밖에 없다는 것이다. 미국과 달리 유럽에서 펴는 정책은 저숙련 노동이민자들이 증가되고 있고, 그들은 지역 게토를 이루면서, 주류사회에 어울리지 않는 결과를 낳았다.

즉, 노동자들은 사회적 생산활동에 중대한 기여를 하면서도 그 사회로부터 소외되는 역설적 위치에 처해지는데, 오늘날 수많은 다문화사회에서 생산과정에 중요한 기여를 하면서도 주류사회로부터 그에 합당한 대우를 받지 못하고 있는 이주노동자들의 사회적 처지가 바로 그 대표적인 예이다. 따라서 다문화교육에서 계급과 노동, 학습 등의 문제를 이해하기 위해서는 전 지구적 차원에서 다중사회를 구성하는 주체들의 계급, 노동, 학습의 문제들을 다루어야 하고, 다문화사회를 도래하게 한 가장 큰 원인 중의 하나인 이주노동자들과 그 자녀들의 교육문제에서 이러한 노동과 학습의 문제를 밀접하게 관련시켜 가르치는 것은 다문화교육의 핵심적인 주제가 되어야 할 것이다.

4) 다문화교육과정의 구성요소

Banks(2007a)는 다문화교육의 구성요소를 내용적 통합(content integration), 지식의 구성(knowledge construction), 편견의 감소(prejudice reduction), 평등교수법(a equity pedagogy), 그리고 민주적으로 권한을 부여하는 학교문화(an empowering school culture) 다섯 가지로 구분하고 있다. 첫째, 내용적 통합(content integration)의 차원은 교사가 해당 과목의 주요 개념과 원리, 일반화, 이론을 설명하기 위해 다양한 문화와 집단에 관한 내용을 활용하는 것과 관련된다. 특히 Banks는 사회·언어·예술 교과가 타 교과에 비해서 민족적·문화적 내용을 통합하는 데 더 용이한 교과라고 간주하고 있다. 하지만 여기서 유의할 점은 다양한 문화집단의 이야기가 '부가적 접근'(Banks, 2007b, 253) 또는 '관광식 접근'(윤혜원, 2000, 161)의 관점을 보여서는 안 된다는 것이다. 즉, 마치 여행자가 이국적인 타 문화권의 풍물을 둘러보듯이 피상적으로 그리고 흥미 위주로 다양한 문화의 사례를 접하는 것을 다문화교육의 실천으로 오해해서는 안 될 것이다.

둘째, 지식의 구성(knowledge construction)은 우리의 일상적인 삶 속에서 작용하는 문화적 가정, 준거 체계, 관점, 편견 등이 어떻게 학교교육과정에서 절대적 진리라고 배우는 내용에 암묵적으로 영향을 미치고 있는지를 비판적으로 이해할 것을 강조하고 있다. 예를 들어, 학생들은 과학 시간에 사회적 다윈주의나 지능 이론에 어떻게 인종주의적 편견이 영향을 미쳤는지를 분석해 보고, 사회 시간에는 유럽인의 미국 대륙 발견이라는 역사적 주제를 공부하면서, 지식이라는 것이 특정 관점에 의해 형성되고 정당화된다는 점을 깨닫게 된다.

셋째, 편견의 감소(prejudice reduction)는 학생들이 타 인종, 타 민족, 타 문화집단에 대한 긍정적인 태도를 기를 수 있도록 돕는 것을 의미한다. 교사는 다양한 인종과 민족에 대한 긍정적인 이미지를 수업자료에 담아냄으로써, 그리고 적절한 조건에서 이루어지는 집단 간의 접촉 상황(contact situations)을 학생들에게 제공함으로써, 서로 다른 인종과 민족 간에 긍정적인 가치와 태도를 생성해 낼 수 있다고 보았다.

넷째, 평등 교수법(equity pedagogy)은 교사가 다양한 인종, 민족, 성, 계층 출신 학생들의 학업성취를 향상시킬 수 있도록 수업의 내용과 방법에 변화를 유도하는 것을 의미한다. 예를 들어 교사는 다양한 인종・민족 집단 출신의 학생들이 보유하는 문화적 지식, 언어적 특징, 대화 유형, 및 학습 유형을 고려하여 이에 부합하는 교수방식을 취함으로써 학업성취를 보다 촉진할 수 있다.

다섯째, 민주적 권한 부여의 학교문화(an empowering school culture)는 다양한 계급・성・인종 배경을 지닌 학생들이 학교 안에서 교육적 평등을 경험하도록 학교의 조직과 문화가 변화되어야 함을 강조한다. 단순히 교육과정의 내용을 뛰어넘어, 학교생활 각 영역(예: 학교 행정, 학생 동아리 활동, 수준별 교육과정 운영)에서 관찰되는 다양한 교육행위들이 보다 민주적이고 보다 형평성 있는 방향으로 나아갈 수 있는 학교문화를 만들어 가야 한다는 것이다.

하지만 진정한 문화적 포용을 달성하는 교육과정을 실천하는 일은 무척 어려운 과제임에 틀림없다. 최근 20년간 미국 일부 주와 교육구에서 시도된 야심찬 다문화교육과정 프로젝트들은 만족스러운 결과를 가져오지 못하고 거의 대부분 실패했다고 해도 과언이 아니다. 이러한 교육과정 프로젝트가 공통적으로 목표로 했던 바는 첫째, 기존교육과정에서 제대로 다루어지지 못했던 비백인계-소수민족의 역사적 기여나 주요 유명 인물들을 소개하고, 둘째, 자신이 속한 소수민족의 문화적 정체성을 형성하는 학습경험의 기회를 제공하는 것이었다. 하지만 이러한 시도는 궁극적으로 그 한계를 드러내고 말았다. 기존의 미국사 서술의 내러티브를 그대로 유지하는 범위 안에서 '다문화교육과정'이라는 이름으로 소수민족의 역사적 사건과 인물에 관한 수업주제나 단원을 '추가적으로' 끼워 넣는 방식을 택하였고, 결과적으로 일종의 정치적인 생색내기에 그치고 말았다.

미국의 다문화교육과정 이론가들은 다문화교육과정의 성공을 위해서는 거시적인 교육과정 정책의 변화와 프로그램 지원이 요청되지만, 가장 핵심적인 변화는 교실수업이라는 소우주 안에서 이루어져야 한다고 역설한다. 교실담론 형태의 변화와 더불어 교사는 학생들이 교실 안으로 가지고 들어오는 다양한 문화적 배경 지식에도 관심을 가지고 이를 수업의 내용에 반영할 수 있도록 준비해야 한다고 주장한다. '문화적 적합성의 교수법'은 이러한 주장을 핵심적으로 요약하는 단어이다(『교육연구』, 제46집, 38).

Banks(1993)는 바람직한 다문화사회를 만들어 가기 위해서는 현재의 다문화교육과정에는 근본적인 변화가 필요하다고 보고, 미국의 다문화교육과정이 변화되는 단계를 ① 주류사회 중심의 세계관과 내용으로 짜인 교육과정, ② 다문화사회 출신의 유명 인사나 그 기념일을 소개하는 수준의 교육과정, ③ 다문화적 내용을 부차적으로 삽입하는 수준의 교육과정, ④ 기존의 교육과정 내용에 구조적인 변화를 도입하는 수준의 교육과정, 그리고 ⑤ 진정한 다문화교육의 의미로서 학생들을 의식화와 현실적 문제에 대한 적극적 사회참여를 유도하는 교육과정으로 구별하여 설명한 바 있다. 이어서, Banks(1999)는 이러한 다섯 단계의 다문화교육 실천방안을 기여적 접근, 부가적 접근, 변혁적 접근, 그리고 사회참여적 접근이라는 교육과정 개혁을 위한 4가지 접근으로 정리하기도 하였다.

요컨대, 첫 번째 단계인 주류사회 중심의 교육과정은 학생들로 하여금 주류사회 및 그 문화가 더 우월하다는 잘못된 인식과 타 문화 및 인종집단에 대한 편견을 강화시키고, 타 문화로부터 배울 수 있는 지식, 관점, 준거틀을 얻을 기회를 놓치게 된다. 또한 그로 인해 비주류학생들은 자신들의 전통문화와 전혀 다른 주류문화 속에서 살아남기 위해 고군분투하고 그 과정에서 스스로를 다시금 소외시키는 결과를 낳게 된다고 지적한다. 두 번째 단계인, 영웅들과 기념일들을 소개하는 수준의 교육과정은 다문화와 관련된 인물이나 문화를 소개하고 주류문화와의 차이를 드러내 줌으로써, 학생들이 타 문화의 의상, 음식, 음악, 그리고 문화적 작품들에 관심을 갖게 되지만, 여전히 타 문화는 주변적인 대상으로 머물게 되고(타자화), 비주류학생들의 실제적 삶의 관점과 경험에 대해서는 다루지 못함으로써, 다문화사회의 현실을 제대로 이해하지 못하게 되는 것이다. 세 번째, 부분적 통합 교육과정의 수준에서는 교사들이 타 문화에 대한 보다 본질적인 자료와 지식을 교육과정에 도입하려고 하지만, 이는 여전히 주류문화 중심적 관점으로 해석되고 이론화된 것이기 때문에 주류사회 중심의 교육과정 내용에 비해 부차적인 수준에 머물 수밖에 없는 것이다(Banks 1993). 네 번째 단계인 교육과정의 구조적 개혁 수준에서는 새로운 자료와 관점, 다양한 목소리들이 새로운 이해와 지식의 틀을 통해 주류와 비주류의 구분 없이 보다 완성적이고 통합적인 교육과정의 형태로 조직되는 수준이다. 또한 교사는 자신의 견해와 지식을 확장하여 다양한 관점을 통해 교육내용을 탐색하고자 하며, 학생들도 사건, 지식, 개념을 다양한 렌즈를 통해서 보는 것을 배울 수 있게 된다. 마지막으로 다섯째, 진정한 다문화적, 사회참여적, 의식화 수준의 교육과정에서는 다문화사회와 관련된 모든 주제와 이슈들에 대한 다양한 학생들의 목소리, 견해, 관점들이 학습경험의 전면에 등장하게 되고, 그것은 다문화교실의 중요한 학습자원이 된다. 교과서는 단지 하나의 참고자료로서 이해되고, 그 외의 다양한 교육매체가 탐색되면서 이를 바탕으로 한 논의를 통해 학생들의 시각을 넓히는 자료로 활용된다.

04

다문화교육의 내용 및 방법론

1. 교수학습방법론

본 장에서는 다문화교실을 위한 교수방법론으로 차별화 교수법, 문화감응 교수법, 상호작용적 피드백 세 가지를 소개하고 이에 대해 논의하고자 한다.

1) 차별화 교수법(Differentiated Instruction)

한 학급 전체를 집단적으로 가르쳤던 전통적인 집단적 교수법에 대한 대안으로 등장한 것이 바로 차별화(differentiated) 교수법이다. 차별화 교수법의 핵심은 내용, 과정, 그리고 결과의 측면에 있어서 학생들의 특장점, 필요, 그리고 학습스타일에 따라 융통성을 부여하여(Levy, 2008), 정보활용, 의미파악, 학습내용의 표현 등에 있어서 다양한 선택의 기회를 제공함으로써, 학생들의 필요와 흥미에 맞춘 효과적인 학습을 도모하는 것이다(Tomlinson, 2001). 차별화 교수법은 학습에의 접근, 동기 유발, 학습효율성 세 가지 차원에서 학습경험을 개별 학생들에 맞게 조정하는 것이 핵심인데, 이를 위해서는 학생들의 학습준비도, 흥미, 학습 프로파일과 관련지을 수 있어야 한다(Tomlinson, 1999). 즉 학생 각자마다 학습내용에 대한 접근방식, 선행학습 정도, 동기요인, 학습효율성이 학생 개개인마다 서로 다른 양상을 띨 수밖에 없으므로, 그러한 개별적 특성에 부응할 수 있는 수업준비와 교사의 마음가짐이 필요하다는 것이다.

따라서 교수학습의 계획과 준비는 학생 개개인의 필요에 맞추어야 하고, 공식적 혹은 비공식적 평가방법을 통해 학생들의 개별적 수준에 따라 몇 가지 모둠으로 그룹을 나누게 되는데, 그러한 소그룹은 그 구성원이 수시로 바뀔 수 있도록 융통적인 모둠이어야 한다는 것이 중요하다. 학생들은 이처럼 융통성 있게 구성된 다양한 모둠 속에 속하여 과제를 수행하게 되므로, 각 모둠들의 규모, 성격, 주제, 경험, 그리고 성과들은 다양하게 나타나기 마련이고, 그러한 다양한 과정과 결과에 대비하는 수업계획을 수립하는 것이 교사의 책무가 되는 것이다.

위와 같은 융통성 있는 모둠을 운영함에 있어 교사는 각 모둠의 장단점을 고려하여 학급 전체의 학습의 효과를 높이는 데 기여할 수 있도록 관리할 필요가 있다. 즉, 개별화 교수법을 기반으로 한 교실수업은 상황과 필요에 따라 다양한 모둠이 형성되고 해체되므로, 과거의 경직된 모둠활동과는 다르게 융통성을 최대한 발휘할 수 있는 모둠활동이 진행될 필요가 있다는 것이다. 차별화 수업이 진행되는 교실에서 교사는 학생들의 수준에서 수업을 시작하여, 상이한 학습양식(learning modalities)에 참여할 수 있도록 학생들을 준비시켜야 하고, 더불어 학습내용의 복잡성에 따라 적절한 교수속도를 유지하고, 다른 학생들과의 경쟁보다는 자신과의 경쟁을 독려하는 것이 중요하다(Tomlinson, 1999). 예를 들어, 교사가 다문화교실처럼 학생들의 능력이 균등하지 않은 혼합능력(mixed-ability) 집단을 지도할 때는 기존의 교수방식에서 벗어난 근본적인 인식의 전환이 요구되며(Tomlinson, 2001), 단순히 전달자가 아닌 학생들을 상대로 코치나 멘토의 역할을 함으로써 학생들이 자신의 능력에 따라 개별적으로 독자적인 학습경험을 쌓아 가는 다양한 학습기회의 제공자로 탈바꿈할 필요가 있다.

이에 부응하여 학생들도 자신의 다양한 지적 능력, 고차원적 사고력, 그리고 학습스타일에 따라 자신의 학습 및 활동에 책임감을 갖고 자기주도적 학습을 해나갈 수 있는 능력을 길러야 한다(Bailey & Williams-Black, 2008, 134). 이러한 수업의 방식을 혼성적 교수모형(hybrid model of instruction)이라고 부르는데, 이는 교사를 중심으로 학생들이 다양한 모둠을 이루지만, 그 모둠 내의 활동은 독립적이고 개별적인 과제 수행으로 이루어지며, 교사의 역할은 과제를 부여하거나, 학생들의 활동을 기록 및 교정해 주고, 필요한 도움을 제공하는 역할을 하게 되는 수업의 모형을 가리킨다(Beder, Tomkins, Medina, Riccioni, & Deng, 2006).

차별화 교수법은 생태주의 교육원리에 입각하여 다문화교실에서의 교수방법론으로서 여러 가지 의미와 가능성을 갖는다. 첫째는 동질집단에 대한 획일적 교수법에서 교사와 학생의 관계가 교사 중심의 일방적 관계로 고착될 수 있는 데 반하여, 다문화집단을 위한 차별화 교수법은 학습의 주도권이 학생 자신에게로 이양될 수밖에 없다는 사실이다. 따라서 학생들은 자신에게 의미 있는 지식과 정보를 능동적으로 형성해 나간다는 구성주의 원리에 입각하여 학습의 주체로 나설 수 있고, 역동적인 모둠활동을 통해서 적극적으로 학습에 참여하게 된다. 둘째, 다양한 능력수준의 모둠을 바탕으로 한 수업은 모둠별로 서로 다른 학습의 양상이 전개될 수 있고, 학생들 간의 상호작용이 극대화될 수 있다는 장점을 지닌다. 학생들의 학습에 있어서 다른 학생들과의 협력의 중요성을 깨닫게 되고, 맥락에 기반을 둔 지식의 습득(contextualized learning: situatedness)을 통해 의미를 추구하는 학습을 하게 된다. 셋째, 학생들은 지식이란 고정적인 학습의 대상이 아니라, 끊임없이 변화하면서 학습자 개개인에 서로 다른 의미를 부여하는 탐구과정의 결과라는 것을 차별화 교수법을 통해 깨닫게 될 것이다. 이것이 학교학습의 궁극적인 지향점이며, 그러한 학습을 통해서 다문화교실 속의 다양한 학생집단들이 참여와 협력을 통해 함께 사는 사회를 만들어 가는 살아 있는 경험을 할 수 있게 되는 것이다.

2) 문화감응 교수법(Culturally Responsive Pedagogy)

문화감응 교수법(culturally responsive teaching: CRT)은 Gay(2000)가 다문화교육론과 형평성교육론에 이론적 기반을 두고, 어떻게 하면 소수민 학생들에게 적절하게 반응할 것인가를 고민하면서 제안하게 된 방법론이다(Irvine & Armento, 2001). 한마디로, 문화감응 교수법은 교사들이 문화적・인종적으로 서로 다른 배경을 지닌 학생들의 다양한 문화적 지식, 사전경험, 학습스타일을 활용해야 하고(Gay, 2000, 29), 이를 위해 가정과 학교생활의 연결을 통해, 소수민 학생들의 문화적 경험과 지식 자원(funds of knowledge)을 교실수업에 끌어들여야 한다는 것이다.

문화감응 교수이론은 사회적 구성주의, 신비고츠키(neo－Vygotskian)이론, 문화차이 패러다임에 이론적 배경을 두고 있다(추병완, 2010). 즉, 지식은 사회적으로 형성되는 것이며, 그러한 지식을 학습함에 있어서 지식의 사회적 맥락과 그 지식이 사회적 존재로서의 학습자에게 어떤 의미가 있는가를 파악하는 것을 중시하므로, 결국 문화적 양식(competence), 자질, 이해가 모든 학습의 중요한 출발점이 되어야 한다고 본다. 문화감응 이론이 강조하는 학교교육에 관한 논점은 해당 학교에 존재하는 주류문화와 비주류문화의 사이의 세력관계와 관련한 문제이다. 즉, 학교교육에의 적응이나 학업성취의 문제를 주류문화의 입장에서 담론화하는 과거의 문화 결핍(cultural deprivation) 패러다임에서 탈피하여 비주류문화에 대한 이해와 존중을 바탕으로 한 문화차이(cultural difference) 패러다임으로의 전환을 요구한다. 따라서 문화차이 패러다임으로 혼성집단 학습자의 다양한 학교 적응 양상과 학업성취를 바라보았을 때, 학교와 교사는 어떠한 자세와 반응을 통해 전체적인 교육의 성과를 높일 수 있을 것인가를 고민해야 할 것이다.

Gay(2010)는 교사가 소수민 학생들의 학업성취를 고무시키기 위해서는 문화감응 교수법의 도입을 통해서 그들과 의사소통하는 방법을 배워야 한다고 주장하고, 문화감응 교수법의 가장 핵심적인 요소가 교사의 문화적 자각(cultural self-awareness)과 의식 고양(consciousness-raising)이라고 지적하였다. 예를 들어, McKinley(2010)는 아프리카계 미국학생들이 그 어떤 소수민 학생들보다 학업성취에서 부진하다는 사실에 착안하여, 31명의 교사와 20명의 교사를 상대로 20개월에 걸쳐 조사, 인터뷰, 관찰을 실시한 결과 그 원인으로 ① 교사의 낮은 기대수준, 태도 및 신뢰, ② 학업기회 및 자긍심 부족, ③ 대인관계 빈곤, ④ 부정적인 정체성 및 동기 부족, ⑤ 그들의 문화적 배경과 학습스타일에 대한 부적절한 교수반응 등을 지목하였다. 전문가들은 이러한 학생들에게 도움을 주기 위해서는 교사들이 자기 효능감을 인식하고 개발함으로써, 학습을 위한 사회적 맥락에 주의를 기울임으로써, 그리고 전문성 개발, 회고, 협동, 교수능력의 향상을 위한 훈련 등을 통해서 보다 효과적으로 문화감응적인 교수법을 익힐 수 있다고 보고 있다(Irvine, 2003; Pang & Sablan, 1998).

Villegas & Lucas(2002)는 다문화교실을 지도하는 교사들에게 요구되는 태도로서 사회문화적 의식, 학습에 대한 구성주의적 시각, 학생들에 관한 폭넓은 이해, 다문화학생들에 대한 적극적 태도, 변화의 원동력으로서의 헌신과 기술, 문화감응 교수전략 등이 필요하다고 강조한 바 있다. 추병완(2010, 114-118)은 이러한 문화감응 교수법의 원리를 바탕으로 다음과 같은 방법론을 제시하고 있다. 첫째, 교실환경 구축전략으로서 지원적·촉진적 교실환경 구성과 학생의 잠재력에 대한 기대, 둘째, 수업 설계를 위한 전략으로써 문화적으로 매개된 수업과 학생 중심적 수업, 셋째, 수업 전개를 위한 전략으로서 적절한 비계 설정과 협력학습의 기회 부여 등을 들고 있다. 예를 들어, 소수민 학생들의 학부모들을 수업에 초대하여 이야기를 나눔으로써 소수민 학생들의 모국, 가정, 언어, 문화적 배경에 대한 이해를 넓힐 수 있고, 소수민 학생들의 삶을 보여주는 문학작품들에 대한 소개, 그들의 독특한 의사소통 방식에 대한 소개, 다양한 작업스타일의 조화를 바탕으로 한 협동작업 등을 시도할 수 있을 것이다.

마지막으로, Schmitz(1999)가 다문화교실을 지도하는 교사를 위해 마련한 문화감응 교육과정 수립의 지침을 다음 [표 7]과 같이 소개하고자 한다.

[표 7] 문화감응 교육과정 수립 지침

1. 학습목표의 정의	1) 다양한 학생 집단의 역사: 그들의 글, 생각, 참여의 형태는? 2) 정체성 형성과 변화의 사회적 역동성에 대한 이해 3) 사회 및 학교 내에서 특권의식, 편견, 차별, 전형화(stereotyping) 및 권력관계가 어떻게 구조화되어 있는가? 4) 다양한 집단 간의 의사소통 및 상호작용의 형태는 어떠한가?
2. 기존 개념에 대한 문제제기	1) 지도과목에 대한 기존의 내용구성 및 조직에 변화가 있는가? 2) 기존의 방법론을 바꿀 만한 새로운 연구결과가 있는가? 3) 새로운 방법론을 도입할 경우 어떻게 수업이 변화될 것인가? 4) 새로운 변화가 전체 교육과정에 미칠 영향/효과는 무엇인가?
3. 학생 다양성의 이해	1) 어떤 다양한 관점과 경험을 가진 학생들이 모였는가? 2) 학생들의 문화적 배경에서 나온 기존지식의 평가방법은? 3) 다양한 관점들을 실제 수업에서 어떻게 통합할 것인가? 4) 나의 독특한 관점과 배경이 수업에 어떤 영향을 줄 것인가? 5) 학생들이 나를 용이하게 역할모델로 삼을 수 있는가?
4. 학습자료와 학습활동의 선정	1) 수업의 주제에 변화가 없다면, 어떤 새로운 연구결과 및 사례를 통해 해당 주제를 부각시킬 것인가? 2) 선택된 수업자료 및 주제와 관련하여 문화적 다양성을 부각시킬 수 있는 새로운 접근법은 무엇인가? 3) 선택된 새로운 자료를 어떻게 수업에 통합시켜서 그것이 단순한 부가자료 이상의 효과를 나타내게 할 것인가? 4) 어떤 교수전략이 새로운 자료를 바탕으로 한 학생들의 학습을 촉진할 것인가?
5. 효과성에 대한 평가	1) 새롭게 조직된 내용과 자료, 그리고 교수전략과 관련하여 내가 가진 장점이나 한계점은 무엇인가? 2) 학생들의 학습을 어떻게 평가할 것인가?

Schmitz는 위와 같이 문화감응적 태도를 교육과정을 설계하고 실천하는 데 적용해야 한다고 강조하고 이러한 교육과정을 변혁적(transformed) 교육과정이라고 불렀다. 즉, 다문화교실을 지도하는 교사는 교육과정과 수업에 대한 기존의 접근법을 과감히 탈피하여, 비판적 교육학(critical pedagogy)과 문화상대주의에 대한 이해를 바탕으로 주제 중심, 학생 중심, 의미 중심 접근법을 통해 다양한 배경의 학생들 모두에게 적용될 수 있는 수업을 준비해야 한다는 것이다. 아울러, 문화감응 교수법은 생태주의의 측면에서 전일성(holism)과 상황성(situatedness)의 원리와 깊은 관련이 있다. 올바른 교육은 이론과 실제의 분리가 아니고, 현실에 대한

명확한 인식과 지식에 대한 비판적 사고가 필수적이므로 이는 지식의 습득과 실제 세계의 통합적 접근(전일성)을 바탕으로 해야 한다. 또한 문화감응 교수법의 핵심원리가 학생들의 다양한 문화적 지식, 사전경험, 학습스타일을 활용하는 것이므로(Gay, 2000), 이는 다문화교실의 상황을 백분 활용하는 것이 된다.

요컨대, 이러한 문화감응 교수법은 단순히 소수민 학생들만을 위한 교수법이 아니다. 문화감응 교수는 학교와 가정간의 문화적 일치가 학생들의 학업성취에 중요하고, 불일치를 경험하는 소수민족 학생들을 돕기 위해서는 그들의 다양한 인종적·문화적 경험과 장점을 고려하여 가르치지만(Ramsey, 2009), 그러한 문화적 다양성을 자산으로 하여 주류집단 학생들의 문화적 이해를 높이는 것도 중요한 교육적 목표인 것이다(추병완, 2010).

3) 교수 형평성(Instructional Counterbalance)의 증진: 상호작용적 피드백(Interactional Feedback)

교사 일방적인 수업을 진행했던 전통적인 교실에서는 교사와 학생 간의 언어적 혹은 비언어적 상호작용이 매우 단순한 형태를 띨 수밖에 없었다. 교사의 질문에 대한 학생들의 응답 혹은 학생들이 제기한 질문에 대한 교사의 응답이 그 대표적인 예이다. 하지만 다양한 수준과 흥미를 갖는 다문화교실에서의 교사와 학생의 상호작용은 그러한 단순한 틀에서 벗어날 필요가 있다. 일반적으로 교사의 질문에 학생이 응답하고 그에 대해 교사가 다시 반응을 해 주거나 혹은 학생의 질문에 대해 교사가 응답해 주는 것을 피드백(feedback)이라고 하는데, 이러한 교사의 피드백은 크게 '분명한 교정(explicit correction)', '재언급(recasts)', 그리고 '프롬프트(prompt)' 세 가지로 나누어진다(Lyster, 2002; Ranta & Lyster, 2007). 이러한 교사의 피드백을 중심으로 한 교사와 학생의 상호작용의 경우들을 그림으로 나타내면 다음 [그림 4]와 같다.

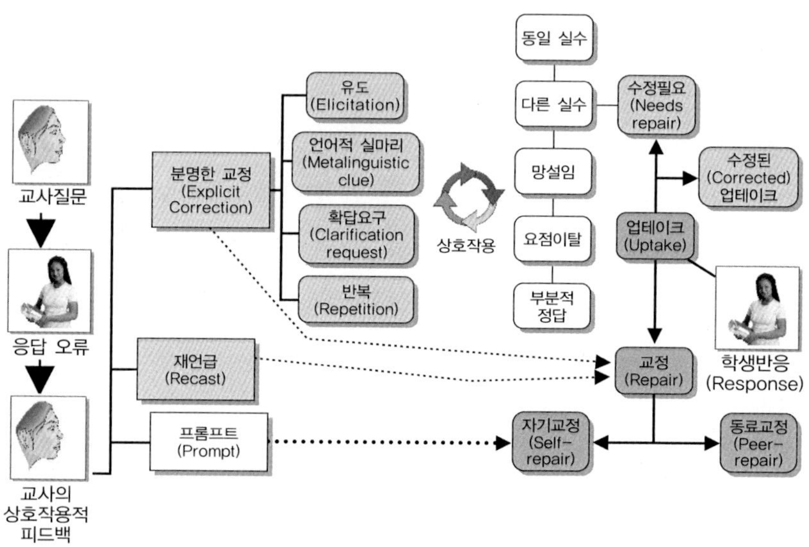

[그림 4] 교사의 상호작용적 피드백(박휴용, 2012a)

여기서 '분명한 교정'과 '재언급'은 학습자가 잘못된 응답을 교정할 수 있도록 도와주는 것이다. 즉, 분명한 교정은 교사가 정답을 제시함으로써 학생들의 오답을 지적함과 동시에 교사가 정답을 제시해 주는 경우이고, '재언급'은 학생들의 오답에 대한 지적 없이 자연스럽게 올바른 표현을 제공해 주는 것이다. 한편 '프롬프트'는 학생들이 스스로 교정할 수 있도록 교사가 독려하는 다양한 신호들을 가리킨다. 이러한 프롬프트에는 다음과 같은 다양한 피드백 유형이 포함된다.

- 유도(elicitation): 교사가 적절한 질문을 던짐으로써 학생들의 답변을 이끌어 내는 것
- 상위언어적 실마리(Metalinguistic Clues): 교사가 정답과 관련한 코멘트나 질문을 제시함으로써 학생들이 정답을 찾아내게 하는 것
- 분명한 답변의 요구(Clarification Requests): 교사가 학생들의 답변이 정확하지 않고 다른 식의 답변이 필요하다는 것을 지적함으로써 학생들을 독려하는 것
- 반복(Repetition): 교사가 학생들의 잘못된 답을 반복하여 학생들이 자신의 오류를 찾아 스스로 수정하게 하는 것

위와 같은 '프롬프트'의 사용은 '분명한 교정'이나 '재언급'과는 다르게 활용될 수 있다. 분명한 교정이나 재언급은 학생들이 배워야 할 정답을 바로 알려주는 반면, 프롬프트는 학생들이 스스로 교정하거나 답을 찾을 수 있도록 실마리를 던져 주는 전략인 것이다. 연구결과에 따르면, 일반적인 수업현장에서는 재언급이 가장 흔한 피드백 전략으로 사용되고 있으며(Mori, 2002; Panova & Lyster, 2002), 그다음이 프롬프트, 그리고 분명한 교정은 상대적으로 간헐적으로만 활용되고 있었다(Mori, 2002; Ranta & Lyster, 2007).

앞서 설명한 바와 같이, '분명한 교정'은 교정적 피드백에 해당하고, 재언급이나 프롬프트는 상호작용적 피드백의 유형이라고 볼 수 있으므로, 교사는 재언급이나 특히 프롬프트를 다양한 학습자를 대상으로 한 수업에서 상호작용을 촉진하는 전략으로 활용할 수 있다. 즉, 교사는 재언급이나 다양한 프롬프트 방법 중 하나를 학생들의 수준이나 학습내용의 성격에 따라서 적절하게 활용할 수 있는 것이다(Lyster, 2002).

예를 들어, 재언급은 학생들이 정답을 찾아가는 과정을 돕기 위한 비

계 설정(scaffolding) 전략으로 사용하여 복잡한 교과내용을 학생들에게 설명하는 과정에서 학생들의 현 이해도보다 한 단계 높은 수준을 가르칠 때 효과적으로 사용될 수 있다. 반면 프롬프트는 정답을 제시하지 않은 채 학생들이 스스로 답을 모색해 내는 것을 목적으로 하므로 학생들의 기존 지식을 상기하면서 정답을 탐색해 나가는 훈련의 기회를 제공해 준다(de Bot, 1996; Lyster, 2004). 결국 교사의 재언급과 프롬프트 전략을 바탕으로 한 상호작용을 통해서 학생들은 모범답안을 받아들이거나(수용: uptake) 자신의 오류를 고쳐 나가는(교정: repair) 반응을 보이게 되는 것이다.

여기서 교정(repair)이란 단순히 교사의 모범답안을 반복(repetition)하거나 교사가 재언급을 통해 제시한 정답을 채택(incorporation)하거나 혹은 교사가 이끄는 프롬프트의 도움을 받아 스스로 오류를 고치게 되는 것을 가리킨다. 일반적으로 스스로의 교정을 통해서 정답을 얻게 되는 것(수용)이 교사의 반복을 통한 수용보다 더 깊은 수준의 사고과정이 요구된다(McDonough, 2005; Havranek & Cesnik, 2001). 즉, 교사의 재언급을 단순히 반복하는 것은 학생들의 깊이 있는 사고를 유발하지 못하므로(Mackey & Philp, 1998), 교사의 재언급에 의한 교정이 아니라 교사의 프롬프트에 의한 스스로의 교정이 가장 효과적인 것이다(Mackey, Gass, & McDonough, 2000).

이상에서 설명한 교사의 피드백 방식이 교수학습 방법론 차원에서의 상호작용의 효과에 주는 시사점은 다음과 같다. 첫째, 우선적으로 교사는 자신의 피드백 전략이 다문화학생과 일반 학생들에게 다르게 받아들여질 수 있다는 사실을 인식할 필요가 있다. 더구나 교사와 학생의 상호작용 방식은 문화적 차이에 많은 영향을 받기도 한다. 그러므로 다문화학생들에게 어떤 피드백 전략이 가장 효과적일 것인가를 고민할 필요가 있다. 둘째, 교사의 다양한 피드백 방식이 학습증진에 미치는 효과는 학습내용의 성격, 학생들의 학습능력, 내용의 난이도 등에 따라 달라질 수 있으므로 그러한 다양한 요인들을 사전에 점검하여 어떤 피드백 방식으로 학생들과 상호작용할 것인가를 미리 점검할 필요가 있다. 여기서 가장 중요한 요인은 어떤 피드백 방식을 통해 수업을 전개하든 교사의 다양한 프롬프트 전략과 학생들의 다양한 반응양식이 역동적으로 어우러지는 상호작용적 피드백이 될 수 있도록 해야 한다는 것이다. 이는 근본적으로 수업이 교사 중심으로 일방식으로 진행되는 것이 아니라, 학생들의 관심 및 이해수준을 끊임없이 점검해야 한다는 것을 의미한다. 셋째, 궁극적으로 학습이란 교사가 '분명한 교정'이나 '재언급'을 통해 정답을 제시해 줌으로써 이루어지는 것이 아니라, 학생들이 스스로 정답을 찾게 되는 과정을 통해서 보다 고차원적인 사고와 깊이 있는 내용의 이해에 도달할 수 있다는 사실이다. 이 말은 다문화학생들의 수업이해를 도모하기 위해서는 지금까지 일반 학생들에게 사용되었던 주입식, 정답찾기 식, 교사주도적 피드백 전략에서 근본적으로 벗어나 교사와 학생들의 소통과 상호작용, 그리고 그것을 바탕으로 하여 창의적・비판적・능동적 사고를 장려하는 것이 교육의 핵심임을 깨달아야 함을 의미한다.

이러한 상호작용적 피드백의 교수방법론적 원리는 생태주의의 측면에서 상호작용 및 역동성의 원리와 맞닿아 있다. 상호작용적 피드백은 상호작용의 두 가지 요소인 매개(mediation: 내용을 통한 상호작용)와 협력(collaboration: 대인관계에서의 상호작용)의 원리를 바탕으로 하고 있다. 또한 생동감(vividness)과 현실성(reality) 요소를 바탕으로 한 역동성은 앞서 설명한 바와 같이 학생들의 다양한 수준의 이해와 반응양식에 교사가 어떻게 구체적으로 대응해야 할 것인가에 대한 기본적인 지침을 제공해 줄 수 있는 것이다.

요컨대, 지금까지 설명한 교사의 피드백 양상은 우선 교실에서의 교사와 학생의 상호작용이 얼마나 역동적이고 복잡한 기재에 의해 이루어지는가를 보여준다. 더구나 동일성 집단에서의 교사와 학생의 상호작용도 이렇듯 복잡한 양상을 띨 수 있는데, 상이한 학습수준 및 문화적 배경을 갖는 다문화교실에서의 교사와 학생의 상호작용의 양상은 훨씬 다양해질 수 있는 것이다. 여기서 교사는 서로 다른 배경을 가진 학생들을 수업목표를 향해 함께 이끌고 갈 다양한 프롬프트 전략을 활용하고 이를 바탕으로 한 상호작용적 피드백을 촉진하는 것이 다문화교실의 수업을 성공적으로 이끌어 갈 수 있는 가장 중요한 요인임을 인식할 필요가 있다.

2. 다문화교실의 평가방법론

1) 역동적 평가(Dynamic Assessment)

다문화교실에서의 평가는 어떠한 원리와 방법에 기반을 두고 이루어져야 하는가? 이는 다문화교실의 특징인 다채로운 관심과 문화적 배경, 그리고 학생수준의 다양성, 성취목표의 차이, 학습방법론의 차이 등을 감안한 평가의 방식이 도입되어야 할 것이다. 이러한 평가방식을 지향하는 평가원리 중의 하나가 바로, 정적이고 표준화된(standardized) 방식의 평가가 아닌 역동적 평가이다.

역동적 평가(Dynamic Assessment: DA)란 형성평가(Formative Assessment: FA)의 일종으로, 학습자에게 지속적으로 학습과정에 대한 피드백을 제공해 주고 그들의 발달 상황에 대한 정보를 제공해 줌으로써 모든 학습자가 개별적인 학습목표를 성공적으로 달성할 수 있도록 도와주는 평가 방식을 말한다(Poehner & Lantolf, 2005). 이처럼 형성평가의 한 종류로서 역동적 평가의 핵심은 검사의 시점에서 학습자들이 얼마나 목표로 삼았던 지식을 자기 것으로 받아들이고 있는가를 확인하고 필요할 경우 적절한 도움을 제공하기 위한 평가라는 것이다(Grigorenko, Sternberg, & Ehrman, 2000, 393).

Poehner and Lantolf(2005)는 일반적으로 형성평가가 방법론적으로 체계적이지 못하고 총합평가에 비해 영향력이 부족하다고 지적받는 부분에 대해 결코 그렇지 않다고 주장하면서, 형성평가가 그러한 체계적이고 영향력 있는 평가로서 기능하기 위해서는 교사의 역할이 가장 중요하다고 지적한다. 그러한 맥락에서 형성평가를 효과적으로 적용하기 위해서는 전통적인 평가방법에 의존해 왔던 교사의 태도를 바꾸고 교사와 학생들 간의 상호작용의 방식을 본질적으로 개선할 필요가 있다(Black & William, 1998). 마찬가지로, 형성평가가 교사로 하여금 '교실 상황과 역동적인 맥락을 반영하여 평가를 실시하게끔' 해 주는 것처럼(Jones, 2007, 29), 역동적 평가는 표준화된 검사가 아니라, 개별 교실의 독특한 상황과 평가의 맥락에 맞추어 개별적 학생들의 필요와 학습 간극(gaps)을 고려한 평가로서 평가결과를 바탕으로 적절한 교수학습 전략을 세우게끔 도와주는 역할을 할 수 있어야 한다.

2) 역동적 평가에서의 교사 역할

표준화된 상대평가가 평가문항 자체의 타당도와 신뢰도의 문제에 관심을 기울인다면, 개별화되고 맥락 의존적인 역동평가는 평가를 실시하는 일선 학급 교사들의 역할에 크게 의존한다. 교사들은 다양한 교실 맥락에 맞게 다면적인 평가계획을 마련할 책임이 있고, 학습자의 특성이나 학습의 정도에 따라 이미 개발된 여러 가지 대안적인 평가방법들을 탐색하여 적용을 시도할 책임을 가지고 있다. 교사들은 학생들의 교육적 필요와 학습진도를 해석하고, 그들이 잘못 이해하고 있는 것이 무엇인지, 그들이 피상적으로 응답하는 것의 이면에 있는 그들의 진정한 학습을 방해하는 것들이 무엇인지를 파악할 필요가 있는 것이다. 이처럼 서로 다른 문화적 배경과, 이해수준, 독특한 학생들의 특성이 어우러진 다문화교실은 역동적 평가가 반드시 필요한 학습환경임을 명심할 필요가 있다. 역동적 평가는 다문화교실처럼 다양한 학생들로 이루어진 교실 속에서 그 다양한 학생들의 학습과정에 대한 개별적이고 형성적인 지도와 도움을 필요로 하는 학생들에 대한 적극적인 개입을 강조하고 있는 것이다(Poehner & Lantolf, 2003; Tzuriel, 2001).

또한 역동적 평가는 "무엇을 가르쳐야 하는지에 대한 분명한 목표를 상기시켜 주고, 다음 단계에 필요한 비계를 설정하게 함으로써" 교사들로 하여금 학생들의 학습과 진도에 대한 통찰을 얻게 하는 데 도움을 준다(Shepard, 2000, 10). Dixon-Krauss(1996, 140)가 강조하였듯이, 역동적 평가는 협력적(collaborative)·교사참여적·매개적·상호작용적·지속적 그리고 여물어 가는('ripening') 과정을 중시하는 평가방법이다. 결국 표준화검사처럼 검사시점의 학습상태를 판단하고 가르침과 평가가 분리될 수밖에 없는 정적인(static) 평가에 비해, 역동적 평가는 학생들이 배워 가는 과정에 초점을 맞추고 가르치는 것과 배우는 것 그리고 평가가 통합된 작업인 것이다.

3) 역동적 평가와 다문화교육

역동적 평가는 다문화학생들과 같이 주류문화의 언어적 장벽으로 인해 학습에 지장을 겪고 있는 학생들에게 특히 중요한 평가방식이다. 우리나라의 다문화학생들은 한국어 능력이 매우 초보적인 상태이기 때문에 한국어를 매개로 한 교실수업에서 그들의 학습진도와 이해상황을 정확히 점검하기란 쉬운 일이 아니다(Leung & Mohan 2004; Ross, 2005; Tzuriel, 2001). 다문화학생들의 한국어 유창성을 평가하거나 한국어를 배우는 장면을 평가하기 위해서는, 학생들의 전체적인 인지수준, 학습수준, 어학능력, 관심사, 특성 등에 대한 전반적인 이해가 필요하고, 그러한 이해수준을 바탕으로 학생들의 학습상황과 잠재력을 판단해 볼 필요가 있다(Craig, 2001). 그러한 평가가 결국 다문화학생들의 학습에 대한 적절한 이력, 즉 과거경험과 현재 수준, 미래의 잠재력을 이해할 수 있는 방법인 것이다(Poehner & Lantolf, 2003).

이처럼 Gutiérrez-Clellen(2000)은 역동적 평가가 학생들의 학업성취에 영향을 미칠 수 있는 문화적 차이에 대한 이해를 바탕으로 평가를 실시하는 데 꼭 필요하다고 강조한다. 예를 들어, 문화적 배경이 다른 다문화학생들은 "언어로 표현하는 것에 익숙하기보다는 주로 관찰과 몸으로 보여주는 것을 통해 배우게" 된다는 것이다(p.216). 이처럼 다문화학생들의 학업성취와 진도를 평가하기 위해서는 문화적 차이(cultural difference: Kramsch, 2003)를 고려하는 것이 필수적인데, 그렇지 않으면 그들은 주류문화의 언어적·교육방법론적 기준과 실천을 중심으로 짜여 있는 학교환경에서 소외될 수밖에 없는 것이다(Cummins, 1989; Norton, 2000). 그런 측면에서 Gutiérrez-Clellen & Peña(2001)는 역동적 평가가 '문화적으로, 언어적으로 소수자(Culturally and Linguistically Diverse: CLD)' 학생들을 위해 전통적인 표준화 검사를 대신하여 편견과 오류를 극복할 수 있는 대안이 될 수 있다고 주장하고 있는 것이다.

3. 다문화교실 지도의 실제

1) 다문화수학교육에의 적용

본 장에서는 다문화교육방법론을 수학교육에 적용한 송륜진, 주미경(2011)의 연구를 소개하고자 한다. 이 연구는 일반적으로 다문화교육의 내용과는 거리가 있을 것으로 여겨지는 수학교육에 있어서도 다문화적 관점과 원리를 적용한 교육내용과 과정을 고안할 수 있다는 것을 잘 보여주는 통찰력 있는 논의의 한 예이다. 이 연구에서는 다문화 수학교육의 원리를 다양한 학년, 학습내용, 학습자의 필요 등에 따라 교수내용과 방법의 수준과 범위를 적절하게 조직하는 것을 바탕으로 하고, 그 기본 원리로서 '문화성 원리', '평등성 원리', '개혁성 원리'를 제안하고 있다[본 절에서의 참고문헌은 송륜진, 주미경(2011)을 참조하면 된다].

(1) 문화성 원리

위 연구는 수학에 대한 절대주의적 관점의 비판에서 출발하여, 실제 수학의 발생과 그 역사를 고찰함으로써, 다양한 집단에서 그들의 필요와 사고방식, 표현체계 등에 적합한 형태로 창조하고 발달시킨 문화와 가치가 반영된 인간의 지적산물의 한 형태로서 수학을 이해하고자 하는 것이다. 즉, 수학적 지식은 다양한 집단의 풍습, 언어, 사고방식, 가치관 등 문화적 요소가 녹아 있는 삶의 한 표현양식임에도 불구하고, 학교수학은 주류집단의 특정 문화에 기반을 둔 사고유형, 지식관심, 그리고 가치체계를 반영하는 수학적 지식을 중심으로 운영되어 왔던 것이다 (Powell & Frankenstein, 1997). 예를 들어, 르네상스 시기에는 새로운 노동자계급이 등장하면서 매우 실용적인 차원에서 수학적 지식에 대한 접근이 이루어졌고, 산업혁명 시기를 거치면서는 새로운 사회질서를 구성하기 위한 권력층의 지식인들을 교육하고 준비시키기 위한 차원에서의 수학적 지식이 학교수학 교육과정에 포함되기 시작하였던 것이다(D'Ambrosio, 2010).

'문화성의 원리'를 반영한 다문화 수학교수학습의 사례는 여러 가지가 있다. 우선 Lipka, Hogan, Webster, Yanez, Adams, Clarks & Lacy(2005)의 연구에서는 연구자들이 에스키모 원주민인 Yupik 학생 6학년생들을 대상으로 도형의 길이와 넓이를 학습할 때 그들 민족의 고유한 도구를 사용하였을 경우 어떤 학습효과를 가져오는지 조사하였는데, 그 결과 Yupik 부족의 문화적 맥락을 반영한 고유한 도구를 사용한 실험집단이 비교집단에 비하여 통계적으로 유의미한 향상이 있었음을 확인하였다. 연구자들은 학생들이 고유의 문화적 유산을 활용하여 수학수업을 구성할 때, '안전지대(safe zone)'에서 학습하는 것과 같은 편안한 분위기 속에서 보다 흥미를 가지고 더욱 적극적으로 수학학습에 참여할 수 있었다고 주장하였다.

또 다른 예로서 Bennett(2007)은 다문화교육의 목적을 '문화적 인식'으로 삼고, 이를 확인하고자 초등학교 2~3학년의 기하학 도형에 관한 수학적 사고를 학습내용으로 하는 '라마단의 등불'이라는 수학수업을 소개하였다. 이 수업의 목표는 이슬람교에 관한 지식을 얻고 모형블록을 통해 도형의 모양을 인지하고 그 이름을 알아보며 좌우대칭 패턴 등을 학습하는 것인데, 이를 「Magid Fasts for Ramadan(Mathews, M., 1996)」라는 문학작품을 활용하여 이슬람문화에 관한 학습과 수학학습이 동시에 이루어지게 한 것이다. 또한 이슬람교에 관한 지식을 얻음과 동시에 평면도형을 접거나 회전시키는 것을 학습하는 목표를 가진 '퀼트디자인' 수업을 통해 초등학교 4~6학년 수준의 기하학적 변형과 대칭을 가르치고자 한 활동도 있었다. 즉, 이차원 설계도에서 선대칭, 회전대칭을 학습하고 관련된 다양한 문제들의 여러 가지 답을 탐색하도록 수업을 구성하였는데, 이 수업은 'Egyptian Quilt Makers' 비디오와 다양한 퀼트 디자인 사진을 자료로 사용함으로써, 이슬람의 문화와 수학학습이 동시에 이루어질 수 있도록 구성하였던 것이다.

요컨대, 수학도 다른 지식과 마찬가지로, 인간의 삶, 문화, 가치로부터 독립된 순수한 이성적 산물이라기보다는 다양한 집단의 삶, 가치관, 사고방식 등을 수학적으로 표현한 지적산물에 해당하는 것이다. 이와 같이 수학에 포함되어 있는 다양한 문화적 요소를 인정하고, 이를 수학교육 속에 포함하는 것이 다문화수학교육을 위한 '문화성 원리'이다. 문화성 원리에 따라 다양한 집단의 수학적 유산을 접촉하고 경험하는 것은 학생의 수학적 사고와 창의성을 풍부하게 하고, 그와 더불어 타인과 의사소통할 수 있는 역량을 함양하며, 그동안 주변화되어 왔던 다양한 집단의 수학적 산물을 인정함으로써 이를 창조한 인류집단에 대해 인정하고 존중하는 것을 배우는 것이다. 이를 통해 모든 수학학습자가 자신의 수학적 역량에 대한 자존감을 발전시키며 왜곡되지 않은 수학적 정체성을 형성할 수 있는 교육적 맥락을 제공할 수 있을 것이다.

(2) 평등성 원리

다문화수학교육의 '평등성 원리'는 첫째, 학생의 배경을 고려한 차등적인 교육 차원의 평등성, 둘째, 고등수준의 수학 학습기회를 제공하는 차원에서의 평등성, 셋째, 수학 학습참여 기회 차원에서의 평등성으로 구분할 수 있다. 그동안 수학의 문화성을 고려하지 않는 관점에서 학생들의 학업 부진 및 부적응은 학생 개인의 능력 혹은 노력의 문제로 간주되어 왔다. 하지만 많은 연구들은 학생들이 가지고 있는 민족, 인종, 언어, 계층, 선행경험 등으로부터 형성되는 다양한 배경과 학교문화 사이의 불일치가 성공적 학습에 장애요인으로 작용하여 결과적인 교육기회의 불평등을 초래하고 있다고 주장한다(Bennett, 2007; Gibson, 1976; Ladson-Billings & Henry, 1990). 이처럼 문화적 배경의 차이에 따른 학생의 개별성을 고려하여 차등적인 교육이 이루어지도록 수학교과의 교수학습과정을 구성하는 것이 평등성의 원리이다. 이처럼 다문화수학교육이 지향하는 '평등성 원리'는 학교수학 외의 다양한 수학체계가 서로 대등한 관계를 유지하는 학습의 맥락을 제공하여 모든 학생이 동등하게 성공적인 학습에 도달할 수 있도록 지원하는 것을 의미한다.

수학교실에서의 평등한 학습 참여는 모든 학생이 수학학습에 의미 있는 참여자로서 역할하게 한다는 데 의의가 있다. Lave & Wenger(1991)가 주장한 바와 같이, 맥락학습(situated learning)을 통하여 획득된 지식이 상호작용적이고 생산적인 역할을 하며, 이를 위해서는 평등한 학습 참여 구조를 기반으로 모든 학생이 수업에 전적으로 참여할 수 있는 환경의 조성이 필수적인 것이다.

평등성의 차원은 언어, 문화적 풍습, 선행경험 등과 같이 학생의 다양한 배경을 고려한 차등적인 교육이 이루어져야 함을 의미한다. 그 한 예가 Chappell & Thompson(2000)의 연구인데, 연구자들은 다양한 민족집단의 문화적 배경이 녹아 있는 문학작품을 활용하여 수학수업을 할 경우 학생들의 수학적 추론능력 및 소양을 발달시킬 수 있는 수학적 대화를 촉진시킬 수 있다고 주장하였다. 이와 같은 수업은 문학, 천문학, 기상학, 지리학 등 다양한 학문들과 통합적으로 학습할 수 있는 기회를 제공하는데, 이는 타 교과와의 통합적인 학습이 삶 속에서 교과 혹은 학문의 영역이 개별적이기보다는 통합적으로 드러나는 일상적 양상과 유사한 학습방법이라는 점에 그 장점이 있다.

또 다른 예로 Brenner(1998)는 하와이원주민 학생들에게 그들의 하와이 크레올 영어(HCE)를 사용하여 수업한 후, 이를 평가를 통해 표준영어를 이용하여 수업을 실시한 통제집단과 비교하였다. 그 결과 HCE를 사용하여 수업을 받고 평가를 받은 실험집단이 그렇지 않은 집단과 비교하여 통계적으로 유의한 차이를 보이는 것으로 확인하였다. 또 다른 사례로 Leonard(2009)는 언어적으로 유창하지 못한 학생들에게 수학내용을 구체적 사물들을 통해 시각화하여 제시하는 것이 효과적일 것이라는 가정하에 실생활 맥락의 소재를 활용하여 만들기 프로젝트를 실시하였고, 그 내용은 자신의 공동체에 익숙한 집, 건물, 도시 등을 만드는 것으로 미술, 사회, 역사 등 수업과 통합적으로 시행하였다. 이 프로젝트 수업을 통해 언어적으로 다양한 학생들이 흥미를 가지고 수업에 참여하고, 실제적 맥락에서 수학의 실용성을 체험하는 기회가 될 수 있으며, 더 나아가 언어적 제한이 있는 학생들에게 시각화 도구들이 효과적이라는 사실을 알게 되었다.

(3) 개혁성 원리

수학의 발전은 과거의 수학적 지식을 그대로 답습하기보다는 기존의 수학적 지식에 대한 비판적인 시각을 바탕으로 한 사고와 수정, 보완의 과정을 통해 다양한 수학적 발견과 발전이 이루어진 것을 알 수 있다. 다양한 집단의 민속수학을 경험하고 이해하는 것은 주류수학의 지적인 전통을 답습하는 것에서 탈피하여 수학적 소양의 풍부함, 사고의 유연함, 비판적인 수학적 사고의 촉진에 긍정적인 작용을 한다. 이처럼 여러 민족, 인종, 계층 등이 공존해야 하는 미래 세계시민으로 다양한 집단과 의미 있게 소통하고 공존하며 현실의 수많은 모순, 불평등, 부조리 등에 대하여 비판적 시각으로 고찰하고 그것을 개혁할 수 있는 능력을 갖추는 것이 미래 시민의 필수적인 자질일 것이다(D'Ambrosio, 2010; Gutstien, 2003; Nieto & Bode, 2008). 그러한 맥락에서 좁게는 수학적 지식에서, 넓게는 다양한 사회적 문제들에 대하여 비판적으로 사고하고 개혁하려는 노력이 다문화수학교육을 위한 '개혁성 원리'이다. 즉, '개혁성 원리'는 수학수업에 다양한 사회적 이슈들을 포함시킴으로써 사회, 문학, 역사, 미술 등 다른 교과와의 통합적인 교육이 가능하도록 하며, 학생 스스로의 능동적인 변화를 촉구하려는 것이다.

개혁성의 원리를 적용한 일례로 Gutstein(2003)은, 라틴계 7~8학년 학생들이 수학적 지식에 대하여 비판적으로 인식하고 개혁적인 역량을 발달시킬 수 있도록, 수학학습에서 다양한 사회적 정의와 관련된 자료를 제공하였다. 이처럼 사회적 정의에 대한 자료를 활용한 수업을 진행한 결과, 학생들은 다양한 퀴즈, 시험, 프로젝트 과제 등을 성공적으로 해내었고, 몇몇 학생들은 자신의 수학적 사고 및 이론적 해석을 다른 학생 및 교사와 의사소통을 통해 공유하기도 하였다.

또 다른 예로 송륜진(2010)은 중학교 1학년의 함수와 그래프 단원에서, 우리 세계에 존재하는 난민의 문제, 아동 노동력착취의 문제 등 사회적 이슈를 포함하여 수학수업을 구성하였다. 그 결과 학생들은 수학 학습의 흥미 및 동기 유발 측면에서 긍정적인 변화를 보였고, 제시된 사회적 문제뿐 아니라 학벌주의, 학력차별 등 다양한 사회적 이슈에 대하여 논의하기도 하였다. 이처럼 '개혁성 원리'를 반영한 수학수업은 학생들에게 다양한 사회적 문제에 대하여 관심을 갖도록 하며, 자유, 평등, 평화, 사랑 등 인류가 궁극적으로 추구해야 하는 공통의 가치에 대하여 사고할 수 있는 기회를 제공한다는 측면에서 큰 의미가 있는 것이다.

2) 비판적 다문화교육을 위한 교수지침

앞서 소개한 다문화수학교육의 세 가지 원리 및 적용사례연구의 분석을 통해서 우리는 다문화적 가치와 내용들을 활용한 교과내용 지도의 원리와 방법론을 고안할 수 있을 것이다. 그러한 맥락에서 본 절에서는 비판적 다문화교육을 위한 수업지도상 교사의 유의점들에 대해 논의해 보기로 한다.

(1) 다문화교실의 문화적 차이에 대한 이해

다문화교실은 그 문화적 차이와 다양성으로 인해 관심을 기울여야 할 여러 가지 상황이 발생하기 마련이다. 그러한 상황들에 효과적으로 대처하고 효율적인 수업을 진행하기 위해서 교사가 기억해야 할 몇 가지 사실들이 있다.

첫째, 교사는 자신도 하나의 문화에 속하며 그 문화의 영향을 받고 있는 하나의 문화적 존재로서 자신의 교수행위가 문화적으로 중립적일 수 없다는 것을 깨달아야 한다. 즉, 교사의 교수전략은 그가 살아온 문화적 가치의 영향을 받고 있을 수밖에 없다는 사실이다(Heimlich & Norland, 1994). 예를 들어, 개인주의 중심 문화에서는 학생들의 질문, 의견 발표, 수업 참여 등에 있어서 개인적 자발성, 독창성 등을 강조하기 마련이지만, 집단적 공동체주의가 강조되는 문화에서는 그러한 행위가 기대되거나 바람직하게 여겨지지 않을 수도 있나는 사실이다.

둘째, 주류문화를 바탕으로 개발된 학습방법은 문화적 차이에 대한 고려를 바탕으로 적용되어야 한다. 예를 들어, 교사와 학생의 위계적 질서에 민감한 문화에서 자란 학생들에게는 멘토제가 주류문화의 교수학습방법에 적응하기 위한 완충장치로 효과적으로 활용될 수 있고(Carbaugh, 1998), 비주류문화 출신의 학생들에게 컴퓨터와 같은 매체를 활용하면, 교육매체의 활용이 문화적 차이를 완화시켜 주는 좋은 도구가 될 수 있다(Coombs, 1993).

셋째, 다양한 문화들 간의 차이에 의해 다문화교실은 다음과 같은 대조되는 문화적 특성들이 대면하는 공간이 된다(Sadker & Sadker, 1990).

① 개인주의(individualism) 대 집단주의(collectivism): 개인주의적 성향이 강한 문화와 집단주의적 성향이 강한 문화가 있다. 우리나라는 과거의 집단주의적 성격이 강한 문화에서 근래에 개인주의가 강화되는 경향이 있지만, 아직도 많은 사회가 집단주의를 여전히 중시하는 문화적 특성을 유지하고 있다.

② 단일성 시간(monochronic) 대 복합적 시간(polychronic) 개념: 단일성 시간관을 가진 문화는, 물질적 · 도구적 시간관은 시간을 저장 · 사

용・낭비・분실・예비・소모한다는 개념을 가지고 있어서 스케줄이나 효율성을 위해 인간적 상호작용이 간과되는 경향이 있는 반면, 복합적 시간개념을 가진 문화는 시간을 물질로 보고 이 시간을 활용하는 시간개념보다 시간에 영향받는 사람들의 소통, 참여, 상호작용의 완성에 더 많은 관심을 갖는다.

③ 평등주의(egalitarianism) 대 위계주의(hierarchy): 평등주의적 문화가 강한 사회는 개인주의적 사회와 비슷한 특성을 갖는데 공평성이나 기회균등을 중요시하고, 위계성을 경직된 사회의 특징으로 여긴다. 반면 위계주의적 문화가 강한 사회는 집단주의적 사회와 비슷한 성격을 갖는데, 개인차를 인정하고 다양한 사회적 계급의 지위와 역할을 위한 위계성을 당연한 것으로 받아들이는 경향이 있다.

④ 행동(action) 지향 대 존재(being) 지향: 행동을 강조하는 문화는, 예를 들어, 미국사회와 같이 관념이나 이론보다는 행동이나 실천, 그리고 효율성을 중시하는 실용주의적 문화인 반면, 유럽과 같이 역사와 전통을 가진 사회는 사상, 이론, 철학, 휴머니즘 등 가치실현을 중요시하는 문화이다.

⑤ 변화 대 전통: 우리나라와 같이 급속한 경제 성장을 경험하고 있는 신흥 산업국가는 발전과 성장을 우선시하는 변화를 추구하는 문화에 해당된다고 볼 수 있고, 전통을 고수하는 문화는 성장과 발전도 중요시하지만 오랜 역사와 전통의 의미를 잃지 않으려고 노력하고 실제로 그러한 부분에 많은 사회적 관심과 투자가 이어지는 사회가 있다.

⑥ 의사소통 스타일의 차이: 사람들의 의사소통 스타일은 국적이나 민족, 성별, 인종 등 문화적 변수에 따라 달라지는데, 그 대표적인 스타일의 예로 단도직입적 대 우회적, 직접적 대 간접적, 밀착하기

대 거리두기, 규정적 대 개인적, 합리적 대 관계적인 스타일 등이 대조를 이룬다.

⑦ 권력의 불균형(power imbalances): 다양한 문화들은 정치적·경제적 세력 차이에 의한 불평등한 서열화로, 문화들의 상대적 이익과 불이익 정도는 그 문화의 사회적 권력의 위치에 좌우되는 것이 현실이다.

다문화학교의 교사들은 다문화학생들의 배경문화가 이러한 대조적인 문화적 특질들 어디에 해당되는지를 이해하고 있을 필요가 있고, 그러한 문화적 특질들을 감안한 수업지도 및 학급 운영 전략을 마련하여 다문화교실을 이끌어 나아가야 할 것이다.

(2) 다문화교실을 위한 교사의 태도

다문화교실은 동질적 언어, 문화, 집단으로 이루어진 단일문화교실과 비교해서 교사의 수업지도 과정에서 인종, 민족, 언어의 문제 등이(Davis, 1993) 드러나게 된다. 이럴 경우 다문화학생들이 미묘하게 느낄 수 있는 편견 어린 시선(Green, 1989; Sadker & Sadker, 1992; Woolbright, 1989), 무시하거나 뚫어지게 쳐다보는 태도(Institute for the Study of Social Change, 1991), 그리고 그들의 문화나 존재, 가치, 견해 등에 대해 비하하는 태도 등이 그들의 소외감을 확대시키고 학교생활 및 사회적응의 방해요인이 될 수 있다. 따라서 교사들은 자신이 가진 편견들에 대한 반성적 회고를 촉진하는 다음과 같은 질문을 스스로에게 던져 볼 필요가 있다.

〈교사의 반성적 회고를 위반 질문〉

○ "어떤 편견이나 전형적 기준을 가지고 학생들을 대하고 있지는 않은가?" ○ "이중적 잣대를 가지고 학생들을 상대하지는 않는가?" ○ "다문화학생들의 생각이나 의견을 그들의 한국어 구사력이 부족하다는 것을 핑계로 무시하거나 귀 기울여 듣지 않는 것은 아닌가?" ○ "그들의 문화적(국가적) 배경에 따라 차별하지는 않는가?" ○ "그들의 관심사나 장래희망에 대해 선입견(막연한 문화적 추측)이나 편견(예, 그런 꿈을 갖는 것은 실현 불가능해!)을 바탕으로 판단하고 있지는 않은가?"

사실 다문화교실에 적합지 않은 교사들의 행동들은 대부분 무의식적으로 발생하는 것으로, 교사들은 학생들의 태도에 반응하는 자신들의 행동과 태도를 총체적으로 점검해 볼 필요가 있다.

이에 더하여 교사들은 다음과 같은 사항을 명심하여 학생들을 대하며 수업을 이끌어 갈 필요가 있다(Institute for the Study of Social Change, 1991).

〈교사의 학생에 대한 태도〉

○ 학생들을 개별적으로 대하고, 개개인을 존중하라. ○ 그들의 공통점이 그들의 독특성을 가리게 하지 말라. ○ 어떤 특정한 문화집단에 대한 자신의 경험이나 감정, 기대를 바탕으로 그 속에 속한 개인을 평가하려고 하지 말라. ○ 어떤 학생들에게는 그들의 집단적 정체성이 매우 중요하다는 점을 인식하라.

Hooks(1994)는 다문화교육은 자유의 실천으로서의 교육의 가장 중요

한 본보기라고 역설하면서, 교사는 주류문화 위주의 세계에서 소외된 삶에 대한 경험과 이해가 필요하고, 그러한 교사의 자각이 다문화교육을 만들어 가는 원동력임을 강조한다. Hooks는 이를 위해서 첫째, 교사가 자기 성찰과 회고의 시간을 갖는 것이 중요하고, 둘째, 주류문화의 외부에 위치한 그들의 경험에 대해 물어보고, 셋째, 다문화사회 속에서 소수민(이민자)으로 살아간 이야기를 다룬 매체, 문학작품 등을 가능한 한 많이 접해 보라고 권고한다. 특히 교사로서 교육자로서의 자세와 수업태도를 성찰적으로 돌이켜보기 위해 다음과 같은 구체적인 방법을 시도해 볼 것을 제안하였다.

〈교사 자신의 수업태도 성찰〉

○ 자신이 소수자의 상황에 처해 있다고 생각해 보라. ○ 스스로에게 그 느낌이 어떤 것인지, ○ 어떤 제한점이 자신의 행동과 성취를 가로막는지, ○ 다문화교실에서 권력이 어떤 작용을 하는지, ○ 이것이 학습자에게 어떤 영향을 주는지 생각해 보라.

마지막으로 교사가 다문화교실을 원활하게 운영해 나가기 위해서는 다음과 같은 사항들을 살펴볼 필요가 있다.

〈다문화 교실의 운영 지침〉

○ 한국어에 익숙지 않은 다문화학생들을 고려하라. 그들의 과제와 시험에서 한국어의 미숙으로 인해 발생하는 성취 부족의 문제를 어떻게 다룰지에 대해 분명한 지침을 미리 세워 두고 이를 공정하게 적용해야 한다. ○ 학생들이 소집단을 통해서 교실 안팎에서 서로 도울 수 있도록 독려하라. 혹시 따돌림 현상이 있는지도 관심 있게 지켜보아야 한다. ○ 될 수 있으면 많은 집단활동이나 협동적 학습경험의 기회를 제공하는 것이 좋다. ○ 학생들의 다양한 배경과 독특한 관심들을 반영할 수 있는 과제나 시험 내용을 고안하여 실시하면 좋다. ○ 학생들과 비공식적인 만남의 기회를 가지면, 그것이 동기 유발과 학업 정진에 도움이 되고, 교사가 학생들을 보다 잘 이해하며 멘토링 역할을 해 줄 수 있는 계기가 될 것이다. ○ 학생들에게 자신만의 경험을 벗어난 관점들을 탐색해 볼 수 있도록 격려해 주는 것이 좋다. 그러한 도전에 도움이 되는 수업이나 서적들을 소개해 주고 그 내용에 대해 토론하는 시간을 가질 수 있다. ○ 모든 학생들이 서로서로를 잘 알아갈 수 있는 친목 모임의 기회를 마련해 보자.

이상과 같은 다문화교실 운영상의 지침을 염두에 두고 수업을 진행한다면, 다문화교실의 문화적 다양성을 중요한 학업 촉진의 기회로 삼을 수 있을 것이다.

(3) 교사의 편견 극복 및 태도 변화 전략

교사가 자신이 가진 문화적 편견을 극복하고, 이를 바탕으로 다문화교실 및 다문화학생들을 대하는 태도에 변화를 가져옴으로써 성공적인 다문화교실을 만들어 가기 위해서는 다음과 같은 사항들이 요구된다(Chicago Cultural Studies Group, 1994, 114-139).

① 문화적 민감성(cultural competence)을 가짐으로써 다양한 문화에 대한 이해와 소통능력을 바탕으로 어떤 언행이나 태도가 문화적으로 적절하고 적절치 않은지를 적절히 판단할 수 있게 된다.
② 교사의 자기 충족적 예언(self-fulfilling prophecies)을 극복하여, 모든 학생들이 동등한 기대와 신뢰를 느낄 수 있도록 해야 한다.
③ 다문화학생에 대해 과도하고 부자연스러운 태도를 취하면, 다문화학생의 자존감에 손상을 줄 수 있고, 그들이 자신의 잠재능력을 과소평가하게 되는 결과를 가져올 수 있다. 그러므로 장애인에 대해 자연스러운 태도를 갖듯이, 다문화학생에 대해서도 자연스러운 태도를 취함으로써 특정 문화집단을 옹호하려는 태도의 역효과를 방지할 수 있다.
④ 학생들을 칭찬할 때는 그들의 장점과 성취를 공평하게 인정해 주면서 모든 학생들을 동등하게 대하라. 학급에서 토론을 할 때에는 학생들의 색다른 접근법이나 관점을 환영한다는 사실을 강조해 주고, 학생의 어떤 견해도 존중한다는 것을 명시할 필요가 있다. 만일 주류학생들이 다문화학생들의 의견을 무시하는 경향이 있으면, 이를 분명히 지적하고 토론분위기를 교정해 주어야 한다.

이상에서 언급한 것에 앞서 다문화교실의 복잡성과 다양성에 대해 인식하는 것은 교사의 기본적 자세가 될 것이다.

마지막으로 교사가 수업을 지도할 때 유의해야 될 사항으로는 다음과 같은 것들이 있다(오은순 · 강창동 · 진의남 · 김선혜 · 정진웅, 2007).

〈다문화 교실 지도시 유의사상〉

① 교사의 언어 사용 패턴이나 사례들이 특정 집단을 배타시하거나 멸시하지는 않는가?
② 학생들이 다양한 사회경제적 배경을 갖고 있다는 사실을 기억하라.
③ 학생들의 배경에 대한 막연한 추측으로부터 나오는 표현이나 용어 사용을 조심하라(예: 부모님은 합법적인 체류자인지?).
④ 다양한 사회적·문화적 맥락에서 나오는 사례연구, 실례, 예화 등을 활용하라.
⑤ 학생들이 교실 내 문화적 분위기에 대해 어떻게 느끼는지 감지하라.
⑥ 교사가 학생들의 느낌과 의견을 듣고 싶어 한다는 사실을 알려 주고, 쪽지나 중간평가 등을 이용하여 다음 사항에 대해 피드백을 받으라.
 ○ 교사가 학생들을 공평하게 대하였는가?
 ○ 이 수업을 듣는 데 곤란하게 느꼈던 점은 무엇인가?
 ○ 학생의 어떤 문화적·인종적 배경이 수업 참여에 지장이 되었나?
⑦ 수업에 참여하고자 하는 학생들의 반응행동을 유심히 관찰하라.
⑧ 학생들의 코멘트나 질문에 주의 깊게 경청하고 곧바로 반응하라.
⑨ 가능하면 정확한 발음으로 이름을 부르도록 하라.
⑩ 학생들이 보다 긴 문장이나 설명으로 응답할 수 있도록 프롬프트(prompt)를 제공하라.
⑪ 학생들이 응답할 수 있는 충분한 시간을 주어라.
⑫ 다른 학생들에게 방해받지 않도록 수업분위기를 조절하라.
⑬ 요약 및 정리 시간에 학생이 제시한 의견을 언급하라.
⑭ 피드백을 제공해 주고 비판과 칭찬을 균형 있게 다루어라.
⑮ 편견을 바탕으로 하여 학생을 섣불리 도와주려는 태도를 삼가라.
⑯ 교수방법적 모델을 다문화교실의 상황에 맞추어 재검토하라.
 예: 교사들은 의견을 제시하고, 자주 발표하고 질문하는 적극적인 학생들을 높이 평가하는 경향이 있다(Collett, 1990).

⑰ 자신의 문화에 대한 지나친 강조도 경계해야 한다. 그러한 태도는 다문화교육의 궁극적인 지향점인 다양한 문화적 배경의 스펙트럼에 대한 학생들의 이해에 도움이 되지 않는다(Pemberton, 1988).

⑱ 모든 다문화학생들이 그들의 선조의 문화나 언어, 전통에 대해 통달했다고 가정하지 말라.

예: 일본계 다문화가정 학생에게, "독도문제에 대해서 어떻게 생각하니?"

조선족이나 한족 출신 다문화가정 학생에게, "~~~ 사자성어의 원래 의미는 무엇이니?"라고 묻거나 그것을 당연히 알리라고 기대하는 것

다음 장에서는 보다 구체적으로 다문화사회가 직면하고 해결해야 할 사회적 이슈인 다문화사회의 소수민들의 인권 및 정체성의 문제에 대해 논의해 보기로 한다.

05

다문화사회의 인권과 언어정체성

전통의 교육 이론 및 관념들은 유럽 중심적·가부장적인 내용과 관념을 중심으로 구성되어 있고, 그로 인해 역사, 문학작품, 철학 등 분야에서 여성과 외국인, 그리고 지역적 담론들은 소외되어 왔다. 다문화사회에서 인권교육은 결국 어떻게 하면 지금까지의 소외된 계층에 대한 차별적 교육관과 그 현실을 극복할 수 있을까에 대한 내용이라고 볼 수 있다.

1. 다문화사회와 인권

1) 한국 내 이주노동자의 언어인권

(1) 이주노동자의 발생 배경

세계화는 국경 간 재화 및 상품의 이동을 촉발함으로써 필연적으로 국제적 노동이동(international labour migration)에도 큰 영향을 미쳤는데, 이러한 국제적 노동이동의 증거는 OECD 국가의 외국인 노동자(이하 이주노동자) 수나, EU 국가들 및 북미로의 이주노동자 수의 괄목할 만한 증가에서 확인할 수 있다(Alburo & Abella, 2002). 그런데 가장 큰 이주노동의 흐름은 선진국(45%)보다는 개발도상국(54%, 4,800만)으로 향하고 있으며, 특히 아시아는 세계적 이주노동 유발지역으로서 전 세계 총 8,900만 명에 달하는 이주노동자의 29%인 2,500만의 이주노동자가 아시아국가로부터 발생한다(ILO, 2004).

우리나라의 경우, 지난 30여 년간의 수출 주도적 경제 성장 전략으로 대외교역 규모가 급격히 증가하였고, 경제발전에 따른 소득 향상, 고학력화로 인해 3D업종을 중심으로 해외에서 단순 기능 인력의 유입이 증가하였다. 특히 한국의 생산 관련 직종의 인력 부족이 심화되기 시작한 1980년대 후반부터 우리나라는 아시아 국가들의 저임금노동자들을 적극적으로 들여오기 시작했고(노동부, 2002), 우리나라의 임금수준이 중국과 동남아시아 여러 나라들의 임금수준에 비해 7배에서 14배까지 차이가 남으로 인해(한국노동연구원, 2001), 여러 아시아 국가들로부터 많은 이주노동자들이 한국으로 들어오기 시작했다. 이러한 현상은 다음의

[표 8]에서처럼, 현재 우리나라에 거주하는 이주노동자 현황을 통해서도 확인할 수 있다.

[표 8] 이주노동자 현황(1986~2010년)

연도	이주노동자 현황								
	총계	합법	미등록	1 - 이주자들의 주요 출신국가 / 2 - 이주민 수					
1986	116,938	N/A	N/A	1	Japan	USA	France	United Kingdom	Germany
				2	71,684	30,376	1,092	1,018	825
1994	66,654	N/A	N/A	1	China	Japan	USA	Philippines	Indonesia
				2	15,128	11,434	11,334	5,830	1,947
2002	118,303	N/A	N/A	1	China	Japan	USA	Indonesia	Philippines
				2	22,389	17,778	14,519	6,143	4,917
2010	560,708	505,387	55,321	1	Korean Chinese	Vietnamese	Philippines	Thailand	Indonesia
				2	305,430	51,953	30,517	25,542	25,168

* 출처: 법무부, 출입국통계연감(2003 & 2010)

1986년도의 우리나라 이주노동자들이 주로 일본, 미국, 그리고 유럽의 국가들이었음에 반해, 1994년 이후 중국이 최대 이주노동자들의 유입국으로 나선 후 오늘날에는 미국을 제외하고는 대부분이 아시아국가 출신의 이주노동자들이 한국의 산업현장을 채우고 있음을 알 수 있다. 더구나 이와 같은 합법적인 유입 이외에, 현재 한국에 체류 중인 이주노동자들의 3분의 2인 27만여 명이 미등록 이주노동자이고(법무부, 2003a), 그러한 신분적 불안정성이 그들이 경험하는 임금체불, 불평등한 대우, 언어 및 신체적 폭력, 인권침해 등의 문제의 직간접적인 원인이 되고 있다.

2010년 현재 우리나라에 거주하는 이주노동자들은 위의 표에서 나타나듯이 조선족계 중국인(305,430명)을 대표적으로 해서 베트남, 필리핀, 태국, 인도네시아 출신이 대부분을 차지하고 있고, 영어강사 직업을 위해 거주 중인 미국(14,440명)과 캐나다(5,419명) 등 영어권 국가 출신은 약 30~40%를 차지했던 90년대 이전에 비해 그 비율(현재 약 3.5%)이 현저히 줄어들게 되었다. 결국 우리나라의 이주노동자들은 대부분이 아시아권의 국가에서 온 사람들로, 이들 대부분 저임금 단순 생산직에 근무하고 있으며, 이들의 근무여건 또한 대단히 열악하다.

(2) 언어인권 문제의 현황

무엇보다도 이러한 이주노동자들의 가장 큰 어려움 중의 하나는 의사소통의 문제이다. 우리나라가 단일민족, 단일언어 사용국이라는 사회적 인식이 온 국민에게 팽배해 있음으로 인해 외국인이나 다문화가정 구성원 특히, 이주노동자들의 언어인권 문제에는 매우 둔감한 편이다. 대부분의 이주노동자들은 우리나라의 실정에서 언어소수자(language minority)로서 생활해야 하는데, 그들 대부분은 비영어권 국가 출신으로 영어로도 의사소통을 시도하기가 쉽지 않고, 한국에서의 생활이나 직장에서의 근로의 효율성을 위해서 자신들의 언어를 사용할 기회가 전무함은 물론, 한국어를 배울 기회마저 매우 한정되어 있다.

사실 이주노동자의 언어소통 문제는 기업체의 입장에선 노동생산성의 측면에서 중요한 변수가 되는 것으로 인식되고 있다. 외국 인력의 직무수행에 대한 영향요인을 조사한 바에 따르면, 외국 인력의 직무수행 장애요인으로서 '언어문제'(66.1%)가 가장 크다고 생각하고 있으며, 그 다음으로 '문화적 차이문제'(23.9%)라고 대답하고 있다(한국노동연구원 2003). 또한 외국 인력의 숙련 형성 영향요인에 대해서도 '언어능력'(49.6%)이 가장 중요하며, 그 다음이 '본국에서의 직업경험'(22.6%)이라고 대답했다. 실제로 외국인 노동자들의 한국취업 전 한국어 이해능력을 조사한 한 연구결과를 보면, 중국 조선족을 제외하고 거의 대부분 외국인 노동자들의 한국어 의사소통 능력은 매우 낮은 것으로 나타났다(정기선, 2003: 290).

기업체에서는 이주근로자들의 언어문제에 많은 신경을 쓰고 있기 때문에, 그들이 선호하는 이주근로자의 출신국적으로 재중(在中)동포를 가장 많이 원하는 이유가 '언어소통이 가능함'(95.5%, 복수응답)으로 조사된 것이다. 이와 같은 응답은 크게 두 가지 의미를 갖는 것으로 보인다. 첫째는, 한국에서 일하는 이주노동자들의 대부분은 저숙련, 비전문 노동인력이므로, 독립적·자율적 업무보다는 지시에 의한 단순노무가 대부분이고, 모국어 외에는 언어구사력도 미흡하므로 의사소통이 잘 이루어지지 않는 상황에서는 기업이 교육, 실습 등에 있어서 곤란을 겪지 않을 수 없기 때문이다. 다른 하나는 현재 기업들이 많은 수의 저임금 외국 인력을 필요로 하면서도 그들을 위한 언어적응 프로그램, 한국어교육, 그리고 문화적 이해 등을 위한 준비에 소홀하기 때문일 것이다. 실제로, 한국어교육 프로그램이 전무한 실정에서 이주노동자들은 공장에서 귀동냥으로 배운 한국말을 배운 상태에서 위험한 작업장에 배치되어 일을 하다가 얼마 되지 않아 산재를 당하게 되는 경우도 많아 이주노동자를 위한 충분한 언어교육은 그들의 가장 기본적인 건강과 생존에 연관된 중요한 과제라 할 수 있다.

정기선(2003)의 조사에 따르면, 중국조선족을 제외한 대부분의 외국인 노동자들은 한국어 의사소통능력이 상당히 취약함에도 불구하고 어쩔 수 없이 직장에서 한국인 상사나 동료와 한국어로 의사소통을 시도한다는 사람이 전체의 63%나 되는 것으로 나타났고, 다른 의사소통 수단으로는 '몸짓 또는 신호'가 16%, 그다음이 '통역'(10%)의 순으로 나타났다. 외국인 노동자들과의 의사소통 수단이 무엇인가를 한국인 근로자에게 물어본 결과도 '한국어로 한다'가 56.6%, '몸짓이나 신호로 한다'가

28.2%로 외국인 노동자들의 응답과 거의 비슷하게 나타났고, 그 외에는 필리핀 출신 등 극소수의 영어가 가능한 노동자들과 영어로 의사소통이 이루어지는 경우가 있을 뿐, 외국인 노동자들이 자신의 모국어를 사용할 수 있는 기회는 전무하다시피 한 것이 현실이다. 다음의 일화는 이러한 이주노동자의 언어인권의 문제가 어떻게 일상생활에서 현실적으로 드러나는지를 잘 보여주는 예이다.

> "찬드라 구릉은 1993년 어느 날 행색이 초라하고 말이 통하지 않는다고 신고를 당했대요. 경찰은 그녀를, 외국인이라 한국말을 제대로 못하는 것을, 1종 행려병자로 처리해 정신병원으로 보내버렸고요. 또 병원에서는 아무리 집에 가게 해달라고 울며, '나는 네팔사람이에요!', '나는 미치지 않았어요!'라고 매달려도 정신병자 헛소리라며 귀담아듣질 않고, 오히려 그녀는 강제투약을 당해야 했답니다. 그렇게 갇힌 세월이 6년 4개월. 그 긴 세월을 언니는 눈물로 보냈다고 합니다(이란주, 2003, 175)."

이러한 사건은 이주민노동자 및 다문화가정 구성원들에 대한 한국사회의 무관심과 몰이해를 단적으로 보여준 사건이다.

(3) 언어인권의 법적 배경

언어인권은 인간의 다른 동물과 구별되는 가장 중요한 특징으로써의 '언어권'(linguistic rights)과 '인권'(human rights)을 동시에 만족시키는 것으로, 단순한 언어선택권(language rights)과는 근본적으로 다르다(Skutnabb-Kangas, 2000). 민간단체(NGO)인 '언어권에 대한 세계위원회(World Committee of Linguistic Rights)' 1966년의 '시민적·정치적 권리에 대한 국제조약(The International Covenant on Civil and Political Rights)'과 같은 해의 '경제적·사회적·문화적 권리에 대한 국제협약(The International Covenant on

Economic, Social and Cultural Rights)'에 바탕으로 두고, 1996년 6월 바르셀로나에서 「언어권에 관한 선언문(Universal Declaration of Linguistic Rights)」을 채택하였다. 이 선언문에는 개인이나 집단이, 이민자들(immigrants), 난민들(refugees), 추방자들(deported persons) 및 이산자들(members of diaspora) 여부에 구애받지 않고, 자신이 속한 지역에서 자신의 언어공동체에 속해서 사적으로나 공적으로나 자신만의 언어로 의사소통하고, 그 언어에 의해 차별받지 않고 평등한 대접을 받을 수 있는 권리에 대해 명시하고 있다(1조). 또한 한 언어공동체의 구성원으로 인정받을 권리, 자신의 언어를 공적으로나 사적으로 사용할 수 있는 권리, 자신의 이름을 사용할 권리, 다른 언어적 기원을 갖는 공동체의 구성원과 교류하거나 관계를 맺을 권리, 그리고 자신의 문화를 발전시키고 유지시킬 권리 등에 대해서 명시하고 있기도 하다(3조). 또한 이 선언문은 다른 언어공동체의 영역으로 이주해 간 사람이 자신의 문화의 독창성을 유지하면서도 그 문화를 새로운 문화와 공유하면서 공존하도록 노력하는 태도를 견지할 권리와 의무에 대해 진술하고 있다(4조). 그리고 모든 언어공동체들의 권리는 그것이 공식언어든, 지방어든, 소수언어든 간에 법적·정치적인 지위 측면에서 동등하며 독립적이라고 선언하고 있다(5조).

이주노동자의 언어인권을 보장하는 것이 얼마나 중요한지는 그 자녀들의 교육문제를 통해서도 잘 알 수 있다. 2001년 교육부의 시행령 개정안 발표는 '불법체류자' 자녀에게도 동등한 교육권을 부여하고 있다고는 하지만, 실상은 교육부가 내린 지침을 두고 일선 학교나 교육청에서 다르게 해석하고 있기 때문에 실제로는 많은 이주노동자의 자녀들은 정규교육을 받고 있지 못하다. 심지어 이주노동자의 아이들이 한국어를 잘 모르기 때문에 학교입학을 허가할 수 없다는 일선학교들의 방침으로 정규교육을 받지 못하고 있는 아이들의 이야기는 우리나라의 언어인권에 대한 사회적인 이해수준을 잘 드러내 주는 사례인 셈이다(PD리포트, 2003). 산업현장의 인력 충원 필요성에 의해 많은 산업연수생 및 생산직 노동자들을 불러들여 놓고도 그 자녀들의 교육문제를 외면하는 정부와 교육기관의 태도는 오늘날 한국사회가 표방하는 세계화가 단순히 구호에 그치고 있는 현실을 잘 보여주고 있다.

2) 이주노동자의 언어인권과 언어정체성

(1) 언어인권 및 언어정체성의 개념적 배경

Fletcher(2004)는 정체성을 생물학적 정체성, 계급적 정체성, 문화적 정체성 등으로 구분하고, 생물학적 정체성(혹은 인종적 정체성)은 서구사회에서의 외국인 혐오, 배제적 인종주의 등에서 구체적인 예를 찾아볼 수 있고, 계급적 정체성은 고도로 사회적・정체적・경제적 계층 분화에 의한 이질화된 계층집단을 통해서, 그리고 문화적 차원에서는 종교, 생활관습, 언어 등에 따라 서로 다른 정체성을 가질 수 있다고 주장한 바 있다. 한국사회는 역사적으로 뿌리 깊은 신분제도의 유산에 의한 계급적 정체성에 대한 인식은 존재하지만, 생물학적・문화적 정체성에 대해서는 사회적 인식이 아직 형성되지 않았다. 다만 최근 성문화의 개방풍조에 의해 '게이(gay)'나 '트랜스젠더(transgender)' 등 성적 정체성 문제가 표출되기 시작했고, 세계화 시대를 맞이하여 산업・문화・사회・정치적 교류가 엄청나게 확대되어 많은 사람들이 다양한 목적으로 국내외로 일시 혹은 영구적으로 이주하고 있는 지금, 문화적 정체성의 일부로서 언어정체성의 문제는 이제 이주노동자만의 문제가 아니라, 우리 사회 전체의 중대한 문제 중 하나가 되었다.

박틴(Bakhtin, 1981)은 언어는 문화의 산물이며, 그 문화 속에서 언어 화자들은 상호관계성(interrelationship)을 이루고 의미를 창출해 내며, 자신들의 '목소리'를 통해 그들의 정체성을 드러낸다고 주장하였다. 이 개인들의 '목소리'는 개인의 언어적 정체성이 문화와 환경의 영향 속에서 형성되어 가는 양상이고, 사회는 이러한 다양한 정체성들을 인정하고 존중하여 모든 참여자들이 의미 있는 생활의 공동체를 이룰 수 있도록 해야 한다고 강조한 바 있다. 즉, 언어는 단순한 의사소통의 수단만이 아니라 한 개인이 자신의 자아정체성을 자신이 속한 문화 속에서 자리매김하는 중요한 매개체이며, 이런 의미에서 언어로 인해 결정되는 개인이나 집단의 정체성을 '언어정체성'이라 일컬을 수 있다(임채완, 1999).

Ochs & Shieffelin(1984)은 이 '언어정체성'의 개념을 '자아정체성으로서의 언어(language-as-identity)'라고 표현하고 여기에 '소속감(membership)'의 문제를 더하여, "언어란 개인이 속한 공동체로서의 민족관계를 상징적으로 드러내는 수단이다(Heller, 1988, 308)"라고 주장하였다. 동일한 언어를 사용하는 특정 집단(민족) 속의 개인들은 그 언어 사용으로 인한 집단적 정체성을 공유하게 되고 결과적으로 그 집단에 대한 소속감을 가질 수밖에 없다는 것이다. 언어화자의 사회문화에 대한 참여성을 보장하기 위해서는, 언어 사용자의 인식, 자율성, 신뢰성을 존중하고 그들의 언어 사용에 맥락성과 접근성이 보증될 때, 그들의 온전한 참여가 가능해질 것이다.

언어정체성과 언어인권의 관계의 구조는 문화정체성(cultural identity)과 문화인권(cultural rights)의 관계와 같다. 1993년 UN이 정한 「인권헌장」의 제15항에는 '경제적 · 사회적 · 문화적 권리'가 명시되어 있는데, 이는 특별히 소수 문화나 집단들의 자기 고유 문화적 정체성을 보전할 필요성에 대해 강조하고 있는 것이다. 제27조에 따르면 "소수 집단의 구성원들이 자신의 공동체 속의 다른 구성원들과 자신의 문화를 향유하고, 자신들의 종교적 신념을 표현하거나, 자신들의 고유한 언어를 사용할 권리"에 대해 명시하고 있다. 이러한 소수자들의 언어적·문화적 정체성은 한국에서 근무하는 이주노동자들에게도 분명히 존재하는 것으로, 그들의 인권에 대한 배려는 바로 그들의 정체성을 직접 드러내 주는 그들의 '목소리'에 대한 관심에서 출발한다고 할 수 있다.

(2) 이주노동자의 목소리와 자아정체성

이주노동자들이 내는 '목소리(voice)'가 바로 그들의 자아정체성을 드러내는 핵심적 기호(code)이다. 이 목소리를 통해서 어떻게 자아정체성이 드러나고 그것이 언어정체성과 어떤 연관성을 지니는가를 두 가지 개념적 틀을 통해서 설명하고자 한다. 첫째는 자아정체성을 형성하는 1차적 요인으로서 자각(awareness), 자율성(autonomy), 신뢰성(authenticity), 주체성(subjectivity)이라는 구성요인들(constitutive factors)이 있고, 이 구성요인들은 모국어와 자아정체성과의 관계에 관여한다. '목소리'는 이 네 가지 1차적 구성요인들에 의해 영향을 받는다. 요컨대, 자신의 정체성에 대한 판단(자각), 자아의 주체로서의 인식(주관성), 스스로의 목소리를 드러낼 수 있는 주체적 힘(자율성)과 그것을 자신감 있게 지속하고 유지할 수 있는 권위(신뢰성)가 그 사람의 목소리를 만들어 내는 원동력이 된다. 이러한 1차적 구성요인들은 바로 자신의 모국어(native language)를 자유롭게 배우고 사용할 수 있는 환경을 통해야만 드러날 수 있다고 본다. 즉, 자신의 모국어에 대한 근본적 소유권을 상실한 상태에서는 이러한 요인들이 온전하게 성숙될 수 없다.

둘째는 언어정체성을 형성하는 2차적 요인으로서 참여성(participation), 맥락성(contextuality), 접근성(accessibility), 그리고 공동체 의식(membership)의 수행요인들(performative factors)이 있는데, 이는 앞서 Van Lier(1996)가 강조한 바 있는 참여성, 맥락성, 접근성에 '공동체 의식'을 추가한 것이다. 1차적 형성요인들이 모국어에 있어서, 그리고 자아정체성의 문제에 관여하는 것에 반해, 2차적인 수행요인들은 모국어와 외국어의 관계에 따른 언어정체성의 문제에 관여하며 동시에 자아정체성의 핵심원으로서의 '목소리'에도 영향을 미치게 된다. 자아정체성을 형성하는 1차적 요인들은 가장 기본적인 것들로 언어정체성 형성의 기초가 되며, 이것이 없이는 2차적 요인들의 형성이 불가능하다. 하지만 2차적 요인들은 1차적 요인들을 바탕으로 형성된 자아정체성에 더하여 궁극적인 언어정체성을 완성하는 데 중요한 역할을 한다. 즉, 1차적 형성요인에 의해 이루어진 자아정체성은 2차적 수행요인들인 참여, 맥락성, 접근성, 그리고 공동체 의식에 의해서 외부로 드러나며 비로소 실천이 가능해진다. 이것이 1차적 형성요인에 의한 자아정체성과 2차적 수행요인에 의한 언어정체성 관계의 핵심이고, 이것이 '목소리'를 통해 자아정체성과 언어정체성을 포함한 상태로 외부로 드러나게 되는 구조인 셈이다.

이상에서 논의한 언어정체성과 관련된 주요 개념들을 도식으로 정리하면 다음 [그림 5]와 같고, 그 정수에서 재현되는 것이 바로 소수언어 사용자들의 정체성을 드러내는 언어화자의 '목소리'이다.

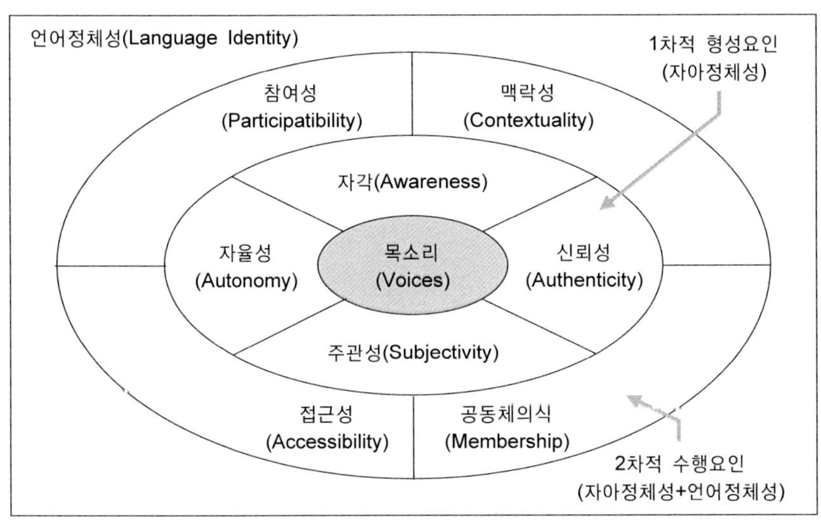

[그림 5] 언어정체성을 형성하는 요인들(박휴용, 2005, 218)

앞서 예를 든 이주노동자의 목소리들도 바로 위와 같은 정체성 형성 요인의 구조적 틀 속에서 이해할 수 있다. 이주노동자들은 목소리는 그들의 자아정체성을 바탕으로 그들이 이주노동자로서의 현실에 대한 자각을 바탕으로 스스로 자신들의 입장을 표현한 것이다. 처음에는 이러한 자아정체성을 드러낼 수 있는 기회가 부족하고 여건이 미성숙되었을지라도, 이제는 그 자아정체성을 바탕으로 한국사회에서 이주노동자의 문제들을 한국어를 통해, 그리고 궁극적으로 자신들의 언어를 통해 드러냄으로써, 한국사회에서 이주노동자들의 문제들을 공론화시키고자 하는 것이다. 그 구체적인 방법이 바로 2차적 수행요인들을 그들의 언어정체성을 바탕으로 현실화시키는 것인 셈이다. 그들은 자신들이 처한 상황을 바탕으로(맥락성), 자신들의 의견을 합법적이고 효과적으로 표현할 수 있는 매체를 통하여(접근성), 이주노동자들의 모든 의견을 수렴하고 적극적으로 외부에, 그리고 자신들의 현실적 문제들을 해결하기 위해 표출하는 방법을 통하여(참여성), 자신들이 근로현장에서 건전한 노동력을 제공함으로써 한국사회에 이바지하는 역할을 드러내고자 하는 것이다. 이러한 것을 가능케 한 것은 바로 그들에게 잠재해 있던 한국사회의 생산적인 일원으로 동참하고 싶어 하는 의지(공동체 의식)의 힘이었다고 볼 수 있는 것이다.

이주노동자들의 '목소리'가 갖는 의미를 이해하기 위해서는 바로 위와 같은 그들의 1차적 자아정체성의 형성요인들, 그리고 2차적 언어정체성의 수행요인들에 대한 올바른 이해가 필요하다. 모국어가 통용되는 사회에서 자라고 생활하는 사람들의 경우에는 이러한 정체성의 형성과 수행에 있어서 큰 문제가 생기지 않는 자연스러운 언어환경을 접하지만, 생소한 외국어 환경 속에 내던져질 수밖에 없는 이주노동자들의 경우는 상황이 전혀 다르다. 전혀 낯선 언어환경은 이들의 자아정체성과 언어정체성에 큰 도전을 가져다주며, 여기서 언어인권의 문제가 발생한다. 다음으로, 바로 생태언어론의 관점에서 이주노동자들의 언어인권의 문제를 어떻게 다룰 것인가에 대해 논의하고자 한다.

3) 생태언어론(ecology of language)과 언어인권

(1) 생태언어론

Haugen(1972)은 '생태언어론'의 개념을 빌려 언어란 환경과의 상호작용을 통해 다양하게 발전, 진화하는 문화의 한 형태로서, 자연을 보존하기 위해 자연의 생태적 환경을 보존하듯이, 언어의 생태적 환경도 자연스러운 변화, 발전을 위해 그 다양성이 보존되어야 한다고 주장했다. 기본적으로 생태언어론적 접근은 주류 언어집단뿐 아니라 소수언어자의 언어정체성과 그들의 언어인권을 존중하고, 언어정책을 결정함에 있어서 그들의 언어인권과 언어 사용환경을 배려하고자 하는 것이다. 따라서 생태언어론은 언어소수자의 언어인권을 지지하는 언어생태주의를 따르는 동시에 언어제국주의에 대한 확고한 비판의 입장에 선다.

이러한 언어생태학적 패러다임의 의미는 전 세계적으로 언어적 다양성을 유지하고, 다언어주의(multi-lingualism)를 주창하며, 모든 언어 사용자들의 언어인권을 보상할 것을 지지함과 동시에 더 나아가서는 소멸되어 가는 언어의 유지와 재활을 위한 언어정책을 수립할 것을 촉구하고 있는 것이기도 하다(Pavlenko, 2000; Hornberger, 2001, 2003). Skutnabb-Kangas & Bucak(1994)은 언어인권을 옹호하는 목적이 개인이나 집단의 정체성이 그들이 사용하는 언어를 인정함으로써 확립되며, 이로써 타인들로부터 존중감을 불러일으키고, 그들의 모국어 학습 기회를 말하기나 글쓰기를 막론한 모든 측면에서 온전히 보장하고, 모든 공식적인 상황에서 그들이 자신들의 모국어를 사용할 수 있도록 배려하는 것이라고 주장하였다. 결국 이러한 인간의 가장 기본적인 언어인권의 보장은 다양한 언어를 사용하는 제 민족들 간의 평등권을 보장하는 것으로, 만일 이러한 권리가 보장되지 않는다면 소수민족과 그들의 언어가 점차 사라지고, 개인이나 집단 차원의 그들의 운명에 심각한 결과를 초래하게 될 것임을 경고한 것이다. 그러한 맥락에서, 다음의 인용구는 생태주의적 관점에서 소수언어의 유지가 어떤 의미를 갖는가를 잘 보여준다.

이러한 맥락에서 Nettle & Romaine(2003)은 다음과 같이 소수언어의 생존 중요성을 강조한 바 있다.

> "소수언어의 사멸은 그것으로 표현되던 지식도 사라지게 만든다. 언어란 의사소통의 수단으로만 존재하는 것이 아니라, 생태계와 환경의 일부로서 살아 숨 쉬는 유기체이기 때문이다. 생물종이 가장 다양한 적도 지역에 세계 언어의 70%가 분포되어 있는 것도 그래서다. …언어가 사멸하면 존재할 수 없는 것들이야말로 소수언어가 사라져서는 안 될 결정적 이유가 된다. 어떤 두 언어도 같은 현실을 나타내지 않는다. 그것들은 다른 세상이다. 같은 세상에 이름만 다르게 붙인 것이 아니다(pp. 77)."

이상에서 논의한 바와 같이, 생태언어론은 소수언어 사용자의 언어인권을 존중하고, 위로부터의 세계화가 아닌 아래로부터의 세계화를 지지하며, 언어제국주의에 맞서 언어생태주의적 패러다임을 지향한다. 생태언어론은 언어소수자의 언어인권을 보장하고 제 언어와 문화, 그리고 그 언어공동체의 평등하고 조화로운 공존을 지향하는 이념이다. 현재 우리나라에 체류 중인 이주노동자의 출신국 대부분이 아시아 국가들이라는 사실이 우리나라 이주노동자의 언어인권 문제가 바로 이 생태언어론의 관점에서 논의될 필요가 있다는 사실을 웅변한다. 그렇다면 우리나라 이주노동자의 인권에 대한 대책은 어떠한가?

(2) 언어인권의 현황

1990년 UN 총회는 '모든 이주노동자와 그 가족의 권리보호에 관한 국제 협약'(International Convention on the Protection of the Rights of All Migrant Workers and Members of Their Families: 이하 '이주노동자 협약')을 의결하고, 2003년에 이르러 이를 20개국이 비준하여 이주노동자 협약이 발효되었지만, 이주노동자 유입국이자 송출국인 한국은 이 협약에 서명을 하고 있지 않아, 이 땅의 이주노동자들은 인간으로, 노동자로 살아가기 위한 최소한의 보장조차 받지 못하고 있는 것이 현실이다. 하지만 이러한 이주노동자 협약도 이주노동자의 언어인권에 관한 부분은 매우 제한적이고, 최소한의 법적인 권리만을 위주로 명시되어 있을 뿐이다.

예를 들어, 이주노동자의 '신체의 자유와 안전에 대한 권리(제16조)'에는 사법적 처분을 받을 시의 자신들의 언어로 의사소통하거나(5항), 통역인의 조력을 받을 수 있는 권리(8항)에 대해 명시하고 있으며, 이주노동자나 그 가족에 대한 형사상의 죄를 결정함에 있어서 자신들의 언어로 통고받을 권리(제18조 3항 a.)나 법정에서 무료로 통역의 조력을 받을 권리(3항 f.), 그리고 이주노동자와 그 가족이 법률에 따른 결정에 의해서만 추방되어야 하고 그 추방의 결정이 그들이 이해하는 언어로 통고되어야 한다(제22조 1~3항) 등 조항이 있을 뿐이다. 이처럼 이주노동자의 언어인권은 최소한의 법적인 권리행사에 있어서 그들이 이해할 수 있는 언어로 통보되어야 한다고 명시되는 수준에 머물러 있고, 하물며 우리나라는 이 협약에 참여하고 있지도 않은 실정이다.

다만, 이 '이주노동자 협약'에 "이주노동자의 가족은 취업국에서 다음 사항의 이용에 관하여 취업국의 국민과 평등한 대우를 향유한다(45조 1항)"와 "취업국은 적절한 경우에는 출신국과 협력하여 이주노동자의 자녀에게 특히 현지 언어를 가르치는 것과 관련하여 그들이 현지의 학교제도에 용이하게 적응하도록 하는 정책을 추구하여야 한다(동조 2항)"는 조항이 눈에 띈다. 이 조항에서 적시된 바와 같이, 이주노동자의 언어인권 문제의 해결안으로 크게 두 가지 접근법이 가능할 것이다. 첫째는 한국어교육을 확대하는 것이고, 둘째는 그들의 언어가 보다 원활하게 통용될 수 있도록 하는 것이다. 첫 번째인 한국어교육 확대의 측면에서는, 외국 인력에 대한 언어 및 문화 적응 훈련에 대한 조사에 따르면, 기업들은 '필요할 때마다 실시한다'(68.7%)가 대부분을 차지하였고, 정기적으로 실시하는 기업도 4.6% 정도 있는 것으로 나타나서, 실제로 많은 기업들이 생산성 향상을 위해 한국어교육 및 문화 적응 훈련 등을 실시하고 있는 것으로 조사됐다(한국노동연구원, 2003). 하지만 두 번째의 그들이 자신들의 언어를 사용할 수 있는 권리를 확대하는 것은 사회적으로 그리 단순한 문제는 아닐 것이다. 사회적 약자나 소수자의 인권을 존중하는 사회를 만듦으로써 궁극적으로 일반인들의 전반적인 인권이 보장되는 것처럼, 이러한 언어인권에 대한 배려는 결국 이주노동자의 인권문제를 점검하는 가장 기본적인 시금석이 될 수 있다.

(3) 언어인권과 문화제국주의

문화제국주의(cultural imperialism)에 대한 비판적 시각도 바로 그러한 맥락에서, '위로부터의' 근대화와 세계화의 이데올로기는 한 문화의 자생과 번영, 여러 문화의 공존, 각 문화의 자발적 변화를 이끌어 내기보다는 결국 각 문화들을 등급 매기고 줄 세워서, 소수의 주도적 문화가 다른 문화를 압도하고 지배하고 제거하고자 한다고 지적한다(홍성태, 2002). 결국 문화제국주의에 대한 비판은 서구 선진 자본주의국가들의 근대적 문화가 세계를 지배하게 된 현상을 지적하는데, 영어의 '세계 공용어화'와 같은 문제는 바로 이러한 문화제국주의의 가장 대표적인 사례인 셈이다. 언어소수자의 언어인권의 문제는 바로 이러한 문화제국주의의 일종인 언어제국주의를 비판하고 각각 소수의 민족과 그들의 언어와 문화를 존중하고 배려함으로써, 전 지구상의 생태적 언어, 문화환경을 유지하고 발전시키고자 하는 것이고, 이는 결국 인간의 가장 기본권인 언어인권을 배려하는 것이다.

우리가 겪고 있는 이주노동자들의 언어인권 문제는 바로 이러한 현실 속에 발 딛고 있고, 특히, 작금의 세계화 흐름 속에서 외국어교육에 대한 우리 사회의 입장이 다분히 이중적인 것도 바로 그 때문이다. 이러한 이중적 태도의 가장 비근한 예가 '영어공용화론'에 대한 한국사회의 입장으로, 영어공용화론은 한마디로 우리가 세계화의 새로운 질서에 발맞추어 나가기 위해서는 국제무대의 모든 분야에서 지배적 언어로 군림하고 있는 영어를 공용어의 수준으로 받아들이고 이를 전 국민적인 차원에서 학습할 필요가 있다는 논리인데, 이 논리의 바탕에도 '위로부터의 세계화'를 지향하는 신자유주의적 이념이 자리하고 있다(유팔무 외, 2000). 신자유주의적 이념에 의한 영어공용화론은 결국 '위로부터의 세계화', 즉 현실적 힘의 논리에 의한 약육강식의 세계화를 지지한다는 점에서 비판받아 마땅한 논리이다. 하지만 영어공용화론에 대한 반론으로 단순히 민족주의의 입장에서 한글전용만을 주장하는 것도, '아래로부터의 세계화'란 취지에서 보면 이 또한 비판의 여지가 있는 것이다.

한글전용론으로서 언어민족주의를 견지하는 것은 한글을 지키는 힘이 되지만, 세계화 시대의 미래지향적인 외국어교육에 대한 현실적이고 융통성 있는 대처를 어렵게 만들고, 영어공용화론은 언어제국주의가 구체화된 하나의 현실론적 이념일 뿐이므로, 이 상반된 두 주장은 어쩌면 동전의 양면일지도 모른다. 본고에서 주장하는 언어생태주의는 이러한 민족주의(한글전용론)와 제국주의(영어공용화론)의 부정적인 측면에 치우치지 않기 위해, 우리나라 언어 및 외국어정책이 발 딛고 있는 언어민족주의와 언어제국주의의 이중적 태도를 거부하는 것이다. 언어생태주의는 밑으로부터의 세계화, 즉 제 민족의 언어들이 동등한 자율성과 권리를 누릴 수 있는 생태적 언어환경을 추구한다. 이러한 언어생태주의의 도입을 통해 우리의 외국어정책 방향이 결정되고, 이주노동자의 언어인권의 문제도 이 틀 안에서 논의될 필요가 있다.

(4) 언어인권의 전망

이주노동자들이 한국사회에서 자신들의 모국어를 사용할 수 있게끔 되는 데에는 중대한 장애요인이 있는데, 그것은 바로 한국사회의 뿌리 깊은 배타적 민족주의에 기인한다. 언어문제에 있어서는 언어민족주의가 그것인데, 이러한 언어민족주의 이데올로기는 긍정적인 측면과 부정적인 측면 양면적 가치를 지닌 것으로 이해되고 있다. 한글이라는 귀중한 민족문화유산은 한반도에 거주하는 단일민족의 단결과 공영의 힘이지만, 반면 민족국가주의의 이데올로기로 인해 타 민족과 문화에 대해 폐쇄적이고 배타적인 양상을 나타내는 원인으로 지적되기도 한다. Brubaker(1992)가 이를 근대 국민국가의 내부에 여러 가지 '사회적 폐쇄(social closure)'의 구조, 예컨대, 지리적 경계, 군사적 대치, 민족(인종)적 차별, 시민사회의 요소 등－이라고 지적한 바와 같이 한국사회는 그 역사적・지리적 특수성으로 독특한 혈통적(혈연), 문화적(언어 등) 요인에 의한 사회적 폐쇄 경향이 존재하고, 동시에 이방인에 대한 타자화(alienation)의 방식이 존재하고 있다고 볼 수 있다.

한국사회가 이주노동자들을 필요로 하면서도 그들을 기본적으로 '불법체류자', '난민', '노예'의 이미지로 타자화한다는 지적(한건수, 2004)도 같은 맥락에서 이해할 수 있을 것이다. 그는 한국인의 뿌리 깊은 혈통주의, 인종주의적 이데올로기가 이주노동자들을 대상으로 인종질서를 서열화하는 양상을 나타낸다고 비판하였던 것이다. 함한희(1995)는 이를 한국인의, 생물학적 인종개념이 아닌, '사회적・문화적 인종개념'으로 보고, 한국인들이 외국인들을 그들 조국의 사회경제적 배경을 기준으로 서열화하고 있다고 지적한 바 있다. 즉, 서양강대국의 언어인 영어, 불어, 독일어 등은 우수한 언어, 그 언어를 사용하는 사람들도 우수한 인종으로 인식하는 반면, 이주노동자의 대부분을 차지하는 아프리카, 중동, 동남아시아 등 출신의 노동자들과 그들이 사용하는 언어에 대해서는 근본적으로 멸시하는 태도를 지니고 있다는 것이다.

대부분 아시아국가 출신들로 이루어진 우리나라 이주노동자들의 언어인권 문제도 바로 이러한 우리나라 언어정책의 직접적인 영향권하에 있다. 그들의 언어인권 문제는 한국사회가 세계화 시대의 언어(국어 및 외국어) 정책의 수립에 있어서 어떤 정책적 기조를 취해야 할 것인가를 결정하는 데 중요한 사안이 될 필요가 있다.

더구나 국경을 허물어 버리는 세계화의 거센 흐름은 이러한 언어소수자들의 언어인권 문제가 비단 한국 내 이주노동자들만의 문제가 아님을 일깨워 준다. 현재 한국은 저임금노동시장의 주요 인력수입국이지만, 1970년대 이후부터 중동, 유럽 등 세계의 여러 노동현장에 숙련 및 비숙련 인력을 파견해 온 인력수출국이기도 하기 때문이다. OECD 국가들 중 특히 한국은 국내로의 외국 인력의 유입과 국내 인력의 외국으로의 유출이 균형을 이루어 순이주율(net migration rate)이 영에 가까운 나라이다(유길상 & 이규용, 2003). 따라서 한국의 노동자들도 외국에 나가면 한국 내 이주노동자들이 겪고 있는 의사소통 문제와 똑같은 언어문제를 겪기 마련이다. 이러한 이주노동이 급속하게 확대되는 세계적인 흐름 속에서, 이제 한국사회도 언어인권의 문제를 심각하게 고려해야 할 시점에 놓인 것이다.

한국사회에서 이주노동자들이 겪고 있는 많은 어려움들 중에서 그들의 언어인권 문제는 가장 기본적이면서도 한국사회로부터 가장 등한시되어 온 문제이다. 이러한 이주노동자의 언어인권 문제에 접근하기 위해서, 생태언어론적 관점에서 그들의 자아정체성 및 언어정체성에 대해 살펴보았고, 이것이 그들의 '목소리(voice)'를 통해서 드러나고 있음을 확인하였다. 한국사회에서 이주노동자의 언어인권 문제는 소수언어와 소수언어 화자들에 대해 언어제국주의적 태도를 견지하느냐, 아니면 언어생태주의적 이해를 지향할 것이냐의 문제와 관련되는데, 이는 결국 이주노동자의 언어인권 문제가 단순히 한국사회 내에서 소수의 외국인근로자들이 겪는 단순한 의사소통의 문제가 아니라, 세계화의 대세 속에서 한국사회가 어떠한 언어정책을 쓸 것인가와 긴밀히 연관된 중요한 문제임을 확인한 것이다.

결론적으로, 언어인권의 문제는 이주노동자들의 경우와 같은 언어소수자들과 그들의 자녀들이 어떤 환경에 처해 있든지 간에 자신의 모국어를 사용할 기회를 갖는 것에서부터 출발하여, 그들 체류지의 언어를 습득할 수 있는 기회를 얻고, 그러한 언어들을 통해 자유롭게 의사소통하고 자신들의 목소리(voices)를 내어 놓으며, 궁극적으로 인간으로서의 자신들의 정체성을 확립하도록 하는 데 기여하는 중요한 문제가 될 것이다. 언어인권을 존중하는 것은 세계화 시대를 맞이한 우리나라의 언어정책 및 교육 전반에 있어서 꼭 다루어야 할 중요한 문제이고, 궁극적으로 상호 이해와 효율적인 의사소통의 증진을 통해 개인들의 삶의 의미가 공동체적 사회 속에서 조화를 이루어 갈 수 있도록 하는 원동력이 될 것이다.

2. 다문화사회의 언어정체성

1) 민족성(ethnicity), 언어, 정체성의 상호관계

다문화사회에서의 아동의 언어교육 문제를 고려하기 위해서는 이중어(bilingual) 혹은 다중어(multi-lingual) 교육의 문제, 민족성의 문제, 그리고 언어정체성의 문제를 모두 고려해야만 한다. 특히 다문화사회에서의 자녀의 교육적 성취를 위한 다중어교육에 대한 많은 부모들의 관심과 열정을 어떻게 교육적 및 사회적 차원에서 받아들일 것인지를 논의하기 위해서는 다음의 세 가지 사항에 대한 논의가 필요할 것이다.

첫째, 다양한 언어들 사이의 사회문화적・정치경제적 세력관계를 어떻게 이해할 것인가?

둘째, 다문화가정 아동의 민족언어정체성(ELI)의 문제를 어떻게 볼 것인가?

셋째, 다문화교육의 측면에서 이(다)중어교육의 궁극적인 방향과 그 의의는 무엇인가?

본 장에서는 이 세 가지 질문을 중심으로 다문화사회의 언어교육 및 언어정체성의 문제를 비판적으로 다루어 보고자 한다.

(1) 민족정체성

민족정체성(ethnic identity)은 민족적 소속감, 자긍심, 그리고 자신이 소속한 집단에 대한 긍정적 태도와 같은 감정으로 정의되고, 이 민족정체성을 통해서 사람들은 자신이 속한 민족집단의 한 구성원으로서 자신의 정체성을 갖는다. “정체성은 언어적 교섭작용을 통해 형성된다”(Noels & Clément, 1998, 114)는 주장처럼 언어는 사회적 상호작용과 사람들과의 의사소통의 매개체가 되기 때문에 민족적 정체성의 가장 중요한 요소의 하나이다. 민족언어정체성(ethno-linguistic identity), 민족언어생존력(ethno-linguistic vitality) 등의 용어들에서 보이듯이, 언어와 민족성은 서로 밀접한 관계를 맺고 있다.

한 언어화자가 자신을 같은 언어를 사용하는 공동체집단의 일원으로 인식하는 이유가 바로 이러한 민족언어정체성이라는 존재 때문인데, 이러한 동일시 현상은 외국어 학습의 경우에 잘 나타난다. 많은 연구들은 외국어 활용능력(L2 proficiency)이 뛰어나거나 외국어를 자주 사용하는 사람은 해당 외국어를 모국어로 하는 집단에 쉽게 자신을 동일시하고(Landry & Allard, 1998), 이러한 언어적 자신감은 그 대상집단의 문화적 정체성을 상당 부분 공유함으로써 생기는 것이다(Noels, Pon, & Clement, 1996). 이와 같이 외국어 학습의 사회적 효과가 상당하기 때문에, 민족언어정체성과 외국어 학습의 관련성에 대해 많은 의미 있는 연구들이 이루어지고 있다(Goldberg & Noels, 2006).

민족언어정체성의 문제는 다문화/다언어사회에서 살아가는 언어소수민 아동(LMC)에게 있어서 특히 중요한데, 그들은 자신의 모국어가 소외된 상태에서 주류집단의 문화와 언어를 배워야 하는 현실에 직면하게 된다. 이러한 소수민 아동의 언어정체성과 관련하여 다음과 같은 문제들이 제기될 수 있다. ① 그들이 우선적으로 배워야 할 제1언어에 해당하는 것이 전승어(heritage language)여야 하는가 아니면 지배집단의 언어야만 하는가? ② 이중어교육을 받게 될 경우, 동시적 이중어(simultaneous)를 목표로 할 것인가 아니면 순차적(sequential) 이중어를 지향할 것인가? 그리고 ③ 그러한 이중어학습이 결과적으로 부가적인(additive) 성격을 띠게 되는가 아니면 감쇄적(subtractive)인 성격을 띠게 되는가? 이러한 맥락 속에서 LMC의 사회적·문화적 현실은 그들 전승어의 사회적 지위와 다문화/언어 사회 속에서 얼마나 소외되고 있는지의 문제에 의해 크게 좌우된다. 만일 그들의 제1언어가 전승어이고, 그들의 이중어 학습이 순차적이고 감쇄적 성격을 띤다면 그들은 이중어 습득 아동이라기보다는 언어소수민 아동(LMC)에 해당되는 것이다.

(2) 민족언어정체성과 언어소수민 아동

부모의 인종적 편견과 자민족의 문화전통이나 역사에 대해 가치부 여하는 자세는 자녀들의 민족정체성의 형성에 유의미한 영향을 미친다. 민족적 사회화(ethnic socialization)의 경향성은 가족적 유대를 강화시키는데 기여하고, 여기에 사회문화적·경제적 지원이 더해지면 그 자녀들은 부모의 민족언어정체성을 긍정적으로 받아들이게 된다. 민족언어정체성(ELI)의 전수는 또한 한 사회 내에서의 다양한 문화들과 언어들의 정치적·문화적 역학관계에 크게 영향을 받는다. 언어소수민 아동들이 자신의 언어와 문화가 주류사회 속에서 그리고 학교교육의 과정에서 소외되고 주변화되면 그들은 긍정적인 문화언어정체성을 형성할 수 없다.

아동들은 친밀한 부모 자녀 관계성을 바탕으로 부모의 행동, 신념, 가치관 등을 배우게 되고, 민족정체성 또한 그러한 가족적 영향관계를 바탕으로 세대 간에 전수되게 된다(Chen, 2000). 이러한 개인의 민족정체성은 끊임없이 재구성되기 때문에, 문화적 교류나 혼합문화의 영향 속에서 언어소수민 아동들은 자신들의 전승문화와 자신이 속한 사회의 주류문화 사이에서 어디에 소속감을 가져야 할지 몰라 방황하게 된다(Rumbaut, 2005). 그런 의미에서 언어소수민 아동의 민족언어정체성을 논하는 것은 쉽지 않다. 예를 들어 Rumbaut(2005)에 따르면, 아동의 민족언어정체성에 영향을 미치는 요인으로 다음과 같은 것들이 있다. 태생이나 국적, 부모 자식 간의 유대관계 정도, 부모의 민족적 정체성에 대한 자녀의 인식(자긍심 혹은 열등감), 부모의 사회경제적 지위(부모가 높은 사회경제적 지위를 지니면 자녀가 그 전승정체성을 선택하게 될 개연성이 높은 경우), 그리고 자녀의 모국어 및 외국어 구사력 등이다. 요컨대, 그는 언어소수민 아동의 민족언어정체성에 대한 선택은 단순히 그의 언어적 유창성에 의해 영향을 받는 것이 아니라 사회정치적 요인들에 의해 크게 좌우된다고 주장한다. 만일 어떤 언어소수민 아동이 주류문화의 언어를 배우는 데 더 적극적이라면 그것은 주류문화에로의 문화적 적응과정이 광범위하게 진행되고 있으며 전승어를 비롯하여 전승문화에 대한 정체성을 포기하고 있다는 것을 의미하는 것이다.

(3) 제3의 정체성

언어, 문화, 그리고 정체성은 상호 간에 밀접한 포함관계를 갖는다. 즉, 언어는 문화 속의 산물이고, 정체성은 언어와 문화의 영향력 아래서 형성된다. 한 문화 속에서 모든 개인은 이러한 정체성, 언어, 문화의 동심원적 포함관계의 영향 속에서 성장하게 된다. 그러나 이 동심원적 포함관계는 하나의 독점적인 문화(C1: 즉 토속문화)와 그 안의 유일한 모국어(L1) 속에서 성장하고, 결과적으로 순일한 정체성(I1)을 형성하게 되는 개인에게 적용되는 구조이다. 만일 이러한 단일한 문화－언어－정체성의 환경이 아니라, 다언어·다문화사회처럼 모국어의 환경과 제2의 문화－언어의 환경에 동시에 영향을 받게 되는 사회에서는 결과적으로 또 하나의 정체성(I2)이 형성될 수밖에 없는 구조에 노출되는 것이다.

그러한 의미에서, 외국어를 배운다는 것은 곧 필연적으로 외국의 문화에 동시에 노출되고, 새로운 정체성에 영향을 받게 되는 것을 의미한다. 이러한 상황을 그림으로 표시하면 다음 [그림 6]과 같다.

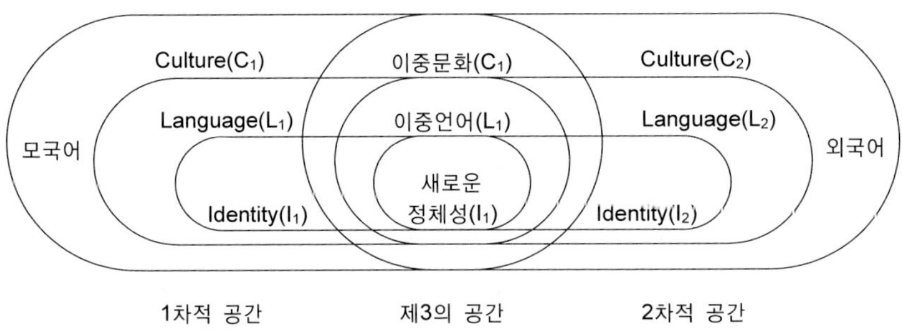

[**그림 6**] 새로운 정체성이 형성되는 제3공간의 등장(박휴용, 2008)

앞에서 제시된 [그림 6]과 같이 두 개 이상의 문화와 언어에 노출된 개인은 각각의 문화적·언어적 환경의 영향에 의한 두 개의 정체성이 혼융되면서 제3의 정체성을 형성하게 될 가능성이 매우 크다. 이처럼 외국어를 배운다는 것은 항상 새로운 문화를 경험하게 되는 것이고, 결국에 가서는 새로운 정체성을 형성하게 된다는 것을 의미한다. 이러한 양문화적(bi-cultural: C3) 환경은 단순히 두 문화의 혼합이 아니고, 이중어를 구사한다는 것은 단순히 두 개의 언어를 능숙하게 구사하는 것을 의미하는 것이 아니라, 전혀 새로운 정체성을 지닌 한 개인이 탄생하는 것을 의미한다는 것에 유의할 필요가 있다. 이렇듯 혼성적이면서 복잡하고 유동적인 새로운 정체성이 탄생하고, 그러한 정체성은 개인이 상호 연계된 다문화적 환경에서 자신의 새로운 삶을 영위해 가야 된다는 것을 의미한다.

2) 다문화사회와 언어제국주의

(1) 언어제국주의

최근의 세계화는 언어제국주의의 확장에도 크게 기여하고 있다. 거대한 역사적·문화적·경제적 파급효과를 가진 몇몇 언어들이 세계적으로 군림하면서 그 영향력이 전 세계 곳곳에 침투해 있고, 오늘날 국제어의 위상을 누리고 있는 영어가 바로 그 대표적인 예이다. 영어의 세계 공용어화로 인해 언어적·문화적 획일화가 진행되는 과정과 더불어 세계화가 진행되고 있으며, 이는 세계의 국가적·지역적·문화적 다양성들이 점차 사라지는 결과를 낳게 될 것이다. 특히 세계 초강대국의 지위를 누리고 있는 미국을 등에 업은 영어의 세계화가 진행되면서 세계 여러 나라의 문화, 가치관, 일상생활의 패턴들이 미국화(Americanization)되는 현상이 일어나고 있다(Phillipson, 1992; Skutnabb-Kangas, 1988).

이러한 현실 속에서 영어 독점적 외국어교육과 모국어교육에 대한 홀대로 인해, 교육이 영어 중심주의의 이념적·경제적·억압적 기능을 담당하는 제국주의적 재생산의 핵심적 수단으로 작용하고 있는 것이다(Phillipson, 1992). 그로 인해 세계 곳곳의 아동들은 그들 학습시간의 많은 부분을 모국어와 토착문화를 배우는 것보다 취업이나 진학 등 경쟁적 교육시스템에 더 유리한 영어학습을 위해 소모하는 현상이 극단화되고 있는 것이다. 이와 같이 영어와 같은 세계적 패권을 얻은 언어가 다른 군소언어들 위에 군림하는 현상이 바로 언어제국주의(linguistic imperialism)이다(Skutnabb-Kangas, 1999).

Skutnabb-Kangas(1988)는 제국주의적 양육강식의 세계질서 속에서 지배언어로 군림해 왔던 불어와 영어 같은 강대국의 언어들은 미화되고,

약소국들의 토종언어들은 단순한 '방언'의 하나로 등한시되고 소외되어 왔으며, 점차 거대 문명의 정치적·경제적 권력에 의해 약소집단의 언어들이 소멸의 위기에 처해 가는 상황을 경고하고, 크고 작은 문명들 간의 관계가 상호성(reciprocity)에 의해 유지되고 공정한 의사소통이 이루어져야 함으로 강조한 바 있다. 언어제국주의는 한마디로 소수 엘리트 집단의 언어가 다수 언어 사용자 집단을 지배하는 것을 가리키는데(Haugen, 1987), 이로 인해 다수의 모국어나 전승어가 생존의 위협을 받게 된다. 이러한 헤게모니를 자시한 언어의 지배현상이 두드러지고 소수언어들이 점차 사라지는 현상은 전 세계의 여러 언어들과 문화들을 세력에 따라 위계화시키고, 결국 많은 언어들의 소멸을 초래하게 될 것이다(Nettle & Romaine, 2000). Nettle & Romaine(2000)은 현재 존재하는 약 6천여 개의 세계 언어들 중에 약 100여 개의 언어만이 살아남아 인류의 대다수인 90%의 인구에 의해 사용되고 나머지 사용자가 줄어든 언어는 결국 머지않아 사라지게 될 것이라고 경고했던 것이다.

제국주의가 언어와 문화를 통해 가장 강력하고 권위 있게 뒷받침되는 것처럼(Said, 1993, 167), 언어는 한 사회의 사상과 문화를 드러내는 가장 중요한 수단이자 통로이다. 언어제국주의는 특정 국가의 언어가 주변 언어들에 대해 제국주의적인 독점적 지위를 누림으로써 근본적인 차별을 불러일으키고, 언어를 제국주의 확장과 고착화의 수단으로 삼는 것이다. 언어제국주의의 더욱 큰 문제점은 그것이 곧 세계적으로 다양하고 고유한 민족집단들의 언어와 문화를 계층화 및 소외시켜서 결과적으로 사멸을 초래한다는 데 있다. 또한 이러한 상황에서는 언어의 사멸과 더불어 전통적 문화유산, 민족적 정체성, 역사적 유물, 인간지식의 공급원, 고유언어 자체가 가진 매력 등을 잃어버리게 될 수도 있다. 즉, 세계화의 중요한 파급효과 중 하나가 바로 '문화적 동질화'이고, 이 이유는 국가 간, 민족 간, 지역문화 간의 특징들이 사라지는 지구촌화 현상에 있는 것이다.

이렇듯 언어가 사멸되는 이유를 한마디로 거대 패권주의적 민족국가들의 경제적 · 문화적 영향 때문이고, 그 대표적인 예가 오늘날의 미국을 중심으로 한 세계화와 영어의 배타적인 국제어로서의 위상과 그 영향력인 것이다. 이에 대해 Phillipson(2000)은 "영어의 세계화란 소비문화, 가치관, 일상생활 패턴의 미국화를 의미한다"고 지적하면서 이러한 "언어제국주의에 맞서기 위해 다언어주의, 고유문화의 육성과 교류, 세계 물적 자원의 재분배 등이 실현되어야 한다"고 주장한다. 이러한 언어제국주의는 '언어에 의한 차별(linguicism)'을 불러오고, 그 언어적 차별을 부추기는 요인이 바로 영어가 유일한 '세계 공용어'로서 사용되도록 하는 미국의 패권주의적 언어정책이다. 미국이 전 세계적으로 정치, 경제, 문화의 유일한 패권국으로 지위를 누리는 동안 영어는 그 중심적 교통의 수단으로 인식되고, 학습되며, 공용어로서 뿌리내리고 있는 것이다. 이러한 현실 속에서 전 세계의 어린이들은 자신의 모국어를 학습하는 데 시간과 노력을 들이기보다는 보다 '경쟁력 있는' 영어의 학습에만 더 몰두하게 될 것이다.

요컨대, 이러한 언어제국주의(linguistic imperialism)에 대한 비판은 '언어학살(linguistic genocide)', 언어정책과 관련된 권력과 헤게모니(power and hegemony)의 관계, 자본주의와 언어위계론(language hierarchization) 등의 이데올로기에 대한 비판 등의 관점에서 언어제국주의와는 전혀 다른 언어생태주의적 세계관(ecology－of－language paradigm)과 맥을 같이한다 (Khubchandani, 1994; Skutnabb－Kangas, 2000). 결국, 세계질서 속에서 지배적 언어로 군림하는 영어와 같은 강대국의 언어들이 소위 '도살자언어(killer－languages)'로서 언어말살정책, 언어적•사회적 제국주의, 미국

문화의 일방적 전파, 조악한 자본주의의 확대, '언어위계' 이데올로기의 전파 등을 통해 약소국과 사회적 약자들을 이러한 '영어단일화 정책(English-only policy)'하에 속박하려 한다고 비판했던 것이다(Skutnabb-Kangas & Phillipson, 1994).

아울러, Phillipson & Skutnabb-Kangas(1996)는 지금 세계화 시대라는 표어 아래 제기되는 자본주의, 과학기술, 현대화, 언어단일화(mono-lingualism), 이데올로기적 세계화 및 국제화, 범국가주의(transnationalization), 미국화(Americanization) 및 세계문화의 동일시화, 그리고 언어적·문화적·매체적 제국주의 등 이데올로기는 미국의 패권주의(Pan-Americanism) 달성의 주요 수단으로 여겨지는 '영어확장 패러다임(Diffusion-of-English paradigm)'에 치우친 이념들임을 지적하고, 이에 맞서 언어인권보장, 의사소통의 평등성, 다언어주의, 다언어와 다문화의 유지, 제 국가의 자치권 보호, 외국어교육의 장려 등을 지향하는 '생태언어 패러다임'을 견지해야 한다고 주장하였던 것이다.

(2) 아비투스와 언어자본의 관점에서 본 코드전환(CS)

언어제국주의에 대한 설명에서 드러난 바와 같이, 언어들 및 그 화자들 간의 불평등한 관계는 언어이데올로기를 생산하는데(Woolard, 1998), 이런 언어이데올로기는 사람들로 하여금 언어의 사회적 자본(Bourdieu, 1991)으로서의 가치에 의해 그 언어의 중요성을 판단하게끔 만든다. 이러한 언어의 세력 차에 의한 불평등한 사회적 관계가 언어와 언어화자 사이에서 존재하고 사람들의 언어 학습과 사용에 영향을 미치게 되는데, 이는 미국이나 유럽 등과 같은 다문화·다언어사회에 공통적으로 적용되는 현상이고, 이미 다문화사회로 진입하기 시작한 우리나라의 경우도 마찬가지이다(박휴용, 2008).

다문화가정 출신의 학생들은 가정에서 사용하는 언어와 학교 등 공공장소에서 사용하는 언어가 다를 수 있다. 부모 중 한국인이 아닌 사람이 존재한다는 것은 가정에서의 언어 습득 및 사용에 있어 매우 다양한 양상이 전개될 수 있다는 것을 의미한다. 특히 모국어(mother tongue)가 자녀의 언어 발달에 끼치는 영향을 고려해 볼 때, 아버지가 한국인이고 어머니가 다른 나라 출신일 경우 아이의 모국어는 과연 한국어가 될 것인가 아닌가는 큰 관심사가 아닐 수 없다. 생활의 터전이 한국이므로, 가정에서는 한국어교육에 힘을 쓰겠지만, 일반적으로 어머니가 아동과 더 많은 시간과 생활을 공유하게 되는 현실에서는 한국어 습득이 그리 쉽지만은 않을 것이다. 결과적으로 다문화가정의 아이들은 흔히 이중어 습득이라는 환경에 놓이게 되지만, 그 환경이 이중어 학습에 이상적인 환경조건에 의한 것은 아닌 것이 보통 다문화가정의 경우이다.

일반적으로 어머니와 아버지의 언어가 다르게 될 경우, 아이들은 가정 내외에서 두 언어를 섞어서 사용하는 행동인 소위, 코드전환(code-switching)의 양상을 보이게 된다. 코드전환은 언어화자가 소통상황과 소통의도에 따라 의도적으로 혹은 자기도 모르는 사이에 두 가지 이상의 언어를 섞어서 사용하는 것을 말한다. Gumperz(1982)는 코드전환을 두 가지 서로 다른 언어를 동일한 발화의 상황에서 포함하는 것이라고 포괄적으로 정의한 바 있고, 이중어화자들은 대화의 주제를 바꾸거나, 대화 상대가 바뀌었을 때, 그리고 발화의 양식(mode)이 바뀌었을 때 흔히 코드전환을 하게 된다(Fantini, 1985; Ervin-Tripp & Reyer, 2005). 또한 메시지 내용을 강조하기 위해서나 요점을 분명히 하기 위해서도 코드전환을 활용하는 것처럼(Zentella, 1997), 의사소통의 목표를 달성하기 위한 전략으로 의식적으로 사용하기도 한다. 하지만 Bourdieu(1991)는 개인이 언어(코드)를 선택하는 것은 상황적 맥락과 전습의 영향에 의한 습관적 산물이라고 주장한다. 즉 개인 화자가 특정한 사회적 구조(Fishman, 1972)나 상대방과의 관계성 속에서 화자의 소통동기가 실현되는 과정(Myers－Scotton, 1995)에서 자신도 모르는 사이에 코드전환을 하게 된다는 것이다.

코드전환이 갖는 사회문화적 기능은 언어소수민 아동에게 있어서 특히 중요한데, 왜냐하면 그들은 언어자본(Bourdieu, 1991)이 불평등하게 통용되는 사회에 살고 있기 때문이다. 언어소수민 아동들이 주류사회에서 생존하기 위해 배워야 하는 제2언어는 그들의 모국어보다 사회적 자본으로서의 지위가 월등히 높기 때문에, 그들은 자신들의 모국어보다 주류언어가 훨씬 더 중요하고 사회적 효용성이 강하다는 사실을 어릴 적부터 받아들이지 않을 수 없게 된다. 즉, 그들은 그들 스스로 자신의 모국어가 열등하고 사회적으로 쓸모가 없다는 인식을 갖게 되는 것이다. 그런 의미에서 Bourdieu's(1991)의 아비투스(habitus)와 상징적 자본(symbolic capital)의 개념이 언어소수민 아동들의 코드전환 행위를 이해하는 주요한 이론적 틀이 되는 것이다(Blackledge, 2005).

Bourdieu(1991, 12)는 아비투스의 개념을 주체가 어떤 특정한 방식으로 행동하거나 반응하는 체계화된 습관(disposition)이라고 정의하고, 그러한 아비투스를 구성하는 습관은 사회 속에서 구성, 언급, 유지, 생성 및 전파된다고 주장한 바 있다. 필자는 이러한 아비투스가 어린 시절의 경험들로부터 재인되는 과정을 통해서 습득된다고 말하고 싶다. 이 개념을 언어적 측면에 적용하면 Grenfell(1998, 74)이 언급한 '언어적 습관(linguistic habitus)', 즉 "개인이 자신들의 삶의 여정이나 양육된 과정 속에서 획득하게 되는 언어의 특질들이나 지속적인 사고들"을 가리키게 되는 것이다. 개인의 언어적 실천들은 언어적 습관으로 축적되고, 상징적(언어적)

자본의 일부가 되어 그 자신의 사회적 구조 속에서의 지위로 자리 잡게 되는 것이다.

Bourdieu & Wacquant(1992)는 권력으로 작용하는 것은 언어가 갖는 형식 그 자체가 아니라 그 언어적 행위에 가치와 권력을 부여하는 화자라고 주장한다. 예를 들어, 영어가 한국어보다 사회적 가치가 더 인정받는 것은 영어가 갖는 언어학적 자질이나 기능성이 아니라, 영어화자들이 갖는 사회적·경제적·계급적 지위가 한국어 화자보다 상대적으로 더 높게 받아들여지기 때문인 것이다. Bourdieu의 이론에 따르면 사회적 의미는 사회체계를 반영한 것이기도 하지만 동시에 그 사회체계를 형성하는 요인이 되기도 한다. 그런 의미에서, 개인의 언어행위나 습관이 학교교육과 같은 교육체계나 미디어, 사회적 담론에 의해 형성 및 정당화되기도 하므로 어떻게 사회적 구조나 담론이 학교교육에 스며들고 있으며, 교실 내 상호작용에서 나타나는 코드전환과 같은 언어적 행위들이 그러한 사회적 구조를 보여주는가를 연구하는 것은 매우 의미 있는 작업이 되는 것이다.

(3) 다문화사회에서의 언어교육

국가, 언어, 민족들 간의 관계는 불평등한 세력의 위계적 관계를 바탕으로 하고 있다(Kress, 1989; Moraes, 1996; Norton, 2000). 네그리(2004, 171)는 언어들 사이에는 적어도 세 가지 점에서 위계적 관계들이 유지된다고 주장한다. 첫째, 개별적인 언어공동체의 내부에 사회적 우열을 표시하는 기호들이 유지된다. 둘째, 언어공동체들 사이에 위계가 발생하여 한 언어의 다른 언어들에 대한 지배관계가 형성된다. 셋째, 전문적 언어들의 내부에서 권력과 지식의 관계가 형성된다는 것이 그것이다.

이러한 불평등한 세력관계 속에서 언어는 사회 속의 상징적 권력으로 사회를 구성하고 통제하는 작용을 한다(Bourdieu, 1991). 이와 같은 불평등 관계에 대한 이해는 다문화사회에서의 언어교육의 문제를 논의하는 중요한 개념적 틀이 되며, 언어소수민 아동이 모국어 혹은 주류언어를 배우게 되는 과정에 있어서 그 문제가 가장 극명하게 드러난다.

아울러 언어학습은 항상 문화적 환경의 영향 속에서 이루어진다. 이 문제는 특히 복잡하고 이질적인(heterogeneous) 사회 속에서 외국어 학습을 하게 되는 경우에 잘 드러나는데(Krashen, 1981), 다양한 언어와 문화를 가진 집단이 공존하는 이질적인 사회는 인종, 종족, 계급, 민족집단 간의 상이한 세력관계가 내재되어 있기 마련이다. 이러한 상황 속에서, 지배언어를 배우고자 하는 소수언어자(linguistic minorities)들은 외국어를 배운다는 행위 자체가 단순히 기능적이고 정치중립적 행위가 아니라 매우 정치사회적인 행위이기 때문에 이러한 불평등한 사회적 관계의 영향 하에서 자유롭지 못하다(Giroux, 1983).

결국 다양한 언어와 문화가 뒤섞여 공존하고 있는 혼성적인 사회에서 외국어를 학습하는 것은 그 언어나 민족들 간의 정치적·경제적·사회적 위계성의 문제로 인한 불평등과 부정의의 문제와 관련지어질 수밖에 없는 것이다(Pennycook, 1992). 특히 학교는 외부 세계의 정치적 역학관계가 그대로 반영되고 재현될 수밖에 없는 작은 세계이므로 학교기관에서 일어나는 교육의 문제를 논할 때 사회적 세력관계와 불평등의 문제를 같이 고려할 수밖에 없는 것이다(Pennycook, 2001). 이것이 비판적 교육학이 요청되는 장면이고, 비판적 교육학에 바탕을 둔 '비판적 인식(critical awareness)'을 통해서 어떻게 학교교육의 대상으로서 학생들의 견해를 드러내고, 학교경험 속에서의 소외의 문제를 해결할 것인가를 고민해야 하는 까닭이다.

Pennycook(2001, 2004)은 사회 속에서 언어의 작용은 권력의 문제로부터 자유롭지 않고, 언어 사용 자체가 지배관계를 생성하고, 그로 인해 저항의 문제도 야기한다(2004, 14)고 주장한다. 예를 들어, 다문화가정의 학생이 한국에서 한국어를 배우는 문제는 단순한 선택의 문제가 아니라, 한국사회에서 생존하기 위해 불가피하게 배워야 하는 생존의 문제라는 것이다. 토착 한국인의 입장에서 이는 당연한 과정으로 비추어질 수 있지만, 다문화가정의 자녀들에게 한국어를 배우는 문제는 그리 쉬운 일이 아니다. 그들은 열악한 가정환경, 학교 적응을 위한 지원의 부족, 한국어를 모국어로 하지 않은 부모의 문제 등 여러 가지 열등한 교육적 환경 속에서 고군분투할 수밖에 없는 것이다.

비판적 교육학은 이러한 불평등한 사회적 세력관계가 낳는 구조적 문제, 그로 인한 학교교육과정에서의 차별, 그에 따른 피교육자로서 학생들의 저항문제를 감추지 않고 그대로 드러내고자 한다. 이러한 문제들은 교육 주체들이 공유하는 담론(discourses) 속에서 그대로 드러나는데, Fairclough(1992)는 담론을 "사회적 실천의 한 형태로서 언어가 쓰이는 방식"(p.28)이라고 정의하고 담론은 결코 중립적이 아니라, 이념화되고 가치부여된 상태에서 통용된다고 주장한다. 즉, 담론은 사회적 세력관계와 사회의 위계적 구조를 반영하는 것이다(Gee, 1996). 예를 들어, 오늘날 과열된 영어교육의 붐에 그에 따른 교육비 지출은 영어가 갖는 사회적 자본(social capital)으로서 힘을 반영하는 것이고, 사회가 어떤 외국어 학습에 관심을 갖느냐의 문제는 해당 외국어들을 모국어로 하는 국가들의 국제정치적 · 경제적 세력관계와 밀접하게 관련되어 있는 것이다. 이러한 학교교육을 둘러싼 정치적 관계가 학생들의 (언어)학습이나 학생들이 자신의 언어, 문화, 인종을 바라보는 시각에도 영향을 미치게 되므로, 이는 곧 학생들의 정체성(identity)이나 주체성(subjectivity)의 문제와도 관련을 맺게 된다. 요컨대, 비판적 교육학은 학교교육이 단순히 지식을 배우고 가르치는 중립적 활동이 아니라, 사회적 세력관계가 고스란히 반영되고, 그것이 교육내용과 방법의 문제, 그리고 학생들의 정체성과 자아형성의 문제에도 직접적으로 영향을 미칠 수 있는 문제라는 것을 인식하고, 이러한 문제들을 어떻게 교육적 관점에서 논의할 것인가를 고민하려는 노력이라고 볼 수 있다.

(4) 이중어교육의 방향

> "2, 3세 아이들은 한국어를 거의 구사하지 못한다. 한국어는 이주여성에겐 제2언어지만 자녀들에겐 모국어인 셈인데 '어머니의 혀'라는 모국어의 수혜대상이 될 수 없기 때문이다. 엄마가 급하면 따귀부터 때리니 어떤 아이는 한국어를 따귀 맞을 때 하는 표현으로 알고 있는 경우도 있었다. 그러다 4, 5세가 되면 극도로 조용하거나 지나치게 활달해 폭력적인 경향이 나타나기도 한다. 다른 또래집단과 다름을 인식하는 데서 오는 불안감 때문이다. 취학아동의 경우 학습 진행이 늦어지고 눈에 띄게 소극적으로 변한다."(이현선 소장)

위의 인용문은 어느 다문화가정 상담소장의 이중어교육에 대한 관점이다. 이처럼 다문화사회의 도래는 이중어교육에 대한 학부모들의 욕구를 증가시키고 있다. 이중어교육이란 자신의 모국어와 더불어 제2의 언어를 모국어의 수준에서 구사하기 위해 학습하는 것을 말한다. 근래에 세계화 시대를 맞이하여 국제어로 인식되고 있는 영어를 배우기 위한 열기와 투자가 사회적 기현상을 보여 왔던 것과 비슷한 맥락에서, 다문화 시대를 맞이하여 이중어교육에 대한 관심이 매우 높아지고 있는 것이다.

사실 이중어교육에 대한 사회적 관심은 유럽이나 미국과 같은 다인종·다언어사회에서 오래전부터 있어 왔고 그에 따른 학문적 관심으로 수많은 연구 성과가 이룩되어 왔다. 특히 다문화사회 속에서 소수민족이나 소수자 가정에서는 자신들의 문화적 전통에서 출발한 모국어(혹은 전승어)와 주류문화의 언어를 모두 배워야 하는 상황과 그에 따른 교육적 부담이 매우 컸던 것이 사실이다. 자연스럽게 재미한인교포의 가정과 같이 교육적 관심이 큰 가정에서는 이중어교육이 필수적인 가정의 교육적 과제가 되었으며, 많은 교포 2~3세 아이들이 모국어인 한국어와 주류언어인 영어를 동시에 배워야 하는 처지에 놓이게 된 것이다. 한마디로 다문화사회에서는 이중어 및 다중어 교육이 필수적인 사회화 과정의 하나로 자리매김하고 있는 것이다.

이렇듯 재미교포 한인가정과 같이 주류사회 속에서 살아가야 하는 소수민 가정의 입장은 오늘날 급속히 다문화사회의 성격을 띠어 가는 우리나라의 다문화가정의 입장과 본질적으로 다르지 않다. 따라서 재미교포 가정에서의 이중어교육에 대한 관심과 열정에 대한 이해는 한국사회 속에 생존해야 하는 다문화가정의 이중어교육에 대한 관심을 이해하는 유용한 틀이 될 수 있다.

요컨대 다문화사회의 바람직한 이중어교육의 방향성에 관해 필자는 다음과 같은 제언을 하고자 한다.

첫째, 우리나라에서 올바른 외국어교육이 이루어지기 위해서는 먼저 언어와 문화의 관계성에 대한 이해, 모국어와 외국어의 학습의 차이에 대한 이해가 교사는 물론, 학생 및 학부모들 사이에서도 이루어져야 한다. 다시 말해서 언어의 교수/학습은 단순한 의사소통 수단의 습득이 아니라, 인지적·문화적·사회경제적 많은 요소들이 총체적으로 관여하고 있는 교육행위인 것이다. 사실 우리나라는 비교적 매우 동일한 역사적·문화적·언어적 배경을 가진 사람들로 이루어지고, 한글이라는 매우 훌륭한 표기체계를 가지고 있음으로 해서 이러한 문제들이 얼마나 중요한지를 느끼지 못했다. 또한 언어교육의 측면에 있어서 국어교육이나 외국어교육의 각각 독자적 영역에 대해서는 많은 연구와 전문적 지식이 축적되어 있을지라도, 모국어와 외국어를 동시에 가르치며 배우는 이중어교수/학습에 대한 이해는 매우 부족한 현실이다. 영어몰입교육이 시행된다고 하였을 때에도, 단지 영어만 능숙하게 할 수 있는 교사가 아니라, 우리말과 영어를 동시에 잘하는 교사 및 이중어교육에 대한 이해와 전문지식을 겸비한 교사가 필요한 것이다.

둘째, 이중어교육에 있어서, 부가적 이중어이냐 감쇄적 이중어이냐를 결정하는, 모국어(L1)와 목표언어(L2)의 언어문화적 관계를 이해하는 것이 중요하고, 이에 따라 감쇄적 이중어 습득을 피할 수 있도록 철저한 모국어교육이 우선시됨을 숙지하여야 한다. 국가 경쟁력 차원에서 본다면 사실 외국어로서의 영어능력보다는 국어능력을 기르는 것이 더욱 중요하고 효과적인 일이 될 것이다(서대웅, 2008). 실제로 최근에는 우리나라의 경제발전에 따른 교포 및 외국인 노동자의 국내유입과 아시아지역의 한류 영향과 같은 문화적 파급력의 확산으로 국내외를 막론하고 한국어를 배우고자 하는 인구가 크게 늘어나고 있는 실정이다. 예를 들어 한국어능력시험의 응시자 수는 1997년의 4개국 14지역 2,274명에서 2006년 25개국 62지역에서 30,259명으로 13배 이상 증가하였고, 2007년부터 연 2회로 실시횟수를 늘리기로 했다(한국교육과정평가원, 2007). 이러한 여러 가지 정세를 감안한다면, 앞으로의 국가적 언어교육 정책은 무분별하고 과도한 영어교육에 국가의 인적 및 물적 자원을 낭비할 게 아니라, 확고한 모국어교육, 해외동포나 외국어로서의 한국어(Korean as a Foreign Language) 학습자를 위한 한국어교육, 그리고 균형 잡힌 외국어 및 이중어교육을 위한 인적·물적 기반을 수립해야 할 것이다.

셋째, Pennycook(1998, 2001, 2004)은 언어를 식민지적 계획의 일부로 지식을 체계화하기 위한 수단으로 간주해 온 유럽의 식민주의적 언어학 전통이 언어학계와 언어교육의 이념에 뿌리 깊이 남아 있음을 지적하고, 이를 극복하기 위한 비판적 응용언어학(critical applied linguistics)을 제시하였다. 비판적 응용언어학의 관점에 따르면, 언어교육에 관한 학문적 논의는 단지 개인적 학습성취 차원에서의 효율성이나 생산성의 문제뿐만 아니라, 사회공동체를 위한 언어교육을 통한 '사회의 변혁(the transformation of society)'에 관심을 가져야 한다(Davies, 1999, 145). 즉, 모국어의 학습이든 외국어의 학습이든 언어학습이 단지 의사소통의 수단이나 개인의 사회적 성공을 위한 수단이 아니라, 사회를 변화시키는 매개체가 될 수 있어야 하고, 이를 위해선 학습자들이 언어학습의 경험과 그 실천의 과정 속에서 경쟁이 아닌, 소통과 협력을 배울 수 있는 비판적이고 분석적인 틀을 배울 수 있어야 하는 것이다(Clark & Ivanic, 1997). 바로 이러한 비판적 응용언어학의 입장이 한국의 국어교육 및 외국어교육에 도입됨으로써, 언어교육의 제국주의적 혹은 식민주의적 경향에서 탈피하여 언어학습을 통해 학습자 자신과 사회를 변화시킬 수 있는 진정한 언어교육의 목적을 달성할 수 있을 것이다.

06

다문화교육의 형평성과 수월성

> "사회계층에 따라 교육을 바라보는 서로 다른 시각이 있다. 백인 부유층은 '사회적 관계를 형성하고 유지하는데 꼭 필요한 전통'으로, 중산층은 '성공의 사다리를 오르고 돈을 버는데 필수적인 것'으로, 그리고 빈곤층은 '막연하면서도 현실과는 거리가 먼 것(an abstract but not as reality)'으로 교육을 바라보고 있다(Payne, 2005, pp. 42-43)."

위 인용문은 사회계층(계급)에 따라 교육을 바라보는 사람들의 인식에 차이가 발생하고 있음을 잘 보여주고 있다. Payne은 이러한 보이지 않은 인식의 차이가 작게는 문화적 스타일에서 크게는 사람들의 세계관에 까지 스며들어있는데, 그러한 보이지 않은 인식의 총합을 계층적 '마음가짐'(mindsets) 혹은 문화라고 규정하였다. 다문화사회란 바로 이러한 서로 다른 계층적, 문화적, 역사적, 경제적 배경이 초래한 상이한 마음가짐을 가진 사람들이 한데 어울려 살아가는 사회를 의미한다고 볼 수 있다. 문제는 이러한 배경의 차이가 사회적 현실 속에서 권력의 차이를 유발하고, 그로 인해 사회적 불평등, 억압, 차별, 편견 등이 존재한다는 사실이다. 특히 이러한 다양한 문화적 배경의 차이에 기반한 사람들의 정체성 혹은 인식의 차이가 학교교육과 관련한 다양한 현실과 실천 속에 깊숙이 파고들어있기 때문에, 소외된 사회계층의 학생들이 지배적 계층 혹은 중산층 이상의 세계관, 언어패턴, 행동규범 등을 익히지 않고서는 성공적인 학교생활을 수행해나가기 힘들다는 사실을 주목할 필요가 있다(Bourdieu, 1986; Bowles & Gintis, 2002; Payne, 2005).

학계에서는 지금까지 학교교육의 형평성과 수월성에 관하여 몇몇 논의가 있어왔다(안병영, 2011; 김진영 박성혜, 2008; 이윤미, 2005; 박종필, 2005; 이군현, 1991). 그러한 논의늘의 핵심은 공교육의 역할은 무엇인가, 평준화 정책은 수월성을 담보할 수 있는가 등의 이슈를 중심으로 결국 형평성과 수월성은 상충적인가 아니면 조화를 이룰수 있는가, 혹은 둘 중 어느 것을 더 우선시 할 것인가 등에 관한 논의였고, 학계의 많은 논의를 거쳐 대부분 형평성과 수월성을 균형있게 지향해야 한다는 것으로 결론이 내려져왔다. 본고는 기존의 논의들과 다음의 세 가지 측면에서 논의의 수준을 달리하고 있다: 첫째는 다문화사회를 배경으로 한 학교교육에서 형평성과 수월성의 문제를 어떻게 볼 것이냐의 문제이고, 둘째는 형평성과 수월성을 개념에 대한 새로운 정의를 시도하는 것이고, 셋째, 이러한 새로운 이해를 통해 막연하게 '형평성과 수월성의 균형있는 모색'이 아니라, 다문화교육의 취지에 맞는 형평성과 수월성의 올바른 이해를 재정립하고자 하는 것이다.

이를 위해 본고는 교육 전반에 있어서의 형평성과 수월성의 개념을 재고하기 위한 논의와 이를 바탕으로 다문화교육에 있어서 형평성과 수월성의 문제를 어떻게 볼 것인가에 대한 논의의 두 가지 장으로 구분하여 논의하고자 한다: 첫 번째 장에서는 우선, 형평성 및 수월성과 관련한 우리사회의 대표적인 담론들에 대한 비판적 분석을 시도하고, 다음으로 미국 교육사에서의 형평성 대 수월성의 논쟁을 간략하게 소개하고, 마지막으로 형평성과 수월성 개념의 재탐색을 통해 그에 대한 올바른 이해가 무엇인가를 논의하고자 한다. 그리고 두 번째 장에서는, 다문화교육에 있어서 형평성과 수월성의 문제를 어떻게 이해해야 되는지 알아보기 위해, 우선, 여러 학자들이 주장한 다문화교육의 목표가 무엇인지 분석하고, 이러한 분석의 결과로 나타난 다문화교육의 취지를 바탕으로 다문화교육의 수월성의 개념지평과 형평성의 문제들에 대해 논의할 것이다. 마지막으로 다문화교육에서의 수월성 제고를 위한 방법론적인 전략에 대해 제시하고자 한다.

1. 교육에서의 평등성과 수월성 개념의 재고

1) 평등성과 수월성에 관한 담론 비판

우리는 교육에 있어서의 형평성과 수월성에 대한 잘못된 이해를 가지고 있다. 본고는 우선 형평성과 수월성이라는 학교교육의 핵심 주제와 관련한 대중적인 시각 및 사회적 담론의 다섯 가지 사례에 대한 비판적 논의에서 출발하고자 한다.

(1) 담론 1: "평등성과 수월성은 상호보완적이다."

담론 1은 "평등성과 수월성의 문제는 양자택일 혹은 대립적이 아닌 상호보완적 관계로 인식되어야 한다."는 식의 사고를 가리킨다. 예를 들어, 2008년도에 실시된 서울시 교육지원청의 교육감 선거에서 한 보수진영 교육감 후보는 "교육의 평등성과 수월성의 균형있는 실천!"이라는 선거구호를 내세워 평등성과 수월성을 동시에 추구하는 초중등 교육을 지향하겠다고 밝힌 바 있다(공정택, 2008). 하지만 이 후보의 선거공약 내용을 자세히 살펴보면 다음과 같은 표현이 포함되어 있음을 알수 있다:

> "... 교육의 평등성을 확보하기 위해 "교육경쟁력이나 질 높은 교육에 대한 수요자의 학습권이 희생되어서는 안 되며", 교육의 평등성은 수월성과 함께 균형있게 추구되어야 한다."

보수진영에서 학교교육의 평등성과 수월성을 바라보는 시각의 핵심은 바로, 표면적으로는 평등성과 수월성을 균형있게 추구해야 한다고 말은 하지만, "교육경쟁력이나 질 높은 교육에 대한 수요자의 학습권이 희생되어서는 안 되며"라는 부분에 있는 것이다. 즉, 실제로는 수월성 진작을 더 지향하면서도 "균형있게" 라는 정치적 수사(rhetoric)를 통해 평등성을 언급하고 있는 것이다. 본고는 이러한 평등성과 수월성에 관한 교육정책이 이도 저도 아닌 모호한 정치적 표어보다는, 평등성과 수월성 사이에서 합리적이고 타당성있는 정책판단을 통해 분명한 우선순위를 정할 필요가 있다고 본다.

(2) 담론 2: "평등주의 못지않게 능력주의에 대한 대중적 지지가 있다."

능력주의이념(meritocracy)은 근대 사회에서 대중을 통치하고 통제하는 핵심적인 이데올로기 중의 하나로 작용한다(Harding & Sibley, 2011; Sibley & Duckitt, 2010). 예를 들어, Harding & Sibley (2011)는 사회적 지배성향(social dominance orientation)이 높은 집단/계층은 개인의 능력차를 전제로 한 평등성의 개념을 지지하는 성향을 띠고, 그러한 집단은 능력주의 이념(meritocratic ideology)을 바탕으로 다른 집단/계층에 대한 지배 욕구를 평등성이나 정의 개념으로 정당화하고 있다고 지적한 바 있다. 비슷한 맥락에서 우리나라의 경우 능력주의를 강조하는 입장에서는 흔히 헌법에 명시된 '모든 국민은 능력에 따라 균등하게 교육을 받을 권리를 가진다.'(제31조 1항)라는 표현을 자주 거론한다. 즉, '능력에 따라 균등하게 교육을 받을 권리'란 표현을 수월성 교육의 법적 근거로 활용하면서, 고교 평준화 정책과 같은 다양한 국가적인 평등지향적 정책에 대한 반대 논리의 근거로 활용한다(정영화, 2010). 본고는 수월성 교육을 지지하기 위해 사용되는 이러한 논리는 평등주의에 대한 오해와 더불어 과도하게 이념화된 능력주의적 사고의 결과라고 본다.

평등주의에 대한 오해는, 평등주의의 반대가 능력주의가 아니라 엘리트주의라는 사실을 간과한 데서 기인한다(Simister, 2011).[1] 능력주의는 한마디로 어떤 개인이 받는 사회적 대가가 그가 사회에 기여한 공헌도(merit)에 따라 정당화되는 것을 말한다. 개인들마다 서로 다른 재능이나 노력에 의해 서로 다른 사회적 성취가 이루어지는데, 그러한 성취의 차이에 따라 차별화된 사회적 대가가 주어지는 것은 정당하다는 논리이다. 평등주의는 그러한 능력주의의 원칙 자체에 반대하는 것이 아니라, 능력주의가 안고 있는 문제점으로 인해 나타나는 동기적 결과적 차별성에 반대하는 것이다. 예를 들어, 능력주의의 문제점들은 바로 사회적 공헌도가 결과만 가지고 판단된다는 점, 사회적 성공이 개인의 능력이나 노력이 아닌 계급이나 경제력에 의해 크게 결정될 수 있다는 점, 그리고 사회적 성취가 합리적으로 분배되는 것이 아닌 승자독식으로 이루어질

1) Simister(2011)는 영국의 대학들이 중상류층 학생들의 입학을 선호하면서 그 이유로 그들의 능력 혹은 가능성(merit)이 더 뛰어나기 때문이라는 근거를 내세우고 있다고 지적한다. 이는 곧 능력주의에 대한 이념이 엘리트주의와 깊은 유대관계를 유지하고 있음을 단적으로 보여주는 사례라고 볼수 있다.

수 있다는 점 등이 있다. 이러한 문제점들은 가려진 채 오로지 사회적 성공이나 실패라는 결과에만 의존하여 개인들에 대한 차별된 사회적 대우가 정당화되는 것이 바로 오늘날 우리 사회에 팽배한 능력주의의 이데올로기이다.

능력주의 이데올로기가 극대화되고 영속화된 사회가 바로 엘리트주의 사회이다. Klitgaard(1986)가 개발도상국들이 국가발전을 목표로 엘리트주의와 능력주의를 강조해왔다고 분석한 바와 같이, 엘리트주의 사회는 소수의 엘리트의 역할과 성취에 의해 역사와 사회가 발전한다고 본다. 평등주의는 바로 그러한 능력주의가 극대화된 형태인 엘리트주의적 사고에 반대하는 것이다. 요컨대, 본고는 평등주의와 능력주의에 대한 대중적 지지는 인정하지만, 평등주의를 강조하는 것은 능력주의 자체에 대한 반대가 아니라, 능력주의 이념이 심화되어 나타나는 엘리트주의적 사고가 학교교육과 사회를 지배하는 것은 바람직하지 않다는 시각이다. 따라서 본고는 학교교육이 능력주의의 긍정적 측면을 인정하면서, 보다 평등주의적 원리를 통해 모든 학생들의 가능성을 믿고 지원하는 방향으로 나아가야 한다고 본다.

(3) 담론 3: (고교) 평준화 정책은 하향식 평준화와 같은 많은 부작용을 낳고 있다.

이 담론의 논리적 근거는 다음과 같다: 즉, 평준화 정책으로 인해 획일적인 수업 내용과 교육방법이 난무하여 학생들의 능력 개발을 억제하고, 수업 시간의 효율성이 떨어져서 시간을 낭비할 수 있으며, 특히 학생들의 학습의욕을 떨어뜨리는 결정적인 계기가 된다는 것이다(김경선, 정일환, 2003). 따라서 (고교) 평준화 정책은 근본적으로 수월성 신장과 학업성취에 지장을 초래하는 정책이라는 것이다.

일면 일리가 있어 보이는 이러한 평준화 정책 반대 담론의 논리는, 우리에게 '학교교육의 본질은 무엇인가' 라는 보다 근본적인 질문을 떠올리게 한다. 만일 학교교육이 '학업성취'만을 위한 것이라면, 현실적으로 학교교육 보다는 학업성취에 훨씬 전문화된 사교육이 효과적이고 유리할 수밖에 없다. 또한 우리는 오늘날 학교교육이 부실화되고 있다는 지적의 근본 원인이 무엇인가를 다시 묻지 않을 수 없다. 우리 사회가 오늘날 학교교육의 실패를 걱정하고 있다면 그것은 학생들의 학업성취의 부진이 아니라, 바로 학교교육이 올바로 나아가야할 방향인 인성교육, 다양성 교육, 창의성 교육 등의 문제 즉, 행복한 배움의 공동체를 만드는데 실패했다는 점 때문일 것이다(박영철,이상기, 2002). 즉, 우리는 평준화 혹은 평등교육으로 인해 하향식 평준화의 문제를 고민해야 할 것이 아니라, 그보다 훨씬 중요한 학교교육 본연의 역할을 회복하기 위한 전략적 방향이 무엇인가를 고민해야 하는 것이다. 그것은 한마디로 학교교육을 경쟁의 패러다임에 기반한 수월성 우선주의가 아니라 협동의 패러다임에 기초한 평등주의적 학교교육의 모습을 회복하는 길에서부터 출발해야 할 것이다 (성기선, 2007; 손지희, 2002).

(4) 담론 4: "차이를 차별과 동일시해서는 안된다."

이 담론을 지지하는 사람들은 '능력'의 차이에 따라 차등적 교육기회를 제공하려는 노력은 '모든 국민은 성별, 종교, 신념, 사회적 신분, 경제적 지위, 또는 신체적 조건 등을 이유로 교육에 차별을 받지 않는다.'(교육기본법 4조)는 조항과는 차원이 다르다고 항변한다(정영화, 2010). 즉, 수월성을 지향하는 차등적 교육은 차이에 맞는 대우이지 차별이 아니므로, 인정해야 한다는 논리인 것이다.

하지만 많은 사람들은 학생들 간의 차이를 고려한 그러한 교육, 즉 일반교육에 있어서 수월성을 진작시키는 교육과 영재아를 대상으로 한 영재교육을 혼동하고 있다. 예를 들어, 2004년 10월 교육부는 2010년까지 초·중·고등학생 5%에 해당하는 40만 명을 대상으로 한 수월성 교육 정책을 발표한 바 있다. 이 정책발표에서 교육부는 "우수 인재 육성을 통해 국가경쟁력을 제고의 목표"를 내세운 바 있는데, 이것은 전형적인 수월성 교육을 지향하는 정책의 논리이다(소석희, 2005). 교육부가 수월성 교육을 지향한다면서 그 대상을 상위 5% 학생들로만 설정한 것인데, 이것은 단순한 실수가 아니라 우리 사회에 팽배한 엘리트주의적 사고의 결과이다.

수월성 교육의 올바른 개념은 차별화된 교육이 아니라, 개인이 가진 다양성을 인정하고 해당 분야의 능력 개발을 극대화하자는 것이다(김미숙, 2007). 그런데, 과연 어떤 형태로든 지금까지의 수월성 교육은 그 역할을 다했는지 즉, 개인의 다양성을 인정하고 이를 바탕으로 개별학생의 독특한 가능성을 극대화하기 위한 노력을 기울였는지 의문이다. 요컨대, 우리는 학생들의 다양한 차이에 부응하는 교육을 한다고 하면서, 결국은 소수의 상위권 학생들의 성취에 의한 진보에만 초점을 맞추고, 여러 평범한 학생들의 개별성과 다양성이 내재하는 가능성에 대해서는 등한시하고 있었던 것이다. 예컨대, 다음 [그림7]은 더 뛰어난 소수에게 기회를 집중시켜야 한다는 엘리트교육과 오히려 열악한 환경에 처한 학생들에게 더 많은 기회를 제공해야 한다는 형평성교육의 차이를 도식화하고 있다.

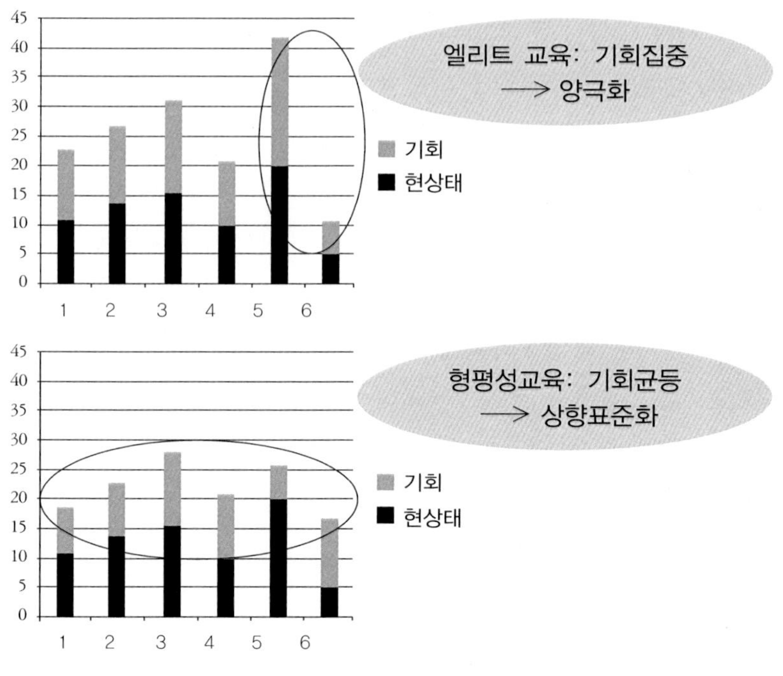

[그림 7] 엘리트교육과 형평성 교육의 비교(박휴용, 2012c)

위의 그림에서 보듯이, 교육결과에 있어서 엘리트교육은 양극화를, 형평성교육은 표준화를 가져올 개연성이 크다. 문제는 수월성교육을 지지하는 주장에서처럼 평준화가 반드시 하향표준화를 초래한다는 주장은 옳지 않다. 형평성교육을 통해서도 얼마든지 상향표준화를 달성할 수 있고, 그것이 바로 공교육의 진정한 역할이라는 것이다(성기선, 2007). 요컨대, 평등성 교육의 의의는 두 가지 측면에서 찾을 수 있다: '과정으로서의 평등'은 공교육의 근본적인 취지와 기능을 감안하여 보다 열악한 환경의 학생들에게 더 많은 기회를 부여해주는 것이고, '결과로서의 평등'은 그로 인해 모든 학생들의 잠재적 가능성을 극대화하여 오히려 상향표준화의 성과가 이루어지도록 고무하는 것이다.

(5) 담론 5: "평등주의로는 국가경쟁력을 보장할 수 없다."

이 담론은 수월성 교육과 영재교육을 통한 엘리트의 양성이 국가경쟁력을 높일 수 있다는 생각이 이념화된 것이다. 이러한 담론은 국가경쟁력의 확대가 영재 즉 엘리트의 역할에 의해 좌우된다는 믿음과 그러한 믿음 저변에 깔린 경쟁과 적자생존의 원리에 기반한 사회진화론(social-Darwinism)적 이념에 기반하고 있다(Eddy, 1969). 더 나아가 '국제사회에서의 경쟁'을 배경으로 펼쳐지는 신자유주의적 세계질서와 패권주의적 세계관을 무비판적으로 수용하려는 태도가 이를 뒷받침하고 있다. 이러한 담론을 기반으로 사회적으로 널리 퍼진 사고의 대표적인 예가 바로 "무한경쟁의 지구촌 사회라는 세계사적 흐름으로 보아 수월성 교육이 꼭 필요하다"라는 논리이다(이태상, 2007).

요컨대, 우리의 학교교육이 우수한 인재를 양성하여 국가경쟁력을 높이는 것에 매진한다면, 우리는 패권주의적 경쟁의 논리와 신자유주의적 세계질서를 고스란히 수용하는 것이고, 그러한 맥락에서 추구하는 수월성 교육은 교육의 형평성을 등한시하는 결과를 낳을 수 밖에 없다. 즉, 신자유주의적 경쟁, 사회진화론적 생존의 논리에 입각하여 교육의 형평성과 수월성을 논의하고, 그로 인해 파생되는 학교교육의 정책방향은 그 근본적인 토대가 잘못된 것이라고 볼 수 있다(Fougner, 2006). 다음 장에서는 지금까지의 평등성 및 수월성과 관련한 사회적 담론에 대한 비판적 논의를 바탕으로, 평등성 및 수월성 개념을 재정립함으로써 이 둘을 형평성의 개념을 통해서 통합할 수 있음을 설명하고자 한다.

2) 미국의 형평성 대 수월성 논쟁

본고는 기본적으로 교육의 형평성(equity) 대 수월성(excellence) 논쟁은 그 대립구도의 틀(frame)은 잘못된 것이고, 그 대신 평등성(equality) 대 수월성의 대립구도를 바탕으로 하되, 양자 간의 갈등구도를 극복할수 있는 대안적 개념으로써 형평성을 이해하고자 한다. 본래 평등성(equality) 혹은 평등주의(egalitarianism)란 모든 인간은 차별받지 않을 권리를 가지고 태어난다는 존재적 동일성(equality among living entities)에 대한 자유주의 철학적 개념에 기반하고 있다. 미국 교육학계에서는 이러한 평등주의를 지극히 당연하게 보장되어야할 가치로 받아들이기 때문에 교육의 평등성은 더 이상 논란의 대상이 되지 않으며, 그 대신 형평성의 개념을 사용하여 형평성 대 수월성의 논란이 지속되어 왔다. 본장에서는 20세기 후반의 미국 교육학계에 나타났던 형평성 대 수월성의 대립 양상을 살펴봄으로써(Hess & Rotherham, 2007), 양자 간의 논란이 얼마나 교육정책의 방향을 결정하는데 지대한 영향을 미쳐왔는지 살펴보고자 한다.

20세기 중반의 미국과 소련의 오랜 냉전 상황과 과학기술 개발에 박차를 가했던 소련의 인공위성(스프트닉 1호) 발사는 미국으로 하여금 1958년 처음으로 국가방위교육법(National Defense Education Act: NDEA)을 통과시켜 '교육에서의 경쟁'(the competitiveness in education) 의안을 발의하게끔 하였다. 하지만 얼마 후 미국 36대 대통령인 존슨(Lyndon B. Johnson: 민주당, 텍사스 주)은 그의 핵심 교육정책으로 '가난과의 전쟁'(War on Poverty)을 표방하며 초중등교육법(The Elementary and Secondary Education Act: ESEA, 1965)을 발효하였다. 이 초중등교육법의 기본 정신은 소외받는 계층의 아동들의 학교교육의 성공을 돕기 위한 다양한 정책을 시도하기 위함이었다.

이후 1980년대에 들어선 미국사회에서는 일본 등 주변국들의 경제적 성장에 자극을 받아 다시금 경쟁의 이념이 표면화되었고, 이는 미국 교육계에 표준화 운동(the Standards Movement)을 불러일으키는 계기가 되었다. 이 표준화운동은 한마디로 '경영모델을 바탕으로 한 표준화'에 기반하여 교육개혁을 추구하고자 한 것이었다(Deborah, 2000). 그러나 1990년대 후반에 들어서 수많은 도심학교들의 붕괴로 상징되는 공교육의 위기상황을 직면하게 되었고, 이는 미국 교육계가 다시금 형평성의 문제에 관심을 갖게 만들었다. 그 결과 등장한 정책이 1960년대에 만들어졌던 초중등교육법(ESEA)의 새로운 버전인 NCLB(No Child Left Behind, 2001) 정책이다. NCLB 정책의 기본 취지는 그 제안문의 첫 행에 기술된 "교육의 책무성과 융통성 및 선택의 기회를 제공함으로써 성취의 격차를 줄이고, 어떤 학생도 뒤처지지 않게 하기 위해서이다"라는 표현을 통해 짐작할 수 있듯이 형평성의 진작에 초점이 맞추어져 있었다.

미국 부시(G. Bush) 행정부에 의해 입안된 이 NCLB 정책은 역설적이게도 그 기본 취지와는 다른 방법론적 접근(즉, 신자유주의적 선택과 경쟁의 원리를 바탕으로 "측정의 결과를 바탕으로 보상을 베푸는(measuring and punishing)" 정책을 통해 학교교육의 개혁을 시도한 점)으로 인해 학계와 교육현장으로 부터 큰 비판을 받아 왔다. 그러한 비판의 대표적인 예로, 부시 행정부의 교육부 보좌관이었던 래비치(D. Ravitch)는 최근 한 언론사와의 인터뷰에서 "최근의 교육결과들을 놓고 평가해 보았을 때 그 정책들이 실패했다는 것을 깨달았다. 나는 공교육의 개선을 열정적으로 기원했지만, 이런 방법으로는 공교육이 개선될 것 같지 않다"라고 고백한바 있다(NPR, 2010).

이러한 NCLB 정책을 근간으로 2005년 연방정부의 전문가패널은 다시금 경쟁적 수월성(competitive excellence)을 목표로 한 보고서를 채택하게 되고, 이는 곧바로 미국 경쟁력 제안서(American Competitiveness Initiative: ACI, 2006)를 발효하는 계기가 된다.[2] 이 제안서로 인해 미국은 앞으로 매년 수십억 달러가 초중등학교의 실제 교육현장이나 교사양성 및 학생복지 보다는 과학, 기술, 수학 등의 분야에 투자되는데, 이는 현재 미국 교육계가 형평성과 수월성 중 어떤 교육적 목표를 지향하고 있는지를 분명히 드러내주고 있는 것이다(Hess & Rotherham, 2007).

요컨대, 이상에서 살펴본 최근 반세기 동안의 미국 교육의 정책변화는 교육의 지향점이 수월성과 형평성 사이를 왕복하고 있으며, 교육에서의 수월성(excellence)은 대부분 국가 경쟁력의 강화와 과학기술 발전, 경제적 성취 등을 위한 전략적 수단으로 이해되고 있는 것을 잘 보여준다. 특히 형평성을 고려한다는 취지에서 시행된 NCLB 정책도 그 근본취지에 어긋난 경쟁과 성과, 측정 평가 위주의 방법론을 통해 접근함으로 인해 목표와는 전혀 다른 교육적 부작용과 학교현장의 혼란이 발생하고 있음을 오늘날 미국 공립학교의 위기가 분명히 보여주고 있는 것이다.

3) 평등성 및 수월성 개념의 재탐색: 조화(duet)인가, 갈등(dual)인가?

지금까지 논의한 우리나라의 평등성과 수월성의 대립구도로 이루어진 사회적 담론들과 미국의 형평성과 수월성 사이의 정책 변화는 우리

2) 이 제안서에 따라 미국은 향후 10년간 약 150조원($136 billion)이라는 천문학적인 연방정부 예산을 교육의 경쟁력 고취에 배정하게 되었고, 이듬해 8월 부시대통령은 약칭 'America COMPETES' (the America Creating Opportunities to Meaningfully Promote Excellence in Technology, Education and Science Act, 2007) 법안에 서명하였다.

에게 평등성, 수월성, 그리고 형평성에 대한 올바른 이해와 개념적 재정립이 필요함으로 상기시킨다. 본 절에서는 이를 세 가지 측면에서 논의하고자 한다. 첫째, 우리나라의 평등성 및 수월성에 대한 담론들은 사실 평등성에 대한 대중의 잘못된 이해에서 비롯된 것이다. 개인들 간의 평등성을 보장하는 것은 선택이 아닌 당연의 문제이고, 수월성은 평등성이 보장된 이후 추가적으로 추진되어야할 과제인 것이다. 오늘날 우리의 학교교육이 공교육으로써 그 책무를 다하고 있지 못한 근본적인 원인 중의 하나가 바로 그러한 선후관계가 분명치 않거나 오히려 뒤바뀐 논리가 팽배해 있기 때문이다. 예를 들어, 오늘날 신자유주의 교육담론이 '수월성을 추진하면 평등성이 서서히 이루어질 것이다'라는 낙수효과(trickle down effects)를 강조하고 있지만, 많은 학자들은 그 실현가능성에 대해서는 많은 의문을 제기하고 있는 상태이다(Greenwood & Holt, 2010; Persky, Felsenstein, & Carlson, 2004). 앞장에서 논의한 미국 교육학계에서의 형평성과 수월성의 끊임없는 갈등은 바로 우리가 평등성과 수월성 중 무엇을 우선시해야하는가의 문제이고, 이는 곧 공교육의 역할을 어떻게 바라보느냐에 의해 결정될 것이다.

둘째, 우리나라의 학교교육은 지금까지 평등성과 수월성 간의 우선순위와 수월성의 개념조차 분명히 정의내리지 못하고 있었다. 교육학 일반에서는 평등성과 수월성의 문제에 대해 많은 논의가 있어왔다(고경화, 2007; 김경근, 2006). 하지만, 수월성에 대한 개념적 정의가 명확하지 않고, 구체적으로 어떤 내용과 방법을 통해서 수월성을 높일 것인지에 대해서도 분명한 이론적 토대가 마련되지 않았다. 앞 장에서 언급한 바와 같이 과거 교육당국은 "전체 약 800만 명 중 영재교육 대상자 1%와 일반학교 수월성 교육 대상자 4%를 합친 5%(40만명)를 수월성 교육 대상자로 설정"한 후, 일반학교의 수월성 교육 대상자를 "수준별 이동수업에 참여하는 상위학생, 조기진급 및 조기졸업 과정에 참여한 학생, 집중이수과정 운영에 참여한 학생, 상급(Advanced) 프로그램 과정을 이수하는 학생"으로 규정한 바 있다(교육인적자원부, 2004). 이러한 교육당국의 정책기조는 우리 사회가 가지고 있는 수월성 교육에 대한 왜곡된 인식을 그대로 드러내는 것이었다.

영재교육의 목적은 [영재교육진흥법] 제1조에 「재능이 뛰어난 사람을 조기에 발굴하여 타고난 잠재력을 계발할 수 있도록 능력과 소질에 맞는 교육을 실시함으로써 개인의 자아실현을 도모하고 국가·사회의 발전에 기여하게 함」으로 표현되어 있다. 그러므로 영재교육의 대상은 실질적으로 일반교육의 대상과는 다르게 간주되고 있으므로, 일반 교육의 수월성에 대한 논의는 영재교육과는 별도의 개념정의가 필요하다. 앞서의 교육당국의 잘못된 정책기조는 학계의 신랄한 비판에 직면하였고, 그 이후 수월성 교육의 개념은 "개별 학생이 개인 내적으로 자신의 적성, 소질, 잠재력 등을 최대한 계발시키는 것"으로 자리매김할 수 있었다(조석희, 2006).즉, 수월성 교육은 성적 상위권 학생이나 영재아가 아닌 모든 학생들의 잠재적 가능성을 발굴해내기 위한 근본적인 노력인 것이다. 요컨대, 위와 같은 교육당국의 시행착오의 근본원인은 수월성의 자체에 대한 학계의 체계적인 연구나 논의가 이루어져 있지 않은 채, 영재교육의 유행과 같은 대중적 지지(populism)에만 의지해서 교육정책의 방향이 결정되었기 때문이다.

셋째, 평등성과 수월성의 개념에 대한 재인식을 바탕으로 한 새로운 교육정책이 과연 개별 학생의 학업성취나 각급 학교의 교육적 성과의 차이에 대한 적절한 보상을 어떻게 제공해줄 수 있느냐의 문제이다. 이 문제가 바로 업적주의의 긍정적 측면인데, 본고는 이러한 긍정적 업적주의의 기준을 만족시킬 수 있는 가능성이 바로 형평성에 대한 올바른 이해에서 출발한다고 본다. 형평성(equity)이란 '동등한 자를 동등하게, 동등하지 않는 자를 동등하지 않게 취급한다'는 입장에 기반하여 "어떤 존재(특성)에 대한 사회적 평가에 근거한 대우"라고 정의되고 있다(이종수, 2009). 사회적 형평성은 어떤 개인의 특성, 자질, 성취 등에 대한 사회적 평가에 근거하여 그에 합당한 대우는 해주는 것이고, 교육의 형평성은 그러한 형평성의 원리에 입각하여 학교교육의 문제를 바라보는 것이다. 결국 교육의 평등성과 수월성의 오랜 대립적 구도는 그 개념에 대한 인식의 오류에서 비롯된 것이므로, 그러한 오류를 극복하여 '기회균등'으로서의 평등성과 '성취의 차이에 대한 보상'으로서의 수월성을 통합할 수 있는 개념의 필요성이 요구되기도 한다.

이렇듯 교육의 평등성과 수월성을 통합한 개념으로써 형평성을 이해해야 하고, 아울러 공교육의 근본취지를 바탕으로 교육의 평등성을 우선적으로 추구한 후, 거기에 더하여 수월성을 모색하는 방향으로 나아가야 한다. 그런데 교육의 평등성과 수월성은 마치 동전의 양면과 같아서, 어느 한쪽을 우선시하면 다른 한 쪽은 소홀해지는 경향이 있는 것이 문제다. 평등성과 수월성이 갖는 이러한 갈등적 관계를 갖는 것은, 이 양자가 동시에 추진될 수 있는 공조관계(duet)라기 보다는, 서로 간의 끊임없는 긴장 속에서 세력을 다투는 갈등관계(dual)이기 때문이다(Hegel, 1874). 이태리어에 어원을 둔 duet(duetto, 둘)의 개념은 목소리와 악기의 조화를 통한 새로운 화음의 창조를 나타낼 때 쓰인다(Chisholm, 1911). 반면, dual의 개념은 하나의 실체와 그 실체와 동시에 존재하는 거울상(mirror image)과의 관계를 나타낼 때 쓰인다(Kostrikin, 2001). 즉, 양자가 동시에 실재하는 것이 아니라, 둘 중 어느 하나가 실상이면 다른 하나는 허상이어서, dual의 관계를 가진 양자는 본질적으로 자신의 존재를 부각시키기 위해 끊임없이 결투(dual)를 벌일수 밖에 없다.

평등성과 수월성은 바로 존재적 본질(entity)이 서로 다른 것(즉, duet의 관계)이 아니라, 궁극적으로 동전의 양면처럼 동일한 존재의 서로 다른 표현(즉, dual의 관계)이다. 이는 앞장에서 논의한 바와 같이, 평등성과 수월성을 둘러싼 우리 사회의 끊임없는 담론적 갈등과 평등성과 수월성 사이에서 진자운동했던 미국의 교육정책을 변화양상 등에서 확인한 바 있다. 우리는 그동안 겪었던 교육정책의 혼란을 방지하고 미래 교육의 올바른 방향을 정립하기 위해선, 이처럼 평등성과 수월성을 끊임없는 갈등 관계를 극복할 수 있는 대안적 개념이 필요할 것이다. 본고는 그러한 대안으로 평등성과 수월성의 우선순위를 분명히 하든지, 아니면, 이 두 개념을 통합할 수 있는 개념으로써 '형평성'에 대한 새로운 이해를 강조하는 것이다. 따라서, 우리에게는 다음과 같은 질문에 대한 대답이 과제로 주어져 있다: 과연 수월성 추구의 교육이 머지않아 평등성의 확대에 기여할 것인가, 아니면 평등성을 기반으로 한 교육환경 속에서 수월성을 모색해야 할 것인가? 그도 아니면 과연 평등성과 수월성을 포괄하는 개념으로써 교육의 '형평성'을 어떻게 이해할 것인가? 학교교육 문제 전반에 있어서 이러한 문제들은 여전히 매우 논쟁적인 주제로 남겠지만, 지금까지의 논의를 바탕으로 본고는 다문화교육의 평등성, 수월성, 그리고 형평성의 개념은 그 방향이 분명하다고 본다. 즉, 다문화주의가 다원주의를 사상적 기반으로 하고 문화적 다양성을 중요한 가치로 여긴다면, 다문화교육은 분명 평등성을 기반으로 한 생태적 교육환경의 토대를 다지는 것을 우선으로 하되, 그 이후에 각 개인의 수월성을 격려하는 교육적 방략을 모색해야 한다는 것이다. 이러한 논조를 기반으로, 다음 장에서는 다문화교육의 방향과 목표에 대해 논의하기로 한다.

2. 다문화교육의 방향과 목표

1) 다문화교육의 취지와 목표

교육의 평등성과 수월성의 대립에 대한 논의를 바탕으로, 다문화교육에서의 형평성에 대한 이해를 위해선, 우선 다문화교육의 취지나 목표가 무엇인지를 분명히 확인할 필요가 있다. 예를 들어, 다문화교육의 지향점에 대해 Gorski(2001, p. 1)는 다음과 같이 강조한 바 있다:

"다문화교육은 비판적으로 사고하고 능동적으로 사회에 참여하는 사회구성원을 기르는 변혁적 교육 운동이다. 그것은 단순히 교육과정의 변화나 활동의 추가라기보다는 사회의 변혁을 위해서 새로운 태도, 접근법, 헌신의 토대를 마련하는 운동이다(p. 1)."

위의 예와 같이, 가장 대표적인 다문화사회인 미국에서는 이미 오래전부터 다문화교육의 목표에 대한 학자들의 견해가 여러 문헌을 통해 소개된 바 있다. 이 문헌들에 소개된 다문화교육의 목표를 정리해보면 다음 <표 1>과 같다:

〈표 9〉 여러 학자들이 강조한 다문화교육의 목표 (Gay, 1994, 일부 참조)

핵심어에 나타난 다문화교육의 목표	주장 학자 (출처)
문화적 다원주의, 집단 전통의 보존, 민주주의적 이상	AACTE, 1973; Hunter, 1974
다양성, 인권, 사회정의, 문화적 다원주의 사회, 차이의 인정, 지구촌 사회	Grant, 1977
문화적 다양성의 존중	Frazier, 1977
평등성, 상호존중, 수용과 이해, 사회 정의	Baptiste, 1979
억압과 착취에의 저항을 위한 다양한 집단에 대한 지식 획득	Sizemore, 1981
편견의 탈피, 다원주의적 민감성	Parekh, 1986
민주주의 가치, 문화적 다원주의, 교육적 평등성, 억압적 제도와의 투쟁	Bennett, 1990
종족정체성, 문화적 다원주의, 분배의 불평등, 사회정치적 문제, 오랜 억압적 역사에 대한 인식 평등성의 진작	Gay, 1994 Gay, 2004
총체적 학교 개혁, 차별 철폐, 사회 정의를 위한 민주주의 원리 문화정체성, 공동체의식, 다양성	Nieto, 1996 Nieto & Bode, 2008
교육형평성, 학생 격려, 문화적 다양성 고취, 간문화적 이해, 개인/집단의 자유화, 문화적/인종적 지식 확대	Davidman & Davidman, 1997
편견・정체성・갈등・소외 개념의 이해, 인종적 다양성 문화적 다원주의 변혁(reform)과 변화(change), 동등한 기회 문화적 다양성	Banks, 1977 Banks & Banks, 1993 Banks, 1999 Banks, 2006

위 [표 9]에서 볼 수 있듯이, 1970년대부터 학계의 관심을 끌기 시작했던 다문화교육의 취지 및 목표는 약 40년이 지난 오늘날까지 별다른 변화 없이 다음과 같은 핵심 주제들과 관련되어 있음을 알수 있다: 첫째, 학교 개혁을 위한 노력, 둘째, 문화적, 인종적 다양성의 존중(다원주의적 민감성), 셋째, 평등, 상호존중, 인권 등의 사회 정의의 실현, 넷째, 민주주의적 원리 및 가치 실현, 다섯째, 편견 및 선입견 등의 탈피, 그리고 여섯째, 사회적 억압 및 착취에 대한 저항 등을 목표로 하고 있었다. 요컨대, 위의 분석을 통해 드러난 다문화교육의 취지 및 목표는 경쟁, 성취, 엘리트주의 등과 관련된 수월성의 개념과는 거리가 먼 것이다.

이러한 맥락에서, 김경근(2006)은 교육의 방향이 학업성취 중심의 수월성 추구와 같은 수직적인 능력관 보다는 지식기반사회에서 요구되는 다원적이고 수평적인 능력관에 조응하는 방향으로 변화되어야 한다고 주장한 바 있다. 즉, 다문화교육은 본질적으로 수월성 추구의 문제 보다는 다양성과 수평적인 능력관을 바탕으로 공평한 교육 기회와 성취에 대한 적절한 보상을 기반으로 한 형평성의 추구에 보다 초점을 맞추고 있는 것으로 이해할 필요가 있다. 그렇다면, 다문화교육에서 수월성을 추구한다는 것은 과연 어떤 의미가 있는가?

Gay(1988)는 특정한 개인이나 집단이 높은 수준의 교육을 받지 못하고 배제되거나 그들의 교육적 기여가 인정받지 못하는 환경은 교육의 수월성을 담보하지 못한다고 주장한 바 있다. Gay는 교육자들은 학습스타일, 교수활동, 그리고 교육적 의사결정에 있어서의 문화적 요인의 영향을 분명히 이해해야 하고, 폭넓은 개인이나 집단의 다양성에 기인한 선호도나 스타일을 반영하여 교육적 성취를 이루어낼 수 있는 여러 가지 수단과 방법을 개발해야 한다고 강조한다. 또한 다문화교육은 모든 학생들에게 그들의 문화적 스타일에 맞는 학습방법을 활용할 수 있는 선택의 기회를 주어야 하고, 그럼으로써 어느 누구도 학습의 과정에서 부당하게 특혜나 불이익을 받는 일이 없어야 되는 것이다. 그러한 선택의 기회가 결국 학습 기회의 형평성을 담보하고 개별 학생들이 자신의 지적인 잠재력을 극대화하는 것을 가능케 하는 조건이 된다는 것이다. 요컨대, 교육의 수월성은 모든 학생에게 자신의 (문화적) 특성을 활용할 수 있는 기회를 균등하게 줌으로써 잠재력이 극대화되는 과정에서 자연스럽게 이루어지는 것이다.

이와 비슷한 맥락에서 Banks (1990, 1991, 1992)는 다문화교육은 학생들의 사회적 의식이나 도덕성을 계발하고, 형평성에 대한 고려나 사회

개혁을 위한 적극적 참여를 그 목표로 내세움으로써, 문화적 다원주의, 도덕적 정의, 그리고 평등주의를 지향하는 보다 인간적이고 공감적 사회를 추구하는 것을 목표로 해야 하고, 그 과정에서 수월성의 기반이 이루어질 수 있다고 주장한 바 있다. 즉, 수월성 교육은 주지주의적이거나 경쟁주의적 교육을 통해서가 아니라, 도덕, 정의, 문화, 공동체 의식 등의 사회적 가치를 추구하는 과정에서 자연스럽게 이루어진다는 것이다.

다문화교육에서 수월성 추구의 가능성과 그 의의는 결국 우리가 문화적 다원주의나 다양성을 어떻게 이해하고, 거기에서 어떤 가치와 효과를 발견하고자 하느냐에 달려있다. 다문화교육이 지향하는 보다 이상적인 가치는 개별적 독특성의 존중과 공존 속에서 발휘되는 다양성이며, 그 속에서 어떤 편견, 억압, 불평등, 부정의가 해소되는 가능성의 사회인 것이다. 바로 이러한 다양성의 토대위에서 수월성의 싹을 틔울 수 있는 것이다. 예컨대, 다문화교육에서 다양성의 이해와 수용을 위해 그 배경 자원이 되는 인문학, 예술, 사회과학, 역사, 정치학, 그리고 자연과학 등 다양한 분야의 지적, 학문적 자원을 조합하여 이를 교육적 자원으로 삼을 수 있는 것이다(Gay, 1994). 더불어, 미래의 다문화교육은 기존의 단일문화적 교육시스템으로 부터의 근본적인 탈피를 통해, 교육내용과 교육과정의 측면에서 개념, 조직, 실행 차원에서의 근본적인 변화를 모색해야 하는 것이다.

요컨대, 다문화교육은 본질적으로 평등성과 다양성을 지향하는 교육이념을 바탕으로 하고 있고, 다문화교육의 수월성이란 우리가 지금까지 인식하고 있는 수월성의 개념과 전혀 다른 차원의 이해가 필요하다. 그 수월성은 다양한 문화적 배경을 가진 학생들이 그들의 문화적 배경을 활용하여 잠재력을 극대화시킬 수 있는 환경을 바탕으로, 주지주의적이거나 경쟁주의적 교육방법이 아니라, 학문과 지식의 다양한 근본적인 이해와 통찰을 통해 드러나는 어떤 가능성이라고 이해해야하는 것이다. 다음 장에서는 이러한 다문화교육 형평성의 개념적 토대가 무엇인지 논의해 보기로 한다.

2) 다문화교육의 형평성의 개념 지평(conceptual horizon)

본질주의 교육철학자인 허쉬(E. D. Hirsch)는 문화적 문식성(cultural literacy)을 강조하면서 전통문화와 같은 문화적 유산과 공유가능한 정보(commonly shared information)를 학교교육의 주된 내용으로 다루어야 한다고 주장한 바 있다(Hirsch, 1987). 이렇듯 허쉬처럼 인류문명의 공통적이고 본질적 지식 등을 중요시했던 본질주의자들이나 절대불변의 인류보편적 가치나 고전(the Classics)의 학습을 강조했던 항존주의자들은 문화를 지극히 정적이고 객관적인 학습의 대상으로 보았다. Jameson(1991)은 항존주의나 본질주의가 문화를 바라보는 이러한 관점이 계몽주의, 합리주의, 진보주의적 사고에 기반하고 있음을 지적하였다. 계몽주의는 문화를 개인의 교화나, 기존 문화의 습득, 그리고 사회적 적응을 위한 도구로 보는 것이고, 합리주의는 문화를 이성과 과학주의에 기반하여 축적된 인간의 경험과 지식의 총체로써 이해하는 것이고, 진보주의는 그러한 문화를 있는 그대로의 다양한 삶의 양상이 아니라, 생산과 발전을 위한 수단으로 간주한다. 이것이 바로 계몽주의적, 과학주의적, 그리고 진보주의적 사고에 기반을 둔 근대주의 문화관이다.

Adorno & Horkheimer(2002)는 이러한 근대주의적 문화관이 문화들 간의 차이를 상쇄시키고 공통분모를 쫓아 거대담론을 추구했던 구조주의적 세계관이자, 객관화되고 기계화된 사고에 입각한 과학맹신적 관점이라고 비판한다. 과학주의가 휴머니즘에 승리한 이후 20세기 들어서 학교교육의 교육과정의 근간에 과학주의가 터를 다졌고, 더 나아가 학교교육의 내용을 장악한 근대성의 다양한 양식들은 산업주의적 효율성, 교육적 담론과 실천의 도구화, 그리고 실증주의적 심리학에 기반한 교육과정 내용 등의 형태로 학교교육을 지배해왔던 것이다. 이처럼 오늘날과 같이 고도로 자본주의화된 사회에서 문화는 시장주의에 잠식되어 더 이상 '공유의 대상'으로서가 아니라, '구매와 소비의 대상'으로 변질된 것이다.

아울러 공유의 대상으로서의 문화가 아니라 소유와 소비의 대상으로서의 문화는 인류의 삶의 양식을 공동체 중심에서 개인주의 중심으로, 협력의 장으로서의 사회를 경쟁의 장으로서의 사회로 바꾸어 놓았다. 이로 인해 사회의 구조도 다양성이 존중되는 다원주의가 아니라 수월성이 인정받고 적자생존의 논리가 힘을 얻는 사회진화론의 담론이 지배하는 사회가 되어버린 것이다. 결국, 우리 사회가 수월성에 대한 미련을 떨쳐버릴 수 없는 근본원인은 바로 끊임없이 문명의 진보를 지향하는 근대적 진보 관념(modernism), 경쟁을 바탕으로 한 적자생존의 원칙에 바탕을 둔 사회진화론, 그리고 개인의 합리적 선택과 성취를 존중하는 이성적 개인주의(rational individualism)라고 볼 수 있다.

요컨대, 다문화교육의 올바른 교육의 방향은 우선 인간, 지식, 사회 등을 근대주의적, 사회진화론적, 개인주의적 시각으로 바라봄으로써 문화를 대상화, 객관화, 물질화, 상품화시키려는 구조적 틀에서 벗어나는 것에서 시작되어야 한다. 더 나아가 앞장에서 논의한 것처럼 다문화교육의 근본 취지를 고려한다면, 다문화교육의 실천은 그러한 사회 구조에 대한 근본적인 문제제기와 비판에서 출발해야 할 것이다. 문화는 단순히 학교교육에서 다루는 지식의 일부도 아니고, 축적되고, 고정되고,

범주화되어 단순히 학습의 대상으로 박제화된 것도 아니다. 문화는 단순한 하나의 '텍스트(text)'가 아니라, 다양하고 복잡다단한 인류의 삶의 방식들이 역사적으로 쌓여온 맥락(context)이므로, 학생들이 배워야 할 것이 바로 그러한 맥락으로서의 문화인 것이다. 그러한 의미에서 Wexler (1989, p. 94)는 문화를 맥락화(contextualize)하고, 실용화(pragmatize)하고, 사회화(socialize)해야 한다고 강조하면서, 교육과정 그 자체가 문화적 질문이라고 주장하였던 것이다. 결국, 다문화교육의 형평성과 수월성에 대한 논의는 바로 이러한 문화에 대한 올바른 이해를 바탕으로 다문화교육의 진정한 의의가 무엇인지에 대한 재검토에서 출발해야 할 것이다.

그렇다면, 다문화교육의 형평성은 어떻게 이해해야 할 것인가? 본고는 다문화교육의 형평성을 평등주의(존재론), 다원주의(가치론), 그리고 문화상대주의(인식론)의 세 가지 측면에서 논의하고자 한다. 첫째, 형평성의 존재론적 토대이자 출발점이 바로 평등주의, 즉 모든 인간은 차별받지 않을 권리가 있다는 사고이다. 미국 공교육의 아버지라 불리우는 Horace Mann(1796-1859)은 공교육이 '평등의 실현자'(the great equalizer: Nieto, 1996, p. 20) 역할을 한다면서, 모든 학생들이 배경의 차이에 관계없이 학교에 다니게끔 하는 것이 미국의 공교육제도의 기본 취지라고 강조한 바 있다. 이러한 공교육의 취지를 바탕으로 미국 공교육은 1950-60년대 반분리주의 운동을 통해 기존의 '분리하여 평등하게'(separate and equal)라는 인식을 극복하고 모든 미국인이 배경에 상관없이 동등한 공교육을 받을 권리가 있음을 천명하게 된다. 하지만 이러한 역사적 굴곡을 거친 오늘날 미국의 공교육 제도가 과연 모든 계층과 문화적 배경을 가진 학생들에게 평등성이 보장된 교육을 제공하고 있는지에 대해서는 많은 학자들이 회의적 반응을 보인다(Gross, 1999; Sowell, 1992; Todd-Rousseau, 2009). 결국 평등주의의 개념은 교육의 철학적 토대의 역할을 하지만, 그 현실적 실천에 있어서는 매우 구속력이 약한 것이 현실이다. 이것이 본고가 이러한 평등성이라는 용어를 대신하여 보다 구체적인 분석과 논의가 가능한 형평성의 개념에 집중하는 이유이다.

둘째, 다문화교육에 대한 미국이나 유럽 국가들의 사례에서 이미 충분히 지적된 사항 중하나가 동화주의 다문화정책이 소수 민족이나 문화를 억압하거나 집단 및 계층 간의 불평등을 초래하였다는 사실이다(Swing, 2000). 이러한 동화주의 정책의 대안으로 제시되고 있는 것이 바로 다양한 가치를 존중하고, 차이를 중요한 자원/자산으로 여기는 생태주의적 관점(Hamers & Blanc, 2000) 등을 포함하는 문화적 다원주의(cultural pluralism)이다(Mullard, 1982). 하지만, 다원주의 옹호론자들 중 일부는 다양성 속의 보편적 가치나 인류공통적 도덕성의 모색을 특별히 강조하면서, 기존 다문화사회가 동화주의 정책에 실패한 이유를 인류공통의 핵심 가치(core human value)를 모색하고 보급하는데 실패했기 때문이라고 본다(Ravitch, 2001). 아울러 이들은 교육의 형평성과 수월성을 동시에 추구하기 위해서는 소위 '고급문화'의 전수가 필요하다며, 허친스(Hutchins)식의 엘리트주의적 시민교육론을 지지한다(이윤미, 2008, p. 161).[3] 즉, 겉으로는 생태주의나 다원주의에 대해 지지하면서도 그 이면에는 진정한 형평성의 의미와 다원주의적 가치에 대한 이해가 부족한 상태에서 경쟁, 성취, 진보 등의 근대성을 기반으로 한 수월성 이념의 한계에서 벗어나지 못한 경우가 많다. 이러한 수월성에 대한 강박의식을 떨쳐내는 것이 다원주의적 가치가 보장되는 길이고, 다문화교육의 형평성의 출발점이 된다.

3) 허친스는 민주주의는 자치에 기반하므로 모든 시민은 통치자가 되어야 하며, 모든 시민은 통치자로서의 교육을 받아야 하고 이를 위한 대표적인 교육이 자유교육이라고 주장한 항존주의 교육철학의 대표자이다(Shils, 1990). 이러한 항존주의는 보수적이고 엘리트주의적 교육을 지향한 것으로 평가받고 있는데, 다인종, 다문화 사회에서 다문화주의를 비판하고 '고급문화'에 기반한 공통문화(common culture) 건설을 주장하는 점은 그녀가 지닌 보수성을 드러내 준다(이윤미, 2008, p. 163).

셋째, 모든 다문화사회에는 다양한 문화집단에 공통적으로 적용할 만한 보편문화를 지향하고자 하는 경향이 존재하는데, 이러한 보편문화의 상정은 다문화사회의 통합을 모색하는 대부분의 국가들의 공통된 경향성이다. 그러나 다문화사회에서 보편문화를 가르치려는 교육적 시도는, 과연 다양한 배경의 학생들에게 공통적으로 가르쳐야 하는 핵심적인 보편문화(지식, 가치관, 기능 등)라는 것이 존재하는가 하는 질문에 우선적으로 답할 수 있어야 한다. 만일 이러한 보편문화의 상정이 불가능하다면, 서로 다른 가치와 내용을 가르치게 될 것이고, 그러한 내용이나 방법의 차이에 의한 다양성은 형평성의 유지에 영향을 미칠 개연성이 있다. 즉, 다문화교육이 문화상대주의적 시각을 취할 것이냐, 아니면 문화보편적 내용(지식, 가치관, 태도)을 설정할 것이냐의 문제는 교육의 공공성과 형평성을 논의하는데 매우 중요한 인식론적 토대가 된다. 다문화교육의 형평성은 문화상대주의를 바탕으로 자기중심적 혹은 주류문화중심의 시각(즉, 인식론적 토대)에서 벗어나서 교육의 내용(지식, 태도, 기술 등)을 새롭게 바라봄으로써 실현될 수 있다. 예컨대, Ravitch(2004)는 미국 사회의 통합을 위해 공교육에서 다문화교육을 위한 '내용표준'을 설정하여 다양한 교육적 지식들을 절대적 기준으로 표준화해야 한다고 주장한 바 있다. 하지만 이러한 시도는 역으로 문화적 다양성(cultural diversity)을 저해할 소지가 있고, 다양한 문화들을 '위계화'시키는 절대주의적 가치관을 바탕으로 하고 있어서, 1980년대 미국의 신자유주의 개혁과 맥락을 같이 한다는 점에서 비판을 받은 바 있다(이윤미, 2008, p. 164). 결국, 주류문화를 중심으로 한 보편문화의 상정과 보편교육의 강조가 소수집단들과의 교육 형평성의 문제에 근본적인 영향을 줄 수 있으므로, 다문화교육은 문화적 상대주의의 원칙과 문화적 다양성에 대한 존중을 기반으로 하여야 하는 것이다.

요컨대, 다문화교육의 형평성은 평등주의적 인간관이라는 존재론적 토대와 다원주의 및 생태주의적 공존이라는 가치론적 틀, 그리고 문화적 상대주의라는 인식론적 틀 세 가지 이론적, 철학적 틀에 기반하고 있다. 따라서 평등주의, 생태주의 및 다원주의, 그리고 문화적 상대주의라는 분명한 철학적 토대와 방법론적 타당성을 바탕으로 다문화교육의 형평성을 논의해야 하고, 다문화교육의 형평성 확보가 다문화교육의 수월성을 논하기 위한 기본 전제가 되는 것이다.

3. 형평성에 기반한 다문화교육의 수월성 제고

본고는 앞 장에서 다문화교육의 형평성이 평등주의, 다원주의, 문화상대주의적 관점에 기반하고 있으므로, 다원주의적 이해와 문화적 다양성의 존중을 다문화교육의 출발점으로 삼고, 서로 다른 문화적 배경에 따른 차별이나 억압 없이 개인의 자질과 노력, 그리고 성취에 대한 합리적인 보상을 마련해주는 것이 바로 다문화교육의 형평성임을 밝혔다. 이러한 형평성의 보장이 다문화교육의 핵심 원리이지만, 수월성의 추구도 여전히 다문화교육의 과제로 남아있는 것이 사실이다. 따라서 본 장에서는 다문화교육의 수월성을 제고하기 위한 방안이 무엇인지를 논의해보기로 한다.

랑시에르(Ranciere, 2008)는 '치안'을 '정치'와 구별하면서, 치안은 어떤 사회 안에서 자리나 기능의 분배 혹은 몫이나 자격의 분할을 사회 구성원들의 '합의(consensus)'라는 관념을 통해 유지하고 정당화하는 것으로 설명하였다. 이러한 분배와 분할은 구성원에 대한 선택(inclusion)과 배제

(exclusion)의 과정을 포함하는데, 그런 의미에서 치안은 사회 전체의 질서와 통일성을 유지하기 위한 통치 차원의 행위인 셈이다. 반면 '정치'란 구성원들로 하여금 이러한 통치 행위를 감성적으로 수용하게끔 만드는 과정이기도 하고, 또한 역으로 분배나 분할의 과정에서 배제(소외)된 존재들을 드러내게 만드는 적극적인 조치의 역할도 수행할 수 있다고 본다. 이러한 랑시에르의 치안과 정치에 대한 개념 구분은 다문화사회에서의 다양한 집단들의 힘의 역학관계와 그에 따른 형평성의 문제를 이해하는 하나의 틀이 될 수 있다. 즉, 다문화사회에서 주류(지배)집단이 소수집단들을 어떠한 선택과 배제의 매커니즘을 통해 '통치'하고, 전체 사회 구성원이 그러한 통치행위를 어떻게 감성적으로 수용하게끔 하는가('정치')의 문제인 것이다.

랑시에르의 이론에 따르면, 다문화교육의 형평성은 한 마디로 학교교육이 얼마만큼 인종적, 문화적, 계층적 배경에 관계없이 모든 학생들에게 균등한 기회를 보장하고 있는가에 의해 판단할 수 있다. 즉 다문화사회의 '통치'와 '정치'의 과정이 교육적 기회균등 원칙에 부합하고, 교육의 대상이 되는 집단들에 대한 편견, 차별, 구조적인 불평등, 혹은 사회적 부정의가 두드러지지 않으면 형평성이 어느 정도 인정되는 것이다. 그리고 다문화교육의 수월성은 다문화교육의 형평성이 보장되었다는 것을 전제로 했을 때 의미있는 논의의 대상이 될 수 있다. 즉, 형평성이 보장되지 않은 조건에서의 수월성의 추구는 그러한 교육정책을 추진하는 '통치'와 '정치' 행위에 대한 사회적 공감과 정당성을 획득할 수 없는 것이다. 다문화사회에서 민족/집단들 사이의 경제적, 정치적, 사회적 격차나 그로 인한 지속적인 편견과 차별이 존재하고, 그리고 다양성에 대한 존중이 이루어지지 않은 현실에서는 형평성의 담보는 물론 수월성에 대한 기대도 어렵다는 것이다.

그럼에도 불구하고, 아직까지도 여전히 교육의 수월성에 대한 사회적 기대가 큰 이유는 무엇인가? 본고는 이러한 교육의 수월성이 갖는 이념적 성격을 업적주의, 엘리트주의, 그리고 배타적 진보라고 하는 세 가지 차원에서 논의하고자 한다. 첫째, 수월성을 강조하는 논리적 근거 중의 하나가 바로 업적주의(meritocracy)이다[4]. 즉, 모든 개인의 사회적 기여도는 각 개인의 수월성이 이루어낸 결과에 의해 판단될 수 있고, 그 기여하는 정도에 따라 개인에게 주어지는 사회적 보상이 정당화되는 것이다. 여기서 업적 혹은 능력(merit)이라는 개념은 본래 개인의 잠재력이나 사회적 기여가능성을 가리키는 용어이지만, 사회적 현실은 그러한 미완의 가능성 보다는 결과론적인 성취에 근거하여 사회적 보상이 이루어지므로, 능력주의라는 용어보다는 업적주의는 용어로 널리 쓰이는 것이다. 오늘날 우리 학교교육의 현실은 결국 '업적주의'의 이념을 바탕으로 평가되는 수월성의 개념을 지향하고 있고, 그것은 개인의 잠재적인 가능성 보다는 사회적 성취라는 결과를 토대로 논의된다.

둘째, 수월성은 또한 앞장에서 논의한 바와 같이 엘리트주의(elitism)의 이념에 기반하고 있다. 엘리트주의는 역사적으로 인류 문명의 진보와 사회적 성취는 문학, 예술, 과학, 체육 등 다양한 분야의 이론과 실제적 측면에서 두각을 나타낸 사회적 엘리트들에 의해서 대부분 이루어졌다고 본다. 업적주의를 옹호하는 사회에서는 소수의 엘리트가 사회발전을 이끌어간다는 엘리트주의에도 긍정적으로 반응할 수밖에 없고, 사회적 엘리트에 대한 대중의 호응은 엘리트들의 업적이 보여주는 수월성(excellence)에 근거하고 있다.

셋째, 배타적 진보(exclusive progress)는 수월성의 또 하나의 이념적 토

---

4) 업적주의의 이념은 사회 경제적 보상이 개인의 능력이나 업적 유무에 따라 분배되는 방식을 정당화하는 경우에 활용된다(서울대학교 교육연구소, 1998).

대이다. 즉, 수월성에 대한 사회적 욕구는 한정된 사회적 자원(social capital)에 대한 선점을 목표로 하는 배타적 우월성(exclusive superiority)에 기반하고 있다는 것이다. 개인적 수월성과는 별도로 집단적 수월성을 추구할 수는 있지만, 그러한 집단의 수월성을 평가하는 기준은 역시 다른 집단과의 비교인 셈이다. 비교에 의하지 않은 즉, 상대적 수월성이 아닌 절대적 수월성의 추구는 예술, 문학, 스포츠 등과 같은 소수의 분야에 집중되고, 그 외 대부분의 사회적 성취의 판단은 상대적인 비교에 의해 이루어진다. 이것이 바로 경쟁주의 사회가 지향하는 배타적 진보의 논리적 토대이다.

결국 수월성은 업적주의, 엘리트주의, 그리고 경쟁주의에 토대한 배타적인 진보를 이념적 기반으로 하고 있는 개념이다. 우리가 아직까지 수월성에 대해 학문적으로나 이론적으로 깊이있게 논의하지 못했던 것은, 지금까지 학교교육에서 추구하였던 수월성이 대부분 (상대적) 학업성취 혹은 (배타적) 일류대 진학이라는 결과론적인 '업적'과 관련되어 다루어졌기 때문이다. 더 나아가 현실 속에서 사회적 성취로 인정받는 대부분의 업적들(예, 대기업입사, 고시패스, 노벨상, 올림픽 금메달, 스타연예인 등)은 모두 오직 소수에게만 성공이 보장되는 배타적 성취이다. 그리고 그러한 성취를 이룬 소수의 개인들만이 사회적 엘리트로 평가받고, 그에 따른 극도로 차별적인 사회적 보상이 주어진다. 그러므로 이러한 소수의 성취자만을 위한 극단적 보상체계의 사회구조를 근본적으로 극복하지 못한다면, 교육에서의 수월성 추구는 모두 업적주의, 엘리트주의, 그리고 경쟁주의의 이념적 한계를 극복하기 어렵다.

마지막으로 본고는 다문화교육에서 수월성을 제고하는 방법을 다음과 같이 몇 가지 들고자 한다. 첫째, 다문화교육의 기본 전제인 다양한 학생들 개개인의 차이와 특성을 고려한다는 것(Bennett, 2009)은, 다문화

학생들에 대한 배려나 시혜적 차원이 아니라, 공교육으로서의 학교의 위상과 역할을 되살리고, 학습의 역동성과 다양성을 담보하기 위한 기회가 된다는 것을 기억할 필요가 있다. 아울러 다양한 학생들이 모여 학습공동체를 구성한다는 것은 학생들의 문화적 감수성을 계발하고, 문화간 상호이해 및 편견을 불식시키며, 협력과 공존을 필요로 하는 민주시민정신을 기르는데 도움이 된다는 간접적인 효과도 있지만(Banks, 2008; 김순희, 2008; 추병완, 2010), 본질적으로는 다양성을 존중하는 문화 자체가 창의성과 수월성의 기초가 된다는 사실이다(Best, 1994).

둘째, 교실 구성원들의 다양한 사회문화적 배경을 어떻게 학습이론, 교육방법론적 실천, 그리고 학교생활 적응과 같은 공동체적 삶을 위한 도덕, 정서교육과 어떻게 연계시킬 것인가에 대한 장기적이고 포괄적인 연구가 필요하다. 단일문화 학습집단을 가정한 지금까지의 교수학습이론, 교수방법, 학습스타일 등은 매우 편협하고, 단편적이고, 경직된 교육이론일 수 밖에 없다. 따라서 다양한 배경을 가진 학습공동체 및 그 구성원들을 고려하여 다양하고, 역동적인 성취기준과 내용체계, 방법론적 전략을 제시하는 것이 무엇보다도 시급하다.

셋째, 수월성이 제고되는 성공적인 다문화교실의 운영을 위해서는 무엇보다도 교사의 태도와 역할이 가장 중요하다. 교사가 다문화적 마인드와 긍정적인 기대수준을 갖는 등의 다문화학생에 대한 교사의 태도변화가 필요하며(Grant, 1990), 더 나아가 문화적 민감성, 언어적 다양성, 그리고 다양한 교수전략을 갖춘, 궁극적으로 학습자와 교육내용 사이에서 문화적 매개자 및 조정자로서의 교사의 역할이 기대되는 것이다(Banks, 1993; Bennett, 1995; Nieto, 1996).

4. 결론

본고는 오랜 동안 '형평성과 수월성 사이에서의 균형잡기'라는 과제를 안고 있는 교육계의 고민에서 출발하여, 미래의 다문화교육을 놓고 보았을 때 형평성과 수월성의 문제를 어떻게 이해하고, 그에 따른 어떤 다문화교육의 방향을 설정해야 할 것인가에 대해 논의하였다.

이를 위해 본고는 우선 형평성과 수월성의 개념을 되짚어보고, 이 두 개념이 토대한 인식의 틀을 대조하였다. 이를 바탕으로 본고는 수월성의 개념이 갖는 이념적 토대가 업적주의, 엘리트주의, 배타적 진보 관념에 있다는 것을 지적하였고, 결국 다문화교육에서 수월성을 추구한다는 것은 기존의 수월성에 대한 이해와는 전혀 다른 접근이 필요함을 강조하였다. 본고는 형평성과 수월성에 대한 사회적 인식을 여실히 드러내는 다섯 가지 대표적 담론들에 대해 비판적 분석을 시도하였고, 형평성과 수월성의 이론적 논쟁의 성격과 그 역사적 배경을 이해하기 위해 미국 교육학계의 사례를 소개하였다.

또한 본고는 다문화교육의 이념적 지평을 확인하기 위해, 여러 다문화교육 전문가들이 문헌을 통해 제시한 바 있는 다문화교육의 취지와 목표를 분석하여 그 공통적 지향점이 무엇인지 확인하였다. 아울러, 다문화교육이 지향해야할 수월성의 성격이 무엇인지 이해하기 위한 수월성의 개념 지평을 살펴보았고, 그 대안으로써 올바른 형평성의 개념을 이해하기 위해 그 핵심 주제인 다원주의, 평등주의, 보편문화 등의 관념들의 타당성을 다문화교육의 철학과 취지에 비추어 논의하였다.

결국 일반교육에서의 형평성과 수월성에 대한 이해의 맥락과 마찬가지로, 다문화교육에서의 형평성은 모든 학생들에게 동일한 도움을 제공하는 것이 아니라, 주류사회에서 소외되고 차별받기 쉬운 소수민, 다문화 학생들에게 더 많은 기회를 주는 것이고, 이것이 진정한 의미의 기회균등의 개념이다. 이러한 기회균등의 개념이 과정으로서의 평등주의에도 부합하고, 그러한 기회균등의 결과가 가져오는 상향평준화의 모색이 바로 결과로서의 평등주의에도 기여할 수 있을 것이다. 그러므로 수월성 대 형평성으로 대립시키거나 이 둘을 이원적 상보성의 관계로 비교하는 것도 잘못된 이분법이다. 형평성을 전제로 하지 않고서는 수월성을 모색할 수 없듯이, 본고는 다문화교육의 형평성을 우선 보장한 다음 수월성을 추구해야 한다고 본다.

참고문헌

[01]

Adorno, T., & Horkheimer, M.(2002). *Dialectic of Enlightenment*. New York: Stanford University Press.

Alburo, F. & Abella, D.(2002). Skilled Labour Migration from Developing Countries: Study on the Philippines. *International Migration Papers, 51*. Geneva: International Labour Office.

Alexander, J.(2001). Theorizing the 'Modes of Incorporation'. *Sociological Theory, 19*(3), 237-49.

Alexseev, M.(2005). *Immigration Phobia and the Security Dilemma*. Cambridge: Cambridge University Press.

Anderson, T. H.(2004). *The Pursuit of Fairness: A History of Affirmative Action*. Oxford University Press.

Banks, J. A., Banks, C. A., Cortes, C., Hahn, C., Merryfield, M., & Moodley, K. A.(2005). *Democracy and Diversity: Principles and Concepts for Educating Citizens in a Global Age*. Seattle: Washington, D.C.: Center for Multicultural Education, University of Washington.

Bhabha, H. K.(1994). *The Location of Culture*. New York: Routledge.

Bourdieu, P., & Passeron, J. C.(1977). *Reproduction in Education, Society and Culture.* Beverly Hills, CA: Sage.

Brecher, J., Costello, T., & Smith, B.(2000). *Globalization from below: The power of solidarity*. Cambridge, MA: South End Press.

Brubaker, R.(1992). *Citizenship and Nationhood in France and Germany*. Cambridge: Harvard University Press.

Castles, S.(1995). How nation－states respond to immigration and ethnic diversity. *New Community, 21*(3), 293-308.

Chomsky, A.(2007). 『그들이 우리의 일자리를 빼앗고 있다!: 이민에 대한 미국 사회의 편견과 신화』. 서울: 전략과 문화.

Chomsky, N.(1991). *Terrorizing the Neighborhood: American Foreign Policy in the post－Cold War Era*. Stirling, San Francisco: Pressure Drop Press.

Chomsky, N.(2000). *Rogue States: The Rule of Force in World Affairs*. Cambridge, MA: South End Press.

Chomsky, N.(2011). *Power and Terror: Conflict, Hegemony, and the Rule of Force*. Boulder: Paradigm.

Deleuze, G.(1999). *Nietzsche*. Presses Universitaires de France.

Dhamoon, R.(2004). *'Cultural' versus 'Culture'*: Locating Intersectional Identities and Power. Paper to be presented at the Annual Meeting of the Canadian Political Science Association(June, 2004).

Diamond, J.(1997). *Guns, Germs and Steel: The Fates of Human Societies*. London: Jonathan Cape.

Eisenberg, J.(2009). From Neo－Enlightenment to Nihonjinron: The Politics of Anti－Multiculturalism in Japan and the Netherlands. *Macalester International, 22*, 77－107.

Ferguson, N.(2004). *Empire: How Britain Made the Modern World*. New York: Penguin Books.

Feuer, L. S.(1989). *Imperialism and the Anti－Imperialistic Mind*. Buffalo: Prometheus Books.

Fish, S.(1998). Boutique Multiculturalism. In A. M. Melzer, J. Weinberger, & M. R. Zinman(Eds.), *Multiculturalism and American Democracy*(pp.69-87). Lawrence, KS: University Press of Kansas.

Foucault, M.(1991). On governmentality. In G Burchell, C Gordon, & P Miller(Eds.), *The Foucault Effect: Studies in Governmentality*(pp.87-105). Chicago: The University of Chicago Press.

Foucault, M.(2003). The subject and power. In P. Rabinow & N. Rose(Eds.) *The essential Foucault: Selections from the essential works of Foucault 1954－1984*. New York: The New Press.

Fox, M. A.(2005, 43). *The Accessible Hegel*. Prometheus Books.

Gordon, M.(1964). *Assimilation in American Life*. New York: Oxford University Press.
Grant, C. A, & Sleeter, C. E.(2007). *Doing Multicultural Education for Achievement and Equity*. London: Routledge.
Green J. A.(2004). Cultural and ethnic fundamentalism: The mixed potential for identity, liberation, and oppression. In C. Schick, J. Jaffe, & A. Watkinson(Eds.), *Right Thinking: Fundamentalism Across Themes*. Halifax: Fernwood Press.
Hamilton, C.(1996). Multiculturalism as Political Strategy. In A. Gordon, & C. Newfield(Eds.), *Mapping Multiculturalism*(pp.167-176). Minneapolis: University of Minnesota Press.
Hardt, M. & Negri, A., 조정환・정남현・서창현 공역.(2008). 『다중』. 서울: 세종서적.
Hardt, M., & Negri, A.(2000). *Empire*. Cambridge: Harvard University Press.
Hartmann, D. & Gerteis, J.(2005). Dealing with Diversity: Mapping Multiculturalism in Sociological Terms. *Sociological Theory*, 23(2), 218-240.
Hegel, G. W. F.(1812). *Hegel's Science of Logic.* London: Allen &Unwin.
Hegel, G. W. F.(1874). *The Logic*. Encyclopaedia of the Philosophical Sciences(2nd ed.). London: Oxford University Press.
Hobsbawm, E. J.(1996). Identity Politics and the Left. *New Left Review, May/June*, 38－47.
Hobsbawm, E. J.(2008). *On Empire: America, War, and Global Supremacy*. New York: Pantheon Books.
Hudson, M.(2003). *Super Imperialism: The Origin and Fundamentals of U.S.* World Dominance. London: Pluto Press.
ILO.(2004). *ILO adopts plan to give 25 million Asian migrant workers a fair deal*. ILO Press Releases. Retrieved August, 05, 2005 from http://www.ilo.org/2004/pr04_18.htm
Jaidka, M.(2010). *India is my country but the world is my home: Transculturality through literature*. Proceedings of cAIR10, the first Conference on Applied Interculturality Research(Graz, Austria, 7－10, April 2010).
Kincheloe, J. K.(2004). *Critical pedagogy*. New York: Peter Lang.
Kincheloe, J. K.(2008). *Knowledge and Critical Pedagogy: An Introduction.* London: Springer.
King, J. E.(1991). Dysconscious Racism: Ideology, Identity, and the Miseducation of Teachers. *The Journal of Negro Education*, 60(2), 133-146.
Kymlicka, W.(1995). *Multicultural Citizenship: A Liberal Theory of Minority Rights*. Oxford: Oxford University Press.
Levett, R.(2003). *A Better Choice of Choice: Quality of Life, Consumption and Economic Growth*. London: Fabian society.
Linebaugh, P., & Rediker, M., 정남영・손지태 공역(2008). 『히드라: 제국과 다중의 역사적 기원』. 서울: 갈무리.

Lovett, F.(2009). Cultural accommodation and Domination. *Political Theory, 38*(2), 243-267.

May, S. & Sleeter, C.(Eds.)(2010). *Critical Multiculturalism: Theory and Praxis*. New York, Taylor & Francois.

McLaren, P.(1994). While terror and oppositional agency: Toward a Critical Multiculturalism (pp.45-74). In D. T. Golberd(Ed.), *Multiculturalism: A Critical Reader*. Cambridge: Blackwell Publishing.

Murdoch, G.(2000). Class Stratification and Cultural Consumption: Some Motifs in the Work of Pierre Bourdieu. In D. Robinson(Ed.), *Pierre Bourdieu*(Vol. Ⅲ)(pp.75-93). London: Sage Publication(Original work published 1977).

Negri, A.(2004). *Multitude: War and Democracy in the Age of Empire*. New York: Penguin.

Negri, A., 정남영 · 박서현 공역(2011). 『다중과 제국』. 서울: 갈무리.

Padgen, A.(2001). *Peoples and Empires: Europeans and the Rest of the World, from Antiquity to the Present*. London: The Modern Library.

Parsons, C., & Welsh, P. J.(2006). Public sector policies and practice, neo－liberal consumerism and freedom of choice in secondary education: a case study of one area in Kent. *Cambridge Journal of Education, 36*(2), 237－256.

Pasha, M. K.(2000). Liberalization, State Patronage, and the "New Inequality" in South Asia. In R. L. Harris & M. J. Seid(Eds.), *Critical Perspectives on Globalization and Neoliberalism in the Developing Countries*(pp.71-85). Lieden, The Netherlands: Brill.

Portes, A.,& Rumbaut, R.G. (1990). Immigrant America: A portruit. CA: University Califonia Press.

Rorty, R.(1989). *Contingency, Irony, and Solidarity*. Cambridge: Cambridge University Press.

Said, E.(1998). *Culture and Imperialism*. New York: Vintage Books.

Sassier, P., 홍세화 역(2000). 『왜 똘레랑스인가?』. 서울: 상형문자.

Scott, D., & Linda, Q.(2005). Providing for the Priceless Student: Ideologies of Choice in an Emerging Educational Market. *American Journal of Education, 111*(4), 523-47.

Taylor, C.(2001). Democracy, Inclusive and Exclusive. In *Meaning and Modernity: Religion, Polity and the Self*(R. Madsen, W. M. Sullivan, A. Swidler, & S. M. Tipton, Eds.). Berkeley: University of California Press.

Taylor, C., & Gutmann, A.(1992). *Multiculturalism and the Politics of Recognition*. Princeton University Press.

Tomasky, M.(1996). *Left for Dead: The Life, Death and Possible Resurrection of Progressive Politics in America*. New York: Free Press.

UNESCO(1994). *Tolerance, the threshold of peace: A teaching/learning guide for education*

for peace, human rights and democracy. Paris: UNESCO.
Walzer, M.(1997). *On Tolerance*. New Haven, CT: Yale University Press.
Welsch, W.(1999). Transculturality: the Puzzling Form of Cultures Today. In M. Featherstone & S. Lash(Eds.), *Spaces of Culture: City, Nation, World*(pp.194-213). London: Sage.
Willinsky, J.(1998). *Learning to divide the world: Education at empire's end*. Minneapolis: University of Minnesota Press.
Wolfe, A.(2000). Benign Multiculturalism. In P. Kivisto, & G. Rundblad(Eds.), *Multiculturalism in the United States: Current Issues, Contemporary Voices*(pp.445-454). Thousand Oaks, CA: Pine Forge Press.
Zizek, S.(2010). *Liberal multiculturalism masks an old barbarism with a human face*. The Guardian(Oct. 3, 2010).
http://www.guardian.co.uk/commentisfree/2010/oct/03/immigration-policy-roma-rightwing-europe
경향신문(2012.01.08). "이주아동 따돌림 주력 피해 심하다(사회면)". 김향미 기자.
국민일보(2011.12.01). "왜 우리 밥그릇 · 일자리 빼앗나: 反다문화주의자들의 역습". 박유리 기자.
그린비편집부 · 연구공간 수유+너머(2008). 『전 지구적 자본주의와 한국사회: 다시 사회구성체론으로?』. 서울: 도서출판 그린비.
노동부. (2002). 『노동력 수요동향조사』. 서울: 노동부.
오은순 · 이혜원 · 박진용 · 김정숙 · 백지숙 · 배예연(2008). 다문화 가정 학생들 위한 한국어 교육 지원방안 탐색 세미나. 서울: 한국교육과정평가원
이진경(2008). 『사회구성체론과 사회과학방법론』. 서울: 도서출판 그린비.
조선일보(2012.01.09). [오늘의 세상] "방글라데시 출신 타문화가정의 왕따 절규". 한상혁 기자.
중앙일보(2012.01.13). "2012년 프랑스 대선: 100일 앞두고 판세변화". 출처: http://bit.ly/yPKjN8
한영혜(2006). 일본의 다문화공생 담론과 아이덴티티 재구축, 사회와 역사, 71, 155-184.

[02]

Abbott, H. P.(2002). *The Cambridge introduction to narrative*. Cambridge: Cambridge University Press.
Appiah, K. A., & Gutmann, A.(1996). *Color conscious: The political morality of race*. Princeton, NJ: Princeton University Press.

Apple, M.(1979). *Ideology and Curriculum*. New York: Routldege.

Banks, J. A.(1991). *Teaching strategies for ethnic studies*(5th ed.). Boston: Allyn & Bacon.

Bannister, R. C.(1979). On *Social Darwinism: Science and Myth in Anglo-American Social Thought*. Philadelphia, PA: Temple University Press.

Bennett, C. I.(2007). *Comprehensive multicultural education: Theory and practice*(6th ed.), Boston: Pearson.

Berger, P. L., & Luckman, T.(1991). *The social construction of reality*. London: Anchor Books.

Berger, P. L., Berger, B., & Kellner, H.(1973). *The Homeless Mind*. New York: Random House.

Berry, J. W.(1980). Acculturation as Adaptation. In A. M. Padilla(Ed.), *Acculturation: Theory, Models, and Some New Findings*. Boulder: Westview Press.

Bonilla-Silva E.(2010). *Racism without racists*. Plymouth, UK: Rowman & Littlefield Publishers.

Bourn, D.(2009). Globalisation and sustainability: The challenges for education. *Environmental Scientist, 18*(1), 12-14.

Buenfil-Burgos, R.(2003). Partnerships as a floating and empty signifier within educational policies: The Mexican case. In B. Franklin, M. Block & T. Popkewitz(Eds.), *Educational Partnership and the State: The Paradoxes of Governing Schools, Children and Families*(pp.55-83). New York: Palgrave Macmillan.

Calavita, K.(2005). *Immigrants at the margins: Law, race, and exclusion in southern Europe*. Cambridge: Cambridge University Press.

Clement, R.(1980). Ethnicity, contact and communicative competence in a second language. In H. Giles, W. P. Robinson, & P. M. Smith(Eds.), *Language: Social Psychological Perspectives*(pp.147-154). Oxford: Pergamon Press.

Dreher, S.(2007). *Neoliberalism and Migration: An Inquiry into the Politics of Globalization*. Hamburg: LIT Verlag.

Fairclough, N.(1995). *Critical discourse analysis: The critical study of language*. Harlow: Longman.

Falk, R.(1994) The Making of Global Citizenship. In B. van Steenbergen(Ed.), *The Condition of Citizenship*. London: SagePublications.

Feinberg, W.(1998). *Common schools/Uncommon identities: National unity and cultural difference*. New Haven: Yale University Press.

Fejes, A.(2006). *Constructing the adult learner: A governmentality analysis*. Linköping, Liu-Tryck.

Gaudet, S., & Clement, R.(2005). Identity maintenance and loss: Concurrent processes among the Fransaskois. *Canadian Journal of Behavioral Science, 37*(2), 110－122.

Giles, H., & Johnson, P.(1981). The role of language in ethnic group relations. In J. C. Turner, & H. Giles(Eds.), *Intergroup Behavior*(pp.199-243). Oxford: Basil Blackwell.

Gill, S.(2001). Constitutionalising capital: EMU and disciplinary neoliberalism. In A. Bieler & A. Morton(Eds.), *A Social Forces in the Making of the New Europe: the Restructuring of European Social Relations in the Global Political Economy*. Basingstoke: Palgrave.

Green, J. A.(2004). *Cultural and Ethnic Fundamentalism: The Mixed Potential for Identity, Liberation, and Oppression.* Halifax: Fernwood Press.

Greene, M.(1988). *The Dialectic of Freedom.* New York: Teachers College Press.

Gunew, S.(2004). *The haunted nations: The colonial dimensions of multiculturalism*. London: Routledge.

Gutmann, A.(2004). Unity and diversity in democratic multicultural education. In J. A. Banks(Ed.), *Diversity and citizenship education: Global perspectives*(pp.71-98). San Francisco: Jossey Bass.

Harvey, D.(2005). *The new imperialism*. Oxford: Oxford University Press.

KICE(2003). *제2 외국어과 교육목표 및 내용체계연구(I)*. 서울: 한국교육과정평가원.

King, R.(2004). *Race, Culture, and the Intellectuals: 1940－1970*. Baltimore: MR. The Johns Hopkins University Press.

Leckie, J.(1995). Silent immigrants?: Gender, immigration and ethnicity. In S. Greif(Ed.), *Immigration and National Identity in New Zealand*(pp.50-76), Palmerston North: Dunmore Press.

Leonard, T. C.(2009). Origins of the Myth of Social Darwinism: The Ambiguous Legacy of Richard Hofstadter's Social Darwinism in American Thought. *Journal of Economic Behavior & Organization, 71*, pp.37-51.

Lindblad, S. & Popkewitz, T. S.(Eds.)(2004). *Educational restructuring: International perspectives on traveling policies*. New York: Information Age Publishers.

Marsella, A. J.(2005). Hegemonic globalization and cultural diversity: The risks of global monocluturalism. *Australian Mosaic, 11*(13), pp.15-19.

McCarthy, T.(1998). Legitimacy and diversity: Dialectical reflections on analytical distinctions. In M. Rosenfeld & A. Arato(Eds.), *Habermas on Law and Democracy*(pp.115-153). Berkley: University of California.

McLaren, P.(2010). Revolutionary Critical Pedagogy. *UCLA Journal of Education and Information Studies, 6*(2), 1－11.

McNeely, C. L.(1995). *Constructing the nation－State: International organization and prescriptive action, 1945 – 1985*. Greenwood: Westport.

Meyer, J. W., Boil, J., Thomas, G. M., Ramirez, F. O.(1997). World society and the nation – state. *American Journal of Sociology, 103*, 144 – 181.

Meyer, J., Kamens, D., Benavot, A., & Wong, S – Y.(1992). *School knowledge for the masses: World Models and National Primary Curricular Categories in the Twentieth Century*. London: The Falmer Press.

Noels, K. A., & Cle'ment, R.(1998). Language in education: Bridging educational policy and social psychological research. In J. Edwards(Ed.), *Language in Canada*(pp.102-124). Cambridge: Cambridge University Press.

Norton, B.(2000). *Identity and language learning: gender, ethnicity and educational change*. New York: Longman.

Park, H – Y.(2008). *Raising Ambi – cultural Children: Linguistic Minority Children's Heritage Language Learning and Identity Struggle*. Berlin: VDM – Verlag.

Policar, A.(1990). Racism and its mirror Images. *Telos, 83*, 88 – 108.

Pollock, S.(2002). Cosmopolitan and vernacular in History. In C. A. Breckenridge, S. Pollock, H. K. Bhabha, & D. Chakrabarty, *Cosmopolitanism*(pp.15-53), London: Duke University Press.

Porter, T. B.(2005). Identity subtexts in the discursive construction of sustainability[online]. *Electronic Journal of Radical Organization Theory, 9*(1), pp.102-115.

Ranciere, J.(2005). *Hatred of democracy*(S. Corcoran, Trans.). New York: Verso.

Ricoeur, P.(1981). *Hermeneutics and the human sciences*. Cambridge: Cambridge University Press.

Sassen, S.(1999). *Guests and Aliens*. New York: New Press.

Schwandt, D.(1997). Integrating strategy and organizational learning: A theory of action perspective. In J. Walsh & A. Huff(Eds.), *Advances in strategic managemen t*(pp.337-359). JAI Press.

Steinberg, S. R. & Kincheloe, J. L.(1997). *Changing multiculturalism: New times, new curriculum*. London: Open University Press.

Stephan, W. G., & Stephan, C. W.(2004). Intergroup relations in multicultural education programs. In J. A. Banks & C. A. M. Banks(Eds.), *Handbook of research on multicultural education*(2nd ed., pp.782-798). San Francisco, CA: Jossey – Bass.

Stolcke, V.(1995). Talking culture: New boundaries, new rhetorics of exclusion in Europe. *Current Anthropology, 36*, pp.1-13.

Swing, J.(2000). Schools, separatism, and assimilation: the education of "others" in Europe. In E. S. 3Swing, J. Schrievew, & F. Orivel(Eds.), *Problems and Prospects in European Education*. London: Praeger.

Toulmin, S.(1990). *Cosmopolis: The hidden agenda of modernity*. Chicago: The University of Chicago Press.

Tucker, W.(1994). *The Science and Politics of Racial Research*. Chicago: University of Illinois Press.

van Dijk, T. A.(2006). Ideology and discourse analysis. *Journal of Political Ideologies, 11*(2), pp.115-140.

Williams, Raymond(2000). Social Darwinism. In J. Offer(Ed.), *Herbert Spencer's Critical Assessment*(pp.186-199).

Zizek, S.(1997). Multiculturalism, or, the cultural logic of multinational capitalism. *New Left Review(Ⅰ), 225*, pp.37-40.

곽준혁(2007). 다문화 공존과 사회적 통합. 『대한정치학회보』, 15(2), pp.23-42.

교과부(2010). 다문화 가정 학생 현황(2010년 4월). 서울: 교육과학기술부.

김창근(2009). 다문화 공존과 다문화주의: 다문화 시민성의 모색. 『윤리연구』, 73, pp.21-50.

박형숙(2007). 여부, 우리 행복하게 사라요. 다문화없는 다문화사회[인권]. 서울: 인권위원회.

박휴용(2010). 교육과정 이념으로써의 세계시민주의에 대한 비판적 담론분석. 『교육과정평가연구』, 13(2), pp.1-27.

박휴용(2006). '세계화시대의 영어학습' 열기에 대한 비판적 담론분석: 사회적 기호화과정(social symbolization)의 탐색. 『사회언어학』, 14(2), pp.169-196.

삼성경제연구소(2010). 다문화사회 정착과 이민정책. 『CEO Information』, 756호

양옥승(2010). 유아 다문화 교육: 다문화주의의 의미와 적용. 『유아교육연구』, 30(4), pp.305-318.

유문무(2010). 다문화사회로의 전환과 다문화 담론 모색. 『아시아연구』, 13(2), pp.83-109.

이현정(2009). 『우리의 미래 다문화에 달려 있다』. 서울: 소울메이트.

최영환(2008). 초등학교 국어교실 현장의 다문화교육 방향. 『41회 정기학술대회 자료집』. 서울: 국어교육학회.

한경구 · 한건수(2011). 다문화주의를 넘어서 문화다양성과 국제이해교육으로. 『한국적 다문화주의, 새로운 패러다임 모색』(pp.27-43), 발표논문. 서울: 국회 다문화가족정책 연구포럼.

[03]

Adorno, T., & Horkheimer, M.(2002). *Dialectic of Enlightenment.* New York: Stanford

University Press.

Apple, M.(1979). *Ideology and Curriculum.* New York: Routldege.

Banks, J. A.(1993). Multicultural education: Characteristics and goals. In J. A. Banks & C. A. M. Banks(Eds.), Multicultural education: Issues and perspectives(pp.3-28). Boston: Allyn & Bacon.

Banks, J. A.(1995). Multicultural Education: Its Effects on Students' Racial and Gender Role Attitudes. In J. A. Banks &C. A. M. Banks(Eds.). *Handbook of Research on Multicultural Education*(pp.617-627). New York: Macmillan.

Banks, J. A.(1999). *An Introduction to Multicultural Education*(2nd ed.). Boston: Allyn and Bacon.

Banks, J. A.(Ed.)(1996). *Multicultural Education, Transformative Knowledge and Action.* New York: Teachers College Press.

Banks, J. A., & Banks, C. A. M.(Eds).(1995). *Handbook of research on multicultural education.* New York: Macmillan.

Banks, J. A., & Banks, C. A. M.(Eds.).(1993). *Multicultural education: Issues and perspectives*(2nd ed.). Boston: Allyn & Bacon.

Banks, J. A., 모경환 · 최종욱 · 김명정 · 임정수 역(2008). 『다문화교육 입문』. 서울: 아카데미프레스.

Bennett, C. I., 김옥순 · 김진호 · 신인순 · 안선영 · 이경화 · 이채식 외 공역(2009). 『다문화교육: 이론과 실제』, 서울: 학지사(원저, 2007 출판).

Bourdieu, P., & Passeron, J. C.(1977). *Reproduction in Education, Society and Culture.* Beverly Hills, CA: Sage.

Bowles, S. & Gintis, H.(1976). *Schooling in Capitalist America: Educational Reform and the Contradictions of Economic Life.* New York: Basic Books.

Chisholm, I. M.(1994, Winter). Preparing teachers for multicultural classrooms. *Journal of Educational Issues of Language－Minority Students, 14*, 43－68.

Cole, M. & Engestrom, Y.(1993). A cultural－historical approach to distributed cognition. In G. Salomon(Ed.) *Distributed Cognitions: Psychological and Educational Considerations.* New York: Cambridge University Press.

Donato, R.(2000). Sociocultural contributions to understanding the foreign and second language classroom. In Lantolf J. P.(Ed.) *Sociocultural theory and second language learning.* Oxford: Oxford University Press.

Garner, M. & Borg, E.(2005). An ecological perspective on content－based instruction. *Journal of English for Academic purposes, 4*, pp.119－134.

Garner, M.(1995). Communication, education, and the academic skills adviser. In M. Garner, K. Chanock, & R. Clerhan(Eds.), *Academic skills: Toward a discipline* (pp.17-29), Melbourne: Victorian Language and Learning Network.

Gibson, J. J.(1979). *The ecological approach to visual perception.* Hillsdale, NJ: Lawrence Erlbaum.

Giroux, H.(1992). *Border Crossings: Cultural Workers and the Politics of Education.* New York: Routledge.

Giroux, H. A.(1981). *Ideology, Culture, and the Process of Schooling*. Philadelphia, PA: Temple University Press.

Giroux, H. A.(1989). *Schooling for democracy: Critical pedagogy in the modern age*. London: Routledge.

Giroux, H. A.(2001). *Theory and Resistance in Education: Toward a Pedagogy for the Opposition*. Westport, CT: Greenwood Publishing.

Grant, C. A.(1990). Desegregation, racial attitudes, and intergroup contact: A discussion of change. *Phi Delta Kappan*, 72(1), 25-32.

Hayward, T.(1995). *Ecological thought: An introduction.* Cambridge: Polity Press.

Hirsch, E. D.(1987). *Cultural Literacy: What Every American Needs to Know*. New York: Vintage Books.

Jameson, F.(1991). *Postmodernism, or, The Cultural Logic of Late Capitalism*. London: Verso.

Jones, B. F., & Fennimore, T. F.(1990). The new definition of learning: The first step for school reform(Guidebook 1). In *Restructuring to promote learning in America's schools*. Alexandria VA: Public Broadcasting System.

Ladson-Billings, G.(1995). Multicultural teacher education: Research, practice, and policy. In J. A. Banks & C. A. M. Banks(Eds.), *Handbook of research on multicultural education*(pp.747-759). New York: Macmillan.

Malinowski, B.(1930). In Supplement to C. K. Ogden, & I. A. Richards, *The problem of meaning in primitive languages: The meaning of meaning*. London: Kegan Paul.

Mittelman, J.(2000). *The Globalization Syndrome*. Princeton, NJ: Princeton University Press.

National Center for Education Statistics.(1997). *Trends in school district demographics, 1986-87 to 1990-91*. Washington, D.C.: U.S. Department of Education(NCES 96-339).

Nieto, S.(1992). *Affirming Diversity: The Sociopolitical Context of Multicultural Education*. New York: Longman.

Pallas, A. M., Natriello, G., & McDill, E.(1989). The changing nature of the disadvantaged population: Current dimensions and future trends. *Educational Researcher*, 18(5), pp.16-22.

Pewewardy, C., & Hammer, P.(2003). *Culturally Responsive Teaching for American Indian Students.* WV, Charleston: ERIC Clearinghouse on Rural Education and Small Schools.

Popkewitz, T. S.(1997). The production of reason and power: Curriculum history and intellectual traditions. *Journal of Curriculum Studies*, 29(2), pp.131-164.

Shaw, C. C.(1993). Multicultural teacher education: A call for conceptual change. *Multicultural Education, 1*(3), 22 – 24.

Stoddart, T.(1990). Los Angeles Unified School District intern program: Recruiting and preparing students for an urban context. *Peabody Journal of Education, 67*(3), 84 – 122.

Tim, J. T.(1996). *Four perspectives in multicultural education.* Belmont, CA: Wadsworth Publishing.

Vygotsky, L.(1978). *Mind in Society: The Development of Higher Psychological Processes*(M. Cole, Ed.). Cambridge: Harvard University Press.

Vygotsky, L.(1989). *Thought and Language*. Cambridge: The MIT Press.

Vygotsky, L. S.(1999). Tool and sign in the development of the child. In R. W. Rieber.(Ed.). *The collected works of L. S. Vygotsky*(Vol.6, pp.3-68). New York: Kluwer/Plenum.

Wexler, P.(1989). Curriculum in a closed society. In H. A. Giroux, & P. McLaren(Eds). *Critical Pedagogy, the State, and Cultural Struggle*(pp.92-104). Albany, NY: State University of New York.

Whitty, G.(1985). *Sociology and School Knowledge: Curriculum Theory, Research and Politics*. London: Methuen.

Witkin, R. W.(2003). *Adorno on Popular Culture*. London: Routledge.

Zhou, M.(1997). Growing up American: The challenge confronting immigrant children and children of immigrants. *Annual Review of Sociology, 23*, pp.63-95.

김순희(2008). 다문화교육 연구의 현황. 조영달・윤희원・김순희 역, *다문화가정 자녀를 위한 다문화교육 교재 저술: 다문화교육 연구방법을 중심으로*(pp.8-32). 서울: 교육과학기술부.

박휴용(2012b). 다문화주의에 대한 비판적 논의와 비판적 다문화교육론. 『교육철학연구』, 34(2), 49-77.

박휴용(2005). 아시아 이주노동자들의 언어인권에 대한 언어생태론적 고찰. 『아세아연구』, 48(4), pp.205-232.

박휴용(2012b). 다문화주의에 대한 비판전 이해와 비판적 다문화교육론. 『교육철학연구』, 34(2), 49-77.

오은순・김민정・홍선주・안지혜(2008). *다문화교육을 위한 범교과 교수학습 프*

로그램에 관한 연구. 서울: 한국교육과정평가원.
오은순・홍선주・김민정・모경환・김선혜・안지혜(2007). *다문화 교육을 위한 교수・학습 지원 방안 연구(1)*. 서울: 한국교육과정평가원.
윤혜원(2000). 반편견 교육 전략으로서 동화의 활용 방안. 『한국영유아보육학』, 23, 한국영유아보육학회.
조영달・박윤경・전제철(2009). *초・중등 교육과정 및 교과서의 다문화적 요소분석을 통한 개정방안 연구* [교육과학기술부 다문화가정학생교육 지원 사업 결과보고서]. 서울: 교육과학기술부.
조정환(2011). 『*인지자본주의*』. 서울: 도서출판 갈무리.
추병완(2010). 다문화적 시민성 함양을 위한 문화 감응 교수 방법 개발: 교실 수업 전략을 중심으로. 『교육과정평가연구』, 13(2), pp.103-122.
홍선주・김민정(2011). 초등학교 교사를 위한 다문화 교수・학습 프로그램 개발 연구. 『교원교육』, 27(1), pp.131-152.
황원영(2003). 『비판적 교육과학』. 서울: 학지사.

[04]

Bailey, J. P., & Williams－Black, T. H.(2008). *Differentiated instruction: Three teacher's perspective*. College Reading Association Yearbook.
Beder, H., Tomkins, J., Medina, P., Riccioni, R., & Deng, W.(2006). *Learners' engagement in adult literacy education*(NCSALL Rep. No. 27). Boston: National Center for the Study of Adult Learning and Literacy.
Bennett, C. I. 저, 김옥순・김진호・신인순・안선영・이경화・이채식 외 공역(2009). 『다문화교육: 이론과 실제』. 서울: 학지사.
Black, P., & William, D.(1998). Assessment and Classroom Learning. *Assessment in Education: Principle, policy, and practice,* 5(1), pp.7-74.
Carbaugh, D.(1998). I Can't Do that, But I Can See around Corners: American Indian Students and the Study of Public 'Communication'. In Reading in Cultural Contexts, Ed. by J. N. Martin, T. K. Nakayama, & L. A. Flores. *Mountain View*, CA: Mayfield Publishing.
Chappell, M. F., & Thompson, D. R.(2000). Fostering multicultural connections in mathematics through media. In M. E. Strutchens., M. L. Jhonson., & W. F. Tate(eds.), *Changing the faces of mathematics: perspective on African Americans* (pp.135-150). Reston, VA: NCTM.
Chicago Cultural Studies Group.(1994). Critical Multiculturalism. In D. T. Goldberg(Ed.),

Multiculturalism: A Critical Reader(pp.114-139). Malden, MA: Blackwell.

Coombs, N.(1993). CMC: The Medium and the Message. *Journal of Electronic Communication*, 3(2). http://www.cios.org/getfile\COOMBS_V3N293

Craig, D. V.(2001). Alternative, Dynamic Assessment for Second Language Learners. [Electronic document: ERIC #: ED453691]. Retrieved June 5, 2007, from http://eric.ed.gov/ERICDocs/data/ericdocs2sql/content_storage_01/0000019b/80/17/16/96.pdf

Cummins, J.(2000). *Language, power and pedagogy: Bilingual children in the crossfire*. Clevedon: Multilingual Matters.

Cummins, J. 1989. *Empowering Minority Students*. Sacramento, Calif.: California Association for Bilingual Education.

Dixon－Krauss, L.(1996). *Vygotsky in the Classroom: Mediated Literacy Instruction and Assessment.* White Plains, NY: Longman Publishers.

Dynamic Assessment of Diverse Children: A Tutorial. *Language, Speech, and Hearing Services in Schools,* 32, 212－224.

Gay, G.(2000). *Culturally responsive teaching.* New York: Teachers College Press.

Gay, G.(2010). *Culturally Responsive Teaching: Theory, Research, Practice.* New York: Teacher's College Press.

Green, M. F.(Ed.).(1989). *Minorities on Campus: A Handbook for Enriching Diversity*. Washington, D.C.: American Council on Education.

Grigorenko, E. L., Sternberg, R. J., & Ehrman, M. E.(2000). A theory－based approach to the measurement of foreign language learning ability: The CANAL－F theory and test. *The Modern Language Journal, 84*(3), pp.390-405.

Gutiérrez－Clellen, V. F.(2000). Dynamic Assessment: an Approach to Assessing Children's Language Learning Potential. *Seminars in Speech and Language, 21*(3), pp.215-222.

Havranek, G., & Cesnik, H.(2001). Factors affecting the success of corrective feedback. *EUROSLA Yearbook, 1*, 99－122.

Heimlich, J. E., & Norland, E.(1994). *Developing teaching style in adult education*. San Francisco: Jossey－Bass.

Institute for the Study of Social Change(1991). *The Diversity Project: Final Report*. Berkeley: University of California,

Irvine & Armento(2001). *Culturally Responsive Teaching: Lesson. Planning for Elementary and Middle Grades*. New York: Palgrave.

Irvine, J. J.(2003). *Educating teachers for a diverse society: Seeing with the cultural eye*. New York: Teachers College Press.

Jones, N.(2007). Assessment and the National Languages Strategy. *Cambridge Journal of*

Education, 37(1), pp.17-33.

Kramsch, C.(2003). Teaching Language along the Cultural Faultline. In D. L. Lange & R. M. Paige(Eds.), *Culture as the Core: Perspectives on Culture in Second Language Learning*(pp.19-35). Greenwich, CT: Information Age Publishing, Inc.

Leung, C., & Mohan, B.(2004). Teacher formative assessment and talk in classroom contexts: assessment as discourse and assessment of discourse. *Language Testing, 21*(3), pp.335-359.

Levy, H.(2008). Meeting the needs of all students through differentiated instruction: Helping every child reach and exceed standards. *Clearing House, 81*(4). Retrieved from February 6, 2009 http://web.ebscohost.com.proxy.lib.odu.edu/ehost/dilivery?vid=7&hid=113&sid=1cb60ea3

Lyster, R.(2002). Negotiation in immersion teacher-student interaction. *International Journal of Educational Research,* 37, pp.237-253.

Lyster, R.(2004). Differential effects of prompts and recasts in form-focused instruction. *Studies in Second Language Acquisition, 26*(3), pp.399-432.

Mackey, A., & Philp, J.(1998). Conversational interaction and second language development: Recasts, responses, and red herrings?. *The Modern Language Journal, 82*(3), 338-356.

Mackey, A., Gass, S., & McDonough, K.(2000). How do learners perceive interactional feedback?. *Studies in Second Language Acquisition, 22*(4), pp.471-497.

McDonough, K.(2005). Identifying the impact of negative feedback and learners' responses on ESL question development. *Studies in Second Language Acquisition, 27*, pp.79-103.

McKinley, J.(2010). *Raising Black Students' Achievement Through Culturally Responsive Teaching*. Alexandria, VA: ASCD.

Mori, H.(2002). *Error treatment sequences in Japanese immersion classroom interactions at different grade levels*. Unpublished doctoral dissertation. LA: UCLA.

Pang, V. O., & Sablan, V. A.(1998). Teacher efficacy: How do teachers feel about their abilities to teach African American students?. In M. E. Dilworth(Eds.), *Being responsive to cultural differences-how teachers learn*(pp.39-58). Thousand Oaks: CA: Corwin.

Panova, L., & Lyster, R.(2002). Patterns of corrective feedback and uptake in an adult ESL classroom. *TESOL Quarterly, 36,* 573-595.

Poehner, M. E. & J. P. Lantolf.(2005). Dynamic assessment in the language classroom. *Language Teaching Research*, 9(3), 233-265.

Poehner, M. E., & J. P. Lantolf.(2003). Dynamic Assessment of L2 Development: Bringing the Past into the Future. The Pennsylvania State University: Center for

Advanced Language Proficiency Education and Research(CLAPER). Retrieved June 6, 2007, from http://www.atypon-link.com/EPL/doi/pdf/10.1558/japl.1.1.49.55872

Ramsey, P. G.(2009). Multicultural education for young children. In Banks. J. A.(Ed.). *The Routledge international companion to multicultural education*. London: Routledge.

Ranta, L., & Lyster, R.(2007). A cognitive approach to improving immersion students' oral language abilities: The awareness－practice－feedback sequence. In R. DeKeyser(Ed.), *Practicing for second language use: Perspectives from applied linguistics and cognitive psychology*(pp.141-160). New York: Cambridge University Press.

Ross, S.(2005). The Impact of Assessment Method on Foreign Language Proficiency Growth. *Applied Linguistics*, 26(3), 317－342.

Sadker, M. & Sadker, D.(1992). Ensuring Equitable Participation in College Classes. In L. L. B. Border and N. V. N. Chism(Eds.), *Teaching for Diversity*. New Directions for Teaching and Learning, 49. San Francisco: Jossey－Bass.

Schmitz, B.(1999). Transforming a course. *Center for Instructional Development and Research Teaching and Learning Bulletin,* 2(4), 1－2. Seattle, WA: University of Washington.

Shepard, L. A.(2000). The role of assessment in a learning culture. *Educational Researcher*, 29(7), 4－14.

Tomlinson, C. A.(1999). *The differentiated classroom responding to the needs of all learners*. Alexandria, VA: Association for Supervision and Curriculum Development Publications.

Tomlinson, C. A.(2001). *How to differentiate instruction in mixed ability classrooms*(2nd ed.). Alexandria VA: Association for Supervision and Curriculum Development Publications.

Tzuriel, D.(2001). *Dynamic assessment of young children*. New York: Kluwer Academic/Plenum Press.

Woolbright, C.(Ed.).(1989). *Valuing Diversity on Campus: A Multicultural Approach*. Bloomington, Ind.: Association of College Unions-International.

박휴용(2012a). 생태주의 이론과 CEMP 모형에 바탕을 둔 다문화교실의 교수방법론, 『교육방법연구』, 24(2), pp.379-403.

송륜진(2010). 다문화적수학수업개발연구. 이화여자대학교대학원 박사학위논문.

송륜진・주미경(2011). 다문화수학교육의 원리와 방법. 『교육과정평가연구』, 14(2), pp.101－128.

오은순・강창동・진의남・김선혜・정진웅(2007). 『다문화 교육을 위한 교수・학습 지원방안 연구(Ⅰ)』. 한국교육과정평가원연구보고, RRI 2007－2.

추병완(2010). 다문화적 시민성 함양을 위한 문화 감응 교수 방법 개발: 교실 수업 전략을 중심으로. 『교육과정평가연구』, 13(2), pp.103-122.

[05]

Alburo, F. & Abella, D.(2002). Skilled Labour Migration from Developing Countries: Study on the Philippines. *International Migration Papers, 51*, Geneva: International Labour Office.

Allard, R., & Landry, R.(1994). Subjective Ethnolinguistic Vitality: A Comparison of Two Measures. *International Journal of Sociology of Language, 108*, pp.117-144.

Bakhtin, M.(1981). *The dialogic imagination*, Holquist, M.(Trans). Austin: The University of Texas Press.

Blackledge, A.(2005). *Discourse and Power in a Multilingual World*. Amsterdam. John Benjamins.

Bourdieu, P.(1991). *Language and symbolic power*(J. B. Thompson, Ed. and G. Raymond, & M. Adamson, Trans.). Cambridge: Polity Press.

Bourdieu, P., & L. J. D. Wacquant.(1992). *An Invitation to Reflexive Sociology*. Chicago: University of Chicago Press.

Brubaker, R.(1992). *Citizenship and Nationhood in France and Germany*. Cambridge: Harvard University Press.

Chen, Z.(2000). "Chinese American children's ethnic identity. *Measurement and implications. Communication Studies, 51*(1), pp.74-95.

Clement, R., & Noels, A.(1992). Towards a Situated Approach to Ethnolinguistic Identity: The effects of Status on Individuals and Groups. *Journal of Language and Social Psychology, 11*(4), 203－232.

Ervin－Tripp, S., & Reyes, I.(2005). From Child Code－switching to Adult Content Knowledge. *International Journal of Bilingualism*, 9(1), 85－102. Retrieved August 2, 2007, from www.readingonline.org/articles/art_index.asp?HREF＝ernst-slavit/index.html

Fantini, A. E.(1985). *Language acquisition of a bilingual child: a sociolinguistic perspective (to age ten)*. Clevedon, U.K.: Multilingual Matters.

Fishman, J.(1972). *The sociology of language: An interdisciplinary social science approach to language in society*. Rowley, MA: Newbury House.

Fletcher, B.(2004). *Fighting identities*(J－H. Ji, Trans.). Seoul, Misegi(Original work published 2003).

Gay, G.(2002). Culturally responsive teaching in special education for ethnically diverse students: Setting the stage. *International Journal of Qualitative Studies in Education,* 15(6), pp.613-629.

Goldberg, E., & Noels, K. A.(2006). Motivation, Ethnic Identity, and Post－Secondary Education Language Choices of Graduates of Intensive French Language Programs. *The Canadian Modern Language Review, 62*(3), pp.423-447.

Grenfell, M.(1998). Language and the Classroom. In M. Grenfell, & D. James(Eds.), *Bourdieu and Education: Acts of Practical Theory*(pp.72-88). London: Falmer Press.

Gumperz, J.(1982). *Discourse strategies*. Cambridge: Cambridge University Press.

Haugen, E.(1972). The Ecology of Language. In Dil, A.(Ed.) *The Ecology of Language: Essays by Einar Haugen*. Stanford: Stanford University Press.

Heller, M.(Ed.)(1988). Introduction. *Code－switching: Anthropological and Sociolinguistic Perspectives*. Berlin: Moutonde Gruyter.

Hornberger, N.(2001). Multilingual language policies and the continua of biliteracy: An ecological approach. *Language policy, 1*: 27－51.

Hornberger, N.(2003). Afterword: Ecology and ideology in multilingual classrooms. *International journal of bilingual education and bilingualism, 6(3&4)*, 296－302.

Khubchandani, L. M.(1994). "Minority" cultures and their communication rights. In T. Skutnabb－Kangas & R. Phillipson(Eds.), Linguistic Human Rights: Overcoming Discrimination (pp.305-315). Berlin: Mouton de Gruyter.

Myers－Scotton, C.(1995). *Social motivations for code switching: Evidence from Africa*. Oxford: Oxford University Press.

Nettle, D. & Romaine, S. (2000). Vanishing Voices: The Extinction of the World's Languages. Oxford: Oxford University Press.

Nettle, D. & Romaine, Suzanne, 김정화 역(2003). 『사라져 버린 목소리들: 그 많던 언어들은 모두 어디로 갔을까?』, 서울: 이제이북스.

Noels, K. A., Pon, G., & Clement, R.(1996). Language, identity and adjustment: The role of linguistic self－confidence in the acculturation process. *Journal of Language and Social Psychology, 15*, pp.246-264.

Ochs, E., & Shieffelin, B.(1984). Language acquisition and socialization: Three developmental stories and their implications. In Richard Shweder and Robert Levine(Eds.), *Culture theory: Essays on mind, self, and emotion*. Cambridge: Cambridge University Press.

Pavlenko, A., & Lantolf, J. P.(2000). Second language learning as participation and the(re)construction of selves. In J. P. Lantolf(Ed.), *Sociocultural theory and second language learning*. New York: Oxford University Press.

PD리포트(2003). 학교에 가고 싶어요, 외국인 노동자의 자녀들. EBS PD리포트 (2003.2.27).

Phillipson, R. & Skutnabb－Kangas, T.(1996). English Only Worldwide or Language Ecology?. *TESOL Quarterly, 30*(3).

Phillipson, R.(1992). *Linguistic Imperialism*. Oxford: Oxford University Press.

Rumbaut, R.(2005). Acculturation, Discrimination, and Ethnic identity Among Children of Immigrants. In T. S. Weiner(Ed.), Discovering Successful Pathways in Children' Development. *The International Journal of Language Society and methods in the Study of Childhood and Family Life*(pp.111-164). Chicago: University of Chicago Press.

Said, E.(1993). *Culture and imperialism*. New York: Vintage Books.

Skutnabb-Kangas, T. & Bucak, S.(1994). Killing a mother tongue: How the Kurds are deprived of linguistic human rights. In T. Skutnabb-Kangas, & R. Phillipson(Eds.), *Linguistics Human Rights: Overcoming linguistic discrimination.* Berlin: Walter de Guyter.

Skutnabb-Kangas, T. & Cummins, J.(1988). Multilingualism and the education of minority children. In *Minority education: From shame to struggle*. Clevedon: Multilingual Matters.

Skutnabb-Kangas, T.(2000). *Linguistic Genocide in Education-or Worldwide Diversity and Human Rights?* Mahwah, New Jersey: Lawrence Erlbaum

Van Lier, L.(1996). Contingency. In *Interaction in the Language Curriculum: Awareness, Autonomy and Authenticity*. London: Longman.

Woolard, K. A., & Schieffelin B. B.(1994). Language Ideology. *Annual review of Anthropology*, 23, pp.52-82.

Zentella, A.(1997). *Growing up bilingual: Puerto Rican Children in New York.* Malden, MA: Blackwell publishers.

박휴용(2008). 언어자본과 언어전환: 한/영 이중어구사 학생들의 모국어학습과 언어정체성. 『이중언어학』, 39, pp.113-145.

박휴용(2005). 아시아 이주노동자들의 언어인권에 대한 언어생태론적 고찰. 『아세아연구』, 48(4), pp.205-232.

법무부(2003). 『국가별 불법체류자 현황』. 서울: 법무부.

유길상(2004). 『외국 인력제도의 국제비교』. 서울: 한국노동연구원.

유팔무 외 저, 강치원 역(2000). 『세계화와 한국사회의 미래』. 서울: 도서출판 백의.

이란주(2003). 『말해요, 찬드라』. 서울: 삶이 보이는 창.

임채완(1999). 중앙아시아 고려인의 언어정체성과 민족의식. 『국제정치논총』, 39(2). 한국국제정치학회.

정기선(2003). 외국인 노동자의 문화접촉, 사회적 거리감과 인상변화. 석현호 외 공저. 『외국인 노동자의 일터와 삶』. 서울: 지식마당.

한국교육과정평가원(2007). 한국어능력시험(TOPIK) 응시자 분석자료(2001. 10. 16). 서울: 한국교육과정평가원.

한국노동연구원(2001). 『외국인 근로자 고용실태조사 – 근로자조사』. 서울: 한국노동연구원.

한국노동연구원(2003). 『외국인 근로자 고용실태조사』. 서울: 한국노동연구원.

함한희(1995). 한국의 외국인노동자 유입에 따른 인종과 계급문제. 『한국문화인류학』, 28, 199-221.

홍성태(2002). 정보제국주의와 한국사회. 경상대학교 사회과학연구원 편. 『제국주의와 한국사회』. 서울: 한울아카데미.

[06]

고경화(2007). 교육의 평등성과 수월성 관계 논의. 『교육의 이론과 실천』., 12(2), 1-22.

조석희(2006). 모든 학생을 위한 수월성 교육(KEDI 연구보고서: RM2006-30). 서울: 한국교육개발원.

공정택(2008). '교육의 평등성과 수월성의 균형있는 실천': 직선 1기 공정택 서울시 교육감 취임사. 서울: 서울특별시교육청.

교육인적자원부 (2004). 창의적 인재 양성을 위한 「수월성 교육 종합대책」(2004.12.). 서울: 교육인적자원부.

김경근(2006). 한국 중등교육의 수월성과 평등성의 조화를 위한 과제. 『교육학연구』., 44(1), 1-21.

김경선, 정일환(2003). 현행 고등학교 평준화 정책의 성과 분석 -관련집단의 인식정도를 중심으로. 『한국정책과학학보』, 7(3), 387-409.

김미숙(2007). 평준화 제도 내에서 수월성 교육은 불가능한가? 『교육정책포럼』, 158, 4-8.

김순희(2008). 다문화교육 연구의 현황. 조영달·윤희원·김순희 역, 다문화가정 자녀를 위한 다문화교육 교재 저술: 다문화교육 연구방법을 중심으로(pp. 8-32). 서울: 교육과학기술부.

김진영, 박성혜(2008). 공교육에 관한 이론적 고찰: 자유주의의 관점에서. 『한국사회와 행정연구』, 19(3), 123-148.

박영철, 이상기(2002). 고교 평준화 제도의 발전 과제에 관한 연구. 『인간교육연구』, 9(1), 1-38.

박종필(2005). 수월성 교육정책의 문제와 발전방향 탐색: 수월성의 개념을 중심으로. 『열린교육연구』, 13(3), 29-46.

박휴용(2012c). 비판적 다문화교육의 관점에서 본 다문화교육의 형평성과 수월성. 『다문화교육연구』, 5(4).

서울대학교 교육연구소(1998). 『교육학 용어사전』. 서울: 하우동설.

성기선(2007). 대선과 교육정책 ; 참여정부의 교육정책: 고교평준화. 교육비평, 23, 78-96.

손지희(2002). 기로에 선 평준화 : 고교 평준화 "보완론"의 허구성과 새로운 평준화 이념. 『교육비평』, 8, 15-33.

안병영(2011). 한국 교육정책의 수월성과 형평성의 조화를 위하여. 『사회과학논집』, 41(2), 1-13.

이군현(1991). 중등교육의 평준화정책과 수월성: 대학입시제도의 개선을 중심으로. 『교육행정학연구』, 8(2), 35-46.

이윤미(2005). 교육담론으로서의 경쟁. 『교육비평』, 19, 146-177.

이윤미(2008). 미국 신자유주의 교육사학자 다이안 래비치(Diane Ravitch)의 교육론. 『교육철학』, 36, 145-171.

이종수(2009). 『행정학사전』. 서울: 대영문화사.

이태상(2007). 미국과 영국의 학교 책무성 확보 정책에 대한 연구: 학교평가와 교사평가를 중심으로. 『교육발전연구』, 23(1), 37-53.

정영화(2010). 헌법상 교육기본권과 학부모의 학교선택권: 학교평준화제도의 위헌성. 『홍익법학』, 11(2), 255-283.

조석희(2005). 한국의 수월성 교육 및 영재교육의 정책 발전 방향. 수월성교육 및 영재교육 정책 국제 심포지움(KEDI 연구보고서: RM2005-15, pp. 23-52). 서울: 한국교육개발원.

추병완(2010). 다문화적 시민성 함양을 위한 문화 감응 교수 방법 개발: 교실 수업 전략을 중심으로. 『교육과정평가연구』, 13(2), 103-122.

Adorno, T., & Horkheimer, M.(2002). *Dialectic of Enlightenment*. New York: Stanford University Press.

Banks, J. A.(1990). Citizenship education for a pluralistic democratic society. *Social Studies*, *81*, 210-214.

Banks, J. A.(1991). *Teaching strategies for ethnic studies* (5th ed.). Boston: Allyn & Bacon.

Banks, J. A.(1992). Multicultural education for freedom's sake. *Educational Leadership*, *49*, 32-36.

Banks, J. A.(1993). Multicultural education: Characteristics and goals. In J. A. Banks & C. A. M. Banks (Eds.), *Multicultural education: Issues and perspectives* (pp. 3-28). Boston: Allyn & Bacon.

Banks, J. A.(1999). *An Introduction to Multicultural Education*. Boston: Allyn & Bacon.

Banks, J. A.(Ed.)(1996). *Multicultural Education, Transformative Knowledge and Action*. New York: Teachers College Press.

Banks, J. A., 모경환, 최종욱, 김명정, 임정수 역(2008). 『다문화교육 입문』. 서울: 아카데미프레스.

Bennett, C. I.(1995). *Comprehensive multicultural education theory and practice* (3rd ed.). Boston: Allyn & Bacon.

Bennett, C. I.저, 김옥순, 김진호, 신인순, 안선영, 이경화, 이채식 외 공역.(2009). 『다문화교육: 이론과 실제』. 서울: 학지사.

Best, H. M.(1994). Creative Diversity: Artistic Valuing and the Peaceable Imagination. *Arts Policy Review, May/June*. New York: Heldref Publications.

Bourdieu, P.(1986). The forms of capital. In J. Richardson (Ed.), *Handbook of Theory and Research for the Sociology of Education* (pp. 241-258). New York: Greenwood.

Bowles, S., & Gintis S.(2002). Social Capital and Community Governance. *The Economic Journal, 112,* 419-436.

Chisholm, H. (Ed.)(1911). Duet. *Encyclopædia Britannica*(11th ed.). Cambridge University Press.

Davidman, L., & Davidman, P. T.(1997). *Teaching with a multicultural perspective: A practical guide*(2nd ed.). New York: Longman Publishers.

Deborah, M.(2000). *Will Standards Save Public Education?* Boston: Beacon Press.

Eddy, L. K.(1969). Education and social Darwinism. *Educational Theory, 19*(1), 76-87.

Fougner, T.(2006). The state, international competitiveness and neoliberal globalisation: is there a future beyond 'the competition state'? *Review of International Studies, 32*(1), 165-185.

Gay, G.(2004). *The importance of multicultural education*. London: Routledge.

Gay, G.(1988). Designing relevant curricula for diverse learners. *Education and Urban Society,* 20, 327-340.

Gay, G.(1994). *A synthesis of Scholarship in Multicultural Education*. NCREL's Urban Education Program as part of its Urban Education Monograph Series.

Gorski, P. C.(2001). *Mission and purpose*. St. Paul, MN: Ed Change Multicultural Pavilion. Available at: www.edchange.org/multicultural/mission.html

Grant, C. A.(1990). Desegregation, racial attitudes, and intergroup contact: A discussion of change. *Phi Delta Kappan, 72*(1), 25-32.

Greenwood, D. T., & Holt, R. P. F.(2010). Growth, Inequality and Negative Trickle Down. *Journal of Economic Issues, 44*(2), 403-410.

Gross, M. L.(1999). *The Conspiracy of Ignorance: The Failure of American Public Schools*. New York: Harper Collins.

Hamers, J. F., & Blanc, M.(2000). *Bilinguality and bilingualism*(2nd ed.). Cambridge: Cambridge University Press.

Harding, J. F., & Sibley, C. G.(2011). Social dominance and the disassociation between explicit and implicit representations of equality. Journal of Community & Applied

Social Psychology, 21(5), 407-418.

Hegel, G. W. F. (1874). The Logic. *Encyclopaedia of the Philosophical Sciences*(2nd ed.). London: Oxford University Press.

Hessm M. & Rotherham, A. J.(2007). *NCLB and the Competitiveness Agenda: Happy Collaboration or a Collision Course?* http://www.aei.org/publications/filter.all,pubID.25409/pub_detail.asp

Hirsch, E. D. Jr.(*1987*). *Cultural Literacy*: What Every American Needs to Know. Boston: Houghton Mifflin.

Jameson, F.(1991). *Postmodernism, or, The Cultural Logic of Late Capitalism*. London: Verso.

Klitgaard, R.(1986). *Elitism and meritocracy in developing countries*. London: Johns Hopkins University Press.

Kostrikin, A. I.(2001). Duality. In Hazewinkel, Michiel, *Encyclopedia of Mathematics*. Springer.

Meier, D. (Ed.).(2000). *Will Standards Save Public Education?* Boston, MA: Beacon Press.

Mullard, C.(1982). Multiracial education in Britain: From Assimilation to Cultural Pluralism. In J. Tierney, (Ed.), *Race, Migration and Schooling*(pp. 120-133). Norfolk: Holt Education.

Nieto, S.(1996). *Affirming diversity: The sociopolitical context of multicultural education*(2nd ed.). White Plains, NY: Longman.

Nieto, S., & Bode, P.(2008). *Affirming diversity, The Sociopolitical context of multicultural education*(5th ed.). Boston: Allyn & Bacon.

NPR (March 2, 2010). *Former 'No Child Left Behind' Advocate Turns Critic* (Reported by Steve Inskeep) http://www.npr.org/templates/story/story.php?storyId=124209100

Payne, R. K.(2005). *A framework for understanding poverty*. Highlands, TX: aha! Process.

Persky, J., Felsenstein, D., & Carlson, V.(2004). *Does "trickle down" work?: Economic development strategies and job chains in the local labor market*. Kalamazoo, MI: W.E. Upjohn Institute for Employment Research.

Ranciere, J.(2008). 양창렬 역. 『*정치적인 것의 가장자리에서*』. 서울: 도서출판 길.

Ravitch, D.(2001). *Left back: A century of failed school reforms*. New York: Simon & Schuster.

Ravitch, D.(2004). *The Language Police: How Pressure Groups Restrict What Students Learn*. New York: Vintage Press.

Shils, E.(1990). Robert Maynard Hutchins. *American Scholar, 59*(2), 211 - 216.

Sibley, C. G., & Duckitt, J.(2010). The Ideological Legitimation of the Status Quo: Longitudinal Tests of a Social Dominance Model. *Political Psychology, 31*(1), 109-137.

Simister, J.(2011). Elitism and Meritocracy in UK Universities: the UK Needs Investment in its Labour Force. *Higher Education Quarterly, 65*(2), 113-144.

Sowell, T.(1992). *Inside American Education*. New York: Free Press.

Swing, J.(2000). Schools, separatism, and assimilation: the education of "others" in Europe. In E. S. Swing, J. Schrievew, & F. Orivel (Eds.), *Problems and Prospects in European Education.* London: Praeger.

Todd-Rousseau, G.(2009). *Failure of American Public Education: Still Waiting For The Harvest.* New York: Author House.

Wexler, P.(1989). Curriculum in the closed society. In H. A. Giroux, & P. McLaren (Eds.), *Critical Pedagogy, the State, and Cultural Struggle* (pp. 92-104). Albany: State University of New York Press.

찾아보기

박휴용

연세대학교 교육학과 학사(1992)
연세대학교 교육학과 석사(1994)
한국학중앙연구원 박사과정 수료(2003)
University of Wisconsin－Madison 철학박사(Ph.D., 2008)

부산외국어대학교 영어학부 전임강사(2008~2009)
성신여자대학교 교육학과 조교수(2009~2011)
현) 전북대학교 교육학과 부교수(2012~)

연구분야
교육과정 철학, 교육과정 이론, 다문화교육론,
외국어교육 정책, 이중어교육, 인지언어학

Critical Multicultural Education

비판적 다문화교육론

초판인쇄 | 2012년 12월 7일
초판발행 | 2012년 12월 7일

지 은 이 | 박휴용
펴 낸 이 | 채종준
펴 낸 곳 | 한국학술정보(주)
주 소 | 경기도 파주시 문발동 파주출판문화정보산업단지 513-5
전 화 | 031) 908-3181(대표)
팩 스 | 031) 908-3189
홈페이지 | http://ebook.kstudy.com
E-mail | 출판사업부 publish@kstudy.com
등 록 | 제일산-115호(2000. 6. 19)

ISBN 978-89-268-3939-3 93330 (Paper Book)
978-89-268-3940-9 95330 (e-Book)

이담Books 는 한국학술정보(주)의 지식실용서 브랜드입니다.